MICHAEL BALLHAUS
mit Claudius Seidl

Bilder im Kopf
Die Geschichte meines Lebens

MICHAEL BALLHAUS
mit Claudius Seidl

Bilder im Kopf

Die Geschichte meines Lebens

Deutsche Verlags-Anstalt

Verlagsgruppe Random House FSC® N001967
Das für dieses Buch verwendete FSC®-zertifizierte Papier
Munken Premium Cream liefert Arctic Paper Munkedals AB, Schweden.

1. Auflage
Copyright © der deutschsprachigen Ausgabe
2014 Deutsche Verlags-Anstalt, München,
in der Verlagsgruppe Random House GmbH
Alle Rechte vorbehalten
Typographie und Satz: Brigitte Müller/DVA
Gesetzt aus der Garamond
Druck und Bindung: GGP Media GmbH, Pößneck
Printed in Germany
ISBN 978-3-421-04566-9

www.dva.de

Inhaltsverzeichnis

Prolog 7

1 Kindheit und Jugend 11
   Krieg, Nachkrieg und Leben in einer Künstlerkommune

2 Große Lieben 31
   Die Kamera und Helga

3 Ein erster Beruf 46
   Beim Fernsehen in Baden-Baden

4 Es bewegt sich was 58
   Die späten Sechziger in Berlin

5 Fassbinder, die erste 73
   Der Meister und sein Kreis

6 Blicke und Begehren 90
   Vom Leben jenseits der Filme

7 Fassbinder, die zweite 95
   Wie das junge Kino erwachsen wurde

8 Eine Zeit dazwischen 122
   Die guten Bücher auf der Leinwand

9 Amerika 132
   Eine andere Art des Filmemachens

10 Scorsese 143
   After Hours

11 Die Kugeln rollen   152
    Schlöndorff, Scorsese und die Farben Amerikas

12 Das größte aller Wunder   173
    The Last Temptation

13 Auf der Höhe der Zeit   183
    Die fabelhaften Achtziger

14 Bilder der Gewalt   204
    Goodfellas und die Farben des Bluts

15 Oben bleiben   214
    Die frühen Neunziger, Coppolas Dracula

16 Zufälle? Daran glaube ich nicht   229
    Action – und ihr Gegenteil

17 Primärfarben   255
    Emma Thompson und der Wilde, Wilde Westen

18 Spätwerk   267
    Gangs of New York und The Departed

19 Klimawandel   284
    Gibt es ein Leben nach dem Film

20 Ein neuer Anfang   295
    Sherry und ich

    Epilog   304

    Personen- und Filmregister   311
    Bildnachweis   320

Prolog

Dies sind die Erinnerungen eines Mannes, der mit seinen Augen gelebt und gearbeitet hat. Zwei Augen haben die meisten, und die meisten können damit auch sehen – aber für mich waren diese Augen immer das wichtigste Sinnesorgan, das wichtigste Werkzeug, das ganze Kapital. Man braucht gute Augen als Kameramann; eine gute Kamera ist hilfreich, es geht aber auch mit einer schlechten. Ich arbeitete schon als Fotograf, da ging ich noch zur Schule, und dann wurde ich Kameramann und blieb es, das ganze Leben lang. Das war es, was ich immer wollte.

Man erinnert sich anders, wenn man, was geschehen ist, vor allem mit den Augen erfahren hat. Ein Lächeln bleibt genauer im Gedächtnis als ein Name, eine Stimmung steht deutlicher vor Augen als die genaue Zeit, da diese Stimmung herrschte. Es sind die Farben, die bleiben, die Gesichter, das Leuchten weißer Lichter in einer dunkelblauen Nacht. Manchmal rundet sich das alles zu einer Geschichte, mit einem Anfang, einem Konflikt, einem Schluss, in dem sich alles auflöst. Manchmal bleiben nur ein paar Momente, in denen das Licht gut war und eine Wahrheit sichtbar wurde. Manchmal bleibt da ein Mensch, dessen Namen ich vergessen habe, weil es nur darum ging, seine Bewegungen, seine Gesten und seine Mimik anzuschauen.

Dies sind die Erinnerungen eines Mannes, der die meiste Zeit seines Lebens beim Film gearbeitet hat. Man lebt da anders als einer, der jeden Morgen zu seinem Arbeitsplatz geht, und abends kommt er nach Hause. Man lebt auch anders als einer, der, ganz egal ob in der Wirtschaft, der Politik, dem Staat, konsequent nach oben strebt und den Karrieregipfel, den er zu erreichen sucht, immer vor Augen hat.

Das Ziel des Filmemachens ist es, einen guten Film zu machen, und wenn der Film fertig ist, bereitet man den nächsten vor. Aufsteigen kann man als Kameramann nur insofern, als man, wenn die Arbeit gut ist, vielleicht bessere Gagen bekommt, bessere Angebote, Filme mit wunderbaren Regisseuren, großen Schauspielern, klugen und wahrhaftigeren Büchern. Aber manchmal macht ein kleiner, billiger Film mehr Vergnügen als ein großer, teurer. Ein Kameramann war ich schon, als ich beim Südwestfunk anfing in den Sechzigern, und ich war es immer noch, als ich meinen letzten großen Film mit Martin Scorsese drehte. In Amerika heißt der Beruf Director of Photography, was bedeutender klingt; aber die Arbeit ist die gleiche. Und wenn man, was ein Kameramann so schafft in mehr als vierzig Jahren, nicht eine Karriere nennen kann: umso besser. Dann ist es eben ein Leben. Und im Glücksfall ein Werk.

Wenn man vom Drehen nach Hause kommt, dann ist das selten das echte Zuhause. Man lebt in einem Hotel, in einer Wohnung, welche die Filmproduktion für ein paar Wochen oder Monate angemietet hat, man ist in einer fremden Stadt oder irgendwo auf dem Land, und so ganz ist man dort ja auch nicht, weil man die meiste Zeit am Drehort ist, einem fiktiven, einem künstlichen Ort. Man übernachtet in einem tunesischen Hotel, aber den ganzen Tag über steht man im Heiligen Land, weil dort der Film spielt, an dem gerade alle arbeiten. Und wenn man, was die Pflicht des Kameramanns ist und manchmal auch seine Leidenschaft, den Menschen vor der Kamera sehr nahekommt, wenn man versucht, das Gesicht, den Körper, die Bewegungen eines Schauspielers zu verstehen, und abends, wenn der Dreh vorüber ist, spricht man miteinander, dann kann es einem schon auch passieren, dass man sich hinterher fragt: Habe ich wirklich diesen Menschen kennengelernt – oder nur die Rolle, die er spielt in diesem Film?

Man trifft sehr viele und sehr interessante Menschen, wenn man Filme dreht, man lebt eng und intensiv miteinander, für ein paar Monate vielleicht, und dann ist der Film fertig, man geht auseinander und trifft sich vielleicht nie mehr. Oder ein paar Jahre später, bei einem ganz anderen Film. Wenn man Pech hat, treibt einen dieses Leben in die Heimatlosigkeit, die Bindungslosigkeit. Wenn man Glück hat, hat man eine Frau, die bei einem bleibt, Kinder, die man groß werden sieht, ein Leben, in dem man einigermaßen weiß, wer man ist.

Dies sind die Erinnerungen eines Mannes, der sich nur ungern in den Dienst einer Sache gestellt hat und schon gar nicht in den Dienst einer Gruppe, einer Partei, eines Vereins. Ich wollte gute Filme machen; ob es eine Bewegung namens »Junger Deutscher Film« gab, war mir weniger wichtig. Ich hatte Sympathien für meine Filmstudenten, die 1968 auch im Kino alles umstürzen wollten. Aber Teil ihrer Revolte war ich nicht. Ich war linksliberal, und in den letzten Jahren habe ich mich sehr für den Klimaschutz engagiert. Beides habe ich auf eigene Verantwortung getan.

Ich habe fünfzehn Filme mit Rainer Werner Fassbinder gedreht, aber in der Familie, deren Patriarch er war, im Kreis der Menschen, die er um sich versammelte und die er zu beherrschen versuchte, im Leben wie im Film: In dieser Familie war ich ein Fremder, bestenfalls ein Gast. Ich hatte eine Frau, ich hatte Kinder, ich wollte nicht nebenbei mit Fassbinder verheiratet sein. Es gab eine Gruppe um Peter Stein, mit dem ich mehrere Theaterfilme machte, es gab, natürlich, eine Gang um Martin Scorsese. Es lag mir nie, da beizutreten, es reichte mir schon, wenn ich meine Mitgliedsbeiträge für die Gilde der Kameraleute zahlte.

Ich bin niemandem etwas schuldig, das ist meine Freiheit. Ich kann die Wahrheit sagen, was keine Drohung ist. Eher ein Auftrag und eine Herausforderung. Ich hatte mit vielen Menschen zu tun, die jeder kennt, über die fast jeder etwas wissen möchte, ein bisschen mehr als das, was in den Zeitungen steht. Viele leben noch, manche sind tot. Über Lebende soll man nichts Schlechtes sagen, über die Toten erst recht nicht. Oder nur im Notfall, nur dann, wenn es um eine Wahrheit geht, die anders nicht zum Vorschein käme.

Manchmal staune ich selber darüber, wie viele Bilder sich sammeln und stapeln, während man sich in der Gegenwart zu bewähren versucht. Als ich geboren wurde, waren die Nazis seit zwei Jahren an der Macht, als ich zehn war, lag das Land in Trümmern, und die Nazis waren besiegt. Ich war über dreißig, als die Studenten revoltierten, ich war fast fünfzig, als ich meinen ersten Film mit Martin Scorsese drehte und beschloss, fortan nur noch in Amerika zu arbeiten. Wir drehten in New York »Goodfellas«, als in Berlin die Mauer fiel, und als ich nach Berlin kam, um die Folgen zu sehen, hatte ich das Gefühl, immer noch rechtzeitig da zu sein.

Es gab in diesem Leben immer viel Anfang. Davon will ich erzählen.

1

Kindheit und Jugend

*Krieg, Nachkrieg und Leben
in einer Künstlerkommune*

Es waren gute Jahre in Berlin, das Glück des Kindes hing nicht davon ab, ob die Erwachsenen von Adolf Hitler nur leise und mit Abscheu sprachen. Und wenn es hieß: Halt die Klappe, wenn der Nachbar in der Nähe ist, er ist bei der Gestapo, dann machte mir das keine Angst. Es klang nach Spannung und Abenteuer.

Sie lebten, als ich geboren wurde, in Dahlem, haben später die Eltern erzählt. Aber das Erste, woran ich mich erinnern kann, ist eine Wohnung in der Meerscheidtstraße, Berlin-Charlottenburg, gleich um die Ecke vom Kaiserdamm. Fünf Zimmer im vierten oder fünften Stock. Meine Mutter Lena war dunkelhaarig, ein Meter sechsundsechzig groß, eine resolute Person, die das Kommando übernahm, wann immer das Kommando übernommen werden musste. Sie war Schauspielerin und hatte doch mit uns Kindern, mit mir und meiner Schwester Nele, die drei Jahre nach mir geboren wurde, zu viel zu tun, als dass ihr die Zeit und die Kraft für eine große Karriere geblieben wären.

Mein Vater Oskar war Schauspieler und liebte das leichte Leben. Er hatte die Folkwangschule in Essen besucht und ernährte die Familie vor allem mit Engagements beim Radio, das Haus des Rundfunks lag nur ein paar Minuten entfernt.

Er sah gut aus, die Frauen mochten ihn, und wenn er ein wenig neidisch auf seinen großen Bruder war, dann konnte er das gut verbergen. Carl Ballhaus hatte im »Blauen Engel« eine kleine Rolle gespielt und größere Rollen in kleineren Filmen, und in »M«, Fritz Langs berühmtem Film über eine Verbrecherjagd, war er der Mann, der Peter Lorre das »M« auf den Mantel zeichnete. Es waren solche Menschen, die in die Wohnung meiner Eltern kamen, Schauspieler, Künstler, Bohemiens, und dass die Eltern mit den Kommunisten sympathisierten, haben sie mir später erzählt, damals hätte ich das nicht verstanden.

Sie schickten mich, als ich alt genug war, zur deutschrussischen Schule am Nollendorfplatz, wo ich Russisch als erste Fremdsprache lernte. Zwei, drei Sätze, mehr habe ich mir nicht gemerkt; man hat wenig Gelegenheit, sein Russisch aufzufrischen, wenn man in Westdeutschland und Amerika als Kameramann arbeitet.

Im Sommer mieteten sie ein Haus auf Valentinswerder, der hübschen kleinen Insel in der Havel, die nur mit dem Boot erreichbar ist. Man konnte dort gut schwimmen gehen, das Wasser war sauber, weil die Spree, die den ganzen Dreck der großen Stadt Berlin transportierte, erst weiter unten, in Spandau, in die Havel mündet. Ich kann mich erstaunlicherweise noch an die Adresse erinnern, Valentinswerder 85, so wie ich mich an unsere Berliner Telefonnummer erinnern kann, 933677, ich hatte immer einen Groschen dabei, damit ich meine Mutter anrufen konnte, falls irgendetwas passierte. Es ist erstaunlich, dass man sich eine sechsstellige Telefonnummer mehr als siebzig Jahre lang merken kann, während man viel wichtigere Dinge vergisst.

Ich erinnere mich zum Beispiel nicht mehr, wie genau das schöne langgestreckte Haus an der Ostsee mit der Familie meiner Mutter zusammenhing; die Großmutter, eine Pianistin, war gestorben, als meine Mutter noch ein Kind war. Der Großvater war Opernsänger, und irgendetwas hatte die Familie mit diesem Landhotel in Henkenhagen zu tun, dem Kurort in Westpommern, in der Nähe von Kolberg, wo wir manchmal hinfuhren in den endlosen Sommerferien meiner Kindheit. Jedes Zimmer hatte einen Balkon, und wenn man aus der Tür ging, stand man am Strand, und ich sprang jeden Morgen als Erstes ins Wasser, und das Kindermädchen wanderte manchmal am Meer entlang und sammelte den Bernstein, von dem es sehr viel gab, wie ich mich zu erinnern glaube.

Michael Ballhaus im Alter von vier Jahren

Ich weiß auch nicht mehr, wie der Film hieß, in dem mein Vater dann doch mal eine kleine Rolle hatte. Ich weiß nur noch, dass ich zu jung dafür war. Und dass mein Vater heftig einreden musste auf die Kassiererin, bis die mich dann doch hineinließ in den Kinosaal. Ich war gerade vier geworden, als der Krieg begann, und bald wurde mein Vater eingezogen. Wir sind ihn besuchen gefahren, erst in Fallingbostel, dann in Innsbruck, wo er bei der Flak seinen Dienst tun musste. Er war Obergefreiter, höher wollte er nicht kommen in der Wehrmacht, deren Krieg nicht seiner war, aber mit seinen Kameraden und den Vorgesetzten schien er ganz gut auszukommen, und irgendwann haben sie wohl gemerkt, dass er vom Theaterspielen und der Unterhaltung eindeutig mehr verstand als vom Schießen. Und so wurde er nach Frankreich abkommandiert, zur Betreuung und Unterhaltung der Truppe, wie es hieß, und nach allem, was er später erzählte, muss das eine herrliche Zeit gewesen sein. Der Krieg war weit weg, er konnte Theater spielen und Unterhaltungsprogramme gestalten, und wie so viele deutsche Soldaten, die als Besatzer nach Frankreich kamen, fand er keinen einzigen Grund, in den Franzosen die Gegner zu sehen und in deren Land das Feindesland. Er hat sich, ganz im Gegenteil, in dieses Land verliebt und anscheinend auch in die eine oder andere Französin, und als er zurückkam aus dem Krieg, merkten selbst wir Kinder, dass die Ehe unserer Eltern nicht mehr so gut funktionierte. Sie schliefen in getrennten Schlafzimmern.

Wenn es an der Tür klingelte in der Meerscheidtstraße, wurden wir sofort in unser Kinderzimmer geschickt; danach erst öffnete jemand die Tür. Denn eine Weile wohnte Herr Nebhut bei uns, der ein Freund der Eltern war, Schauspieler, Schriftsteller, Drehbuchautor, Jude. Ernst Nebhut musste sich verstecken vor den Nazis, meine Eltern stellten ihm ein Zimmer zur Verfügung, und wenn es Fliegeralarm gab und wir hinunter in den Keller gingen, musste er oben in der Wohnung bleiben. Irgendwann wollte er unsere Familie nicht länger in Gefahr bringen, er floh aus Berlin und konnte sich ins Ausland retten, in die Schweiz, nach Amerika, das weiß ich nicht mehr genau. Ich weiß nur, dass er, als er nach dem Krieg zurück nach Deutschland kam, sehr erfolgreich war. Er schrieb Drehbücher fürs deutsche Kino, Theaterstücke, die gut liefen, und Liedtexte, ausgerechnet für Zarah Leander.

Einmal sah ich aus dem Fenster zum Hinterhof, wie zerlumpte Menschen in den Mülltonnen wühlten. Was tun die Leute?, fragte ich meine Mutter, und sie drückte mir eine Tüte mit Äpfeln und ein Stück Brot in die Hand und sagte: Gib das den Leuten, das sind russische Zwangsarbeiter, die brauchen etwas zu essen. Aber pass auf, dass dich der Hausmeister nicht dabei erwischt. Es ist nämlich verboten, denen etwas zu geben.

Ich schlief gut in den Nächten des Weltkriegs, ich fürchtete mich, wie so viele Kinder, vor der Dunkelheit, aber je länger der Krieg ging, desto heller wurden die Nächte. Es brannte ja immer irgendwo, und weil wir weit oben wohnten, drang auch der Schein entfernter Feuer in unser Kinderzimmer. Ich war zu jung, als dass ich verstanden hätte, welches Leid diese Brände für die bedeuteten, die in diesen Nächten ihr Zuhause verloren. Ich freute mich nur, dass es niemals absolut dunkel wurde. Und wenn Fliegeralarm war, freute ich mich auf das Abenteuer. Meine Mutter war nachtblind, ich nahm sie also bei der Hand und war stolz, dass ich auf sie aufpassen konnte, und unten im Keller spielten wir mit den Kindern des Gestapomannes. Der Junge hatte einen Sprachfehler, den fand ich sehr lustig, er nannte mich Misael, und zu meiner Schwester sagte er Niedel. Einmal wurden wir verschüttet im Luftschutzbunker, da hat uns dann doch die Angst gepackt. Die Tür war unerreichbar, Staub war überall, das Licht ging aus. Dass wir ziemlich bald befreit wurden, lag wohl daran, dass dieser Bunker dem Oberkommando der Kriegsmarine unterstand.

Ein andermal traf eine Brandbombe unser Haus. Sie explodierte nicht, der Schrecken war trotzdem groß, und je heftiger die Wut der Mutter wurde, auf Hitler, die Nazis, die diesen Krieg begonnen hatten, desto dringlicher wurden aber auch die Ermahnungen, da draußen gefälligst die Klappe zu halten. Der Hauswart war ein Nazi, kein bedeutender Funktionär, nur ein kleiner, ganz normaler Denunziant, und als er bekanntgab, dass der Führer sprechen würde, auf dem Adolf-Hitler-Platz, wie der heutige Theodor-Heuss-Platz damals hieß, war schon klar, dass das auch für uns ein Pflichttermin war. Ich war fünf oder sechs, ich kann mich an Adolf Hitler nicht erinnern. Vielleicht war er zu weit entfernt, vermutlich verstand ich einfach nicht, worum es ging. Woran ich mich aber genau erinnern kann, das ist die große Menschenmasse, die vor der Rede ganz still zu sein schien, gespenstisch schweigsam, der große Platz war voller Menschen, und keiner sagte ein Wort, und dieses Bild, diese gewaltige Stille, das fand ich gruselig und beängstigend. Und dann, in diese Stille hinein, brüllte die Stimme Hitlers, an die ich mich dann doch zu erinnern glaube. Aber wer weiß schon, siebzig Jahre später, ob er damals wirklich diese Stimme gehört hat. Oder ob er sie nur aus dem Radio kannte oder aus all den Dokumentationen, die später, als der Spuk vorbei war, den Schrecken zu erklären versuchten.

Im Sommer 1943 kündigte meine Mutter die Wohnung, löste unseren Haushalt auf, die Möbel wurden abgeholt, und dann sind wir weggefahren aus Berlin, es war ihr zu gefährlich geworden. Wenn sie schon nichts zu schaffen hatte mit diesem Krieg, dann wollte sie ihn wenigstens überleben, und ihre Kinder, fand sie, hatten auch etwas Besseres verdient als ein Leben zwischen Trümmern und Ruinen und Nächte im Luftschutzkeller. In Coburg wohnte Tante Änne, ihre Schwester, und wir zogen in eine kleine Wohnung, und wie es aussah, gab es dort, in der kleinen Stadt im Norden Frankens, nicht viel zu bombardieren. Nazis gab es aber auch in Coburg, der Nachbar, ein Oberst im Ruhestand, bei dem wir manchmal saßen und bei geschlossenen Fenstern den deutschen Dienst der BBC hören durften, hat irgendwann, es war vielleicht im Sommer 1944, in einem Laden gesagt, er glaube nicht, dass der Krieg noch lange dauern werde. Er hat nicht die Nazis zum Teufel gewünscht, er hat nicht den Führer beschimpft, er sagte nur: Der Krieg wird bald vorbei sein. Das reichte als Grund für seine Verhaftung, er kam in ein Konzentrationslager, und ich glaube, er kam nicht wieder heraus. Er war ein alter Mann.

Als die amerikanische Armee vor Coburg stand, hieß der Befehl an die längst desolaten Truppen, dass die Stadt bis zum letzten Mann zu verteidigen sei. Die Amerikaner beschossen die Stadt, der Stadtkommandant ließ die weiße Fahne hissen, aber es gab tatsächlich in diesem Moment noch immer ein paar Nazis, die an den Endsieg glaubten. Die schossen die weiße Fahne in Fetzen. Einer feuerte seine letzte Panzerfaust ab; dann war der Endkampf um Coburg zu Ende, und die Amerikaner marschierten ein.

Die Stadt war kaum versehrt, die Veste stand auf ihrem Berg, wie immer, das Schloss Callenberg wurde von den Amerikanern besetzt, und auch in dem Haus, in dem wir wohnten, waren amerikanische Soldaten einquartiert. Wir Kinder liebten sie, wir hatten noch nie vorher einen Kaugummi gekaut, und manchmal gab es auch Zigaretten.

Ich war zehn, und ich glaube nicht, dass die GIs mich zum Rauchen ermuntern wollten. Zigaretten waren das Zahlungsmittel, mein erstes Fahrrad kostete zwei Päckchen Camel, eine schöne Leica-Kamera ging für eine Stange weg, und eine Nacht mit einer jungen Frau kostete ein Päckchen.

Ich rauchte aber, schon weil es, direkt nach dem Zusammenbruch des sogenannten »Großdeutschen Reiches«, keine Autorität gab, die es mir hätte verbieten können. Ich hatte immer ein Päckchen Camel in der Tasche, und als die amerikanischen Soldaten die Wohnung nicht mehr brauchten, ließen sie uns ganze Berge von Dosen zurück, es war wie im Schlaraffenland. Ich kann mich nicht daran erinnern, dass es uns schlecht gegangen wäre, der Krieg war vorbei, wir lebten in der vergleichsweise reichen amerikanischen Zone, und dann gab es noch Frau Geheimrat Kaemmerer. Die war die Schwiegermutter meiner Tante Änne, und in Coburg war sie eine einflussreiche Frau, mit besten Beziehungen zu jedem, zu dem sich gute Beziehungen lohnten, und besonders lohnend war ihr gutes Verhältnis zum Direktor des Schlachthofs, der uns einmal in der Woche ein schönes Paket mit Fleisch besorgte. Onkel Rudi, ihr Sohn, ein sehr kluger Mann, hatte, weil er nach den Rassengesetzen der Nazis ein Halbjude war, seine schöne Position beim Insel-Verlag in Leipzig verloren. Nach der Befreiung wurde er, der absolut unbelastet war, Landrat und blieb es bis in die sechziger Jahre.

Ich war ein Kind und freute mich, dass unser Leben so abenteuerlich war. Berlin war fast vergessen, Berlin lag in Trümmern, erzählten die Eltern, die bald beschlossen hatten, in Franken zu bleiben, und ich fand immer ein paar Jungs, mit denen ich herumstreunen und die Gefahren der Welt erforschen konnte. Einmal fanden wir einen Revolver, einen richtigen Trommelrevolver, Kaliber 9 mm, und ich weiß nicht mehr, wer die Munition besorgt hat, aber ich weiß, dass er irgendwann geladen war, und ich sagte, dass wir uns das schon mal trauen dürften, Augen zu und einfach abdrücken. Der

Schuss riss die Unterarme zurück, der Knall war überwältigend, und dann lag der Revolver wieder am Boden, und wir Kinder schauten, dass wir weiterkamen.

Oskar Ballhaus war unversehrt aus dem Krieg zurückgekommen, er war Obergefreiter geblieben und in der Wehrmacht nicht aufgestiegen, von der NSDAP hatte er sich immer ferngehalten. Er galt als absolut unbelastet, und so fiel es ihm nicht schwer, die Lizenz, die erste überhaupt in Bayern, für den Betrieb eines Theaters zu bekommen. Vater und Mutter gründeten eine freie Gruppe, die sie »Coburger Kulturkreis« nannten, sie holten ein paar alte Freunde und Kollegen, die froh waren, dass sie herauskamen aus dem ruinierten Berlin. Deutlicher aber als jedes Theaterstück steht mir das erste Gastspiel des Dirigenten Georg Solti mit den Bamberger Symphonikern vor Augen. Das liegt vor allem daran, dass ich für Solti mein Zimmer räumen und in einer Kammer schlafen musste. Es lag aber auch daran, dass ich dem Orchester bei den Proben zusehen durfte. Ich weiß nicht mehr, was sie spielten. Ich weiß nur, dass der Klang mich überwältigte. Und dass der Mann, der vor dem Orchester stand, den Taktstock bewegte und dessen Mienenspiel, das grimmig und freundlich zugleich sein konnte, mich faszinierte; dieser Mann schien die Musik herbeizuzaubern. Selbstverständlich stand fest, dass ich Dirigent werden musste, das war eindeutig der beste Beruf, den es gab. Meine Mutter brauchte eine Weile, bis sie mich davon überzeugt hatte, dass einer wie ich, der einmal in der Woche zur Klavierstunde ging und trotzdem nur winzige Fortschritte machte, dass so einer vielleicht doch nicht das Talent zu einem erstklassigen Dirigenten hatte.

Die erste Theateraufführung des Coburger Kulturkreises war die Komödie »Ein Strich geht durchs Zimmer«, eine russische Komödie aus den dreißiger Jahren, die heute völlig vergessen ist. In den Nachkriegsjahren war sie äußerst populär auf den deutschsprachigen Bühnen, auch nach Coburg kamen die Leute von überall her. Und als sich nach der Währungsreform die Verhältnisse stabilisierten, suchten meine Eltern ein festes Haus für sich und die Truppe. Und fanden ein richtiges Schloss. Schloss Wetzhausen liegt etwa zwanzig Kilometer nordwestlich von Schweinfurt, ein bisschen versteckt zwischen hohen Bäumen und einem Weiher, mitten in dem Dorf, das genauso heißt, man übersieht es leicht, wenn man heute durch die Hügel der Haßberge fährt, auch weil über dem Dorf, groß und von weitem sichtbar, das Schloss Craheim steht, ein neubarocker Bau aus dem frühen 20. Jahrhundert. Schloss Wetzhausen ist viel älter, gotisch im Kern und immer wieder umgebaut, es kostete damals, 1948, dreihundert Mark Miete im Monat und bot nicht viel Komfort. Aber Platz genug für die ganze Theatertruppe. Es gehörte (und gehört immer noch) der Familie der Truchseß von Wetzhausen, ein uraltes fränkisches Rittergeschlecht, das sich aber damals aus den etwas neueren Verstrickungen wieder lösen musste. Der Vater war Sturmbannführer der SS gewesen und im Krieg umgekommen. Die Mutter, die Baronin, trauerte ums »Tausendjährige Reich«, blieb ihren nationalsozialistischen Überzeugungen treu und war auch sonst keine angenehme Person. Sie hatte vier Kinder, zwei Mädchen, zwei Jungs, ich mochte sie alle, und mit dem Ältesten, mit Hans-Otto, freundete ich mich sehr schnell an.

Ich war dreizehn, als wir nach Wetzhausen kamen, und wenn das Wort damals schon gebräuchlich gewesen wäre, hätte man das wohl eine Kommune genannt, eine Wohngemeinschaft, in der meine Mutter und mein Vater den Kern bildeten, auch später, als sie kein Paar mehr waren. Die Mitbewohner wechselten, aber für die Dauer einer Saison oder auch länger lebte man zusammen, man aß gemeinsam zu Abend, zehn, zwölf Leute. Ein Schreiner aus dem Dorf, der gerade seine Gesellenprüfung gemacht hatte und keinen besseren Job fand, wurde engagiert, sich ums Haus zu kümmern und Kulissen zu bauen. Seine Frau kochte für die ganze Kompanie. Und um mich kümmerte sich ein entfernter Onkel, der ein guter Lehrer und Nazi gewesen war und deshalb an öffentlichen Schulen erst mal nicht unterrichten durfte. Jetzt musste er sich mit Nachhilfestunden und Privatunterricht durchschlagen, drei Stunden täglich war er für mich da und versuchte mir alles beizubringen. Latein, Englisch, Geschichte, sogar Mathematik. Ich weiß heute nicht mehr, ob ich damals wusste, wie sehr sich dieses Leben vom Leben anderer Jugendlicher unterschied, wie ungeheuer groß die Freiheit war; und dass es diese Enge, den Zwang, den Lehrern zu gehorchen und sich eingesperrt zu fühlen im traurigen Alltag einer Kleinfamilie, mit all den Verboten und den Dingen, über die man niemals sprechen durfte, dass es all das, wogegen die Gleichaltrigen sich dann wehren und revoltieren mussten, in meiner Jugend nicht gab.

Ich glaube, ich fand es normal, dass immer mal wieder jemand ging, jemand Neues zur Truppe stieß. Als ein Mann namens Stiege kam, gefiel mir dies, nicht weil er sehr ehrgeizig war und wohl auch die Ambition hatte, meine Eltern aus der Führung des Theaters zu verdrängen und die Truppe selbst zu übernehmen, sondern weil er zwei Töchter hatte, mit denen ich gerne spielte, und am liebsten hatten wir solche Spiele, von denen wir nicht so genau wussten, ob sie womöglich verboten waren. Es gab im Schloss eine Wendeltreppe, die endete in einem Taubenschlag, und von dort konnte man aufs Dach steigen und kam an einer Stelle heraus, wo zwei Dächer aufeinanderstießen und es eine Art Knick gab, in den wir eine Matratze legten und uns sonnten und an warmen Sommernachmittagen unsere unerfahrenen Körper zu erforschen begannen. Es waren

Unschuld und Lüsternheit im Spiel, richtig passiert ist nichts, dazu wären wir wohl zu jung gewesen, mit dreizehn, vierzehn Jahren. Und dann wehrte meine Mutter den Übernahmeversuch des Herrn Stiege ab, und er verließ das Schloss und nahm seine hübschen Töchter mit, obwohl wir, wie ich fand, mit unseren Körpererforschungen noch längst nicht zu Ende waren.

Vor dem Schloss war ein Park, der lange nicht gepflegt worden war. Heute ist er ganz verwildert. Neben dem Schloss: ein kleiner See, der einst auch den Burggraben speiste. Der Graben war trocken, seit er keine militärische Bedeutung mehr hatte, seit langem also, der kleine See war voll mit trägem, dunklem Wasser, man konnte darin schwimmen im Sommer, und wenn er im Winter zufror, spielte ich Eishockey mit den Jungs aus dem Dorf. Der Sohn des Metzgers war der Anführer und verlangte auch von mir, dass ich mich einordnete in die dörfliche Hierarchie. Ich hatte aber keine Lust, ich kam nicht aus dem Dorf, und ich suchte keinen Platz in der Hierarchie der Jungs. Der Metzgersohn suchte Streit mit mir, er war stark und hatte Routine im Raufen, und vielleicht war ich im entscheidenden Augenblick nur zufällig ein bisschen schneller als er. Ich erwischte ihn mit der Faust, was die anderen Jungs als Sieg bewerteten. Er blieb weiterhin der Anführer der Dorfjungs, aber rund ums Schloss, im Park und auf dem See, hatte er mir nichts zu sagen. Und nach dem Kampf kamen wir so gut miteinander aus, dass er nichts dagegen hatte, als ich mich mit seiner Schwester Helga anfreundete. Manchmal trafen Helga und ich uns in einer Scheune, legten uns ins Stroh und spielten ein bisschen miteinander herum. Mehr geschah auch bei diesen Forschungen nicht, außer dass die Aussichten auf das, was da noch kommen würde, klarer und deutlicher wurden. Außerdem war das noch immer die Nachkriegszeit, in der es nie verkehrt war, mit den Kindern eines Metzgers befreundet zu sein.

Auch zu den Theateraufführungen brachte, wer nicht genug Geld flüssig hatte, Naturalien mit. Brot, Eier, Milch, als Eintritt wurde alles akzeptiert, woraus sich ein anständiges Essen zubereiten ließ. Gespielt wurde im Rittersaal, die Bühne war klein, für aufwendige Kulissen gab es weder Geld noch Platz, und wenn ein Stück den Ort oft wechselte, trug am Anfang der Szene jemand ein Schild über die Bühne, auf dem der Ort bezeichnet war. Das war immer mal wieder auch meine Aufgabe, ich war gewissermaßen der Nummernboy des Theaters, der das Schild mit der Aufschrift »Verona« dem Publikum zeigte. Es war ein armes Theater, was aber kaum jemand als Mangel empfand. Pomp passte nicht in die Zeit, aufwendige Dekorationen hätten nur vom Sinn der Stücke abgelenkt. Es ging im Theater um Menschen, nicht um den Budenzauber der Illusionen. Auch an den Münchner Kammerspielen waren damals die Inszenierungen eher karg, das war der Geist der Zeit. Theater war wichtig, nicht nur weil noch niemand einen Fernseher hatte und Kinos auf dem Land eher selten waren. Die Leute ahnten, dass sie zwölf Jahre lang in geistiger Isolation gelebt hatten, sie wollten wieder Anschluss finden an die Gegenwart, und das Theater, mehr als alle anderen Künste, versprach dem Publikum die Teilhabe an der Gegenwart – selbst wenn es die Klassiker waren, die gespielt wurden.

Sartres »Schmutzige Hände«, damit hat, wenn ich mich richtig erinnere, die Geschichte des Theaters in Wetzhausen angefangen, aber sie spielten auch Shakespeare, Ibsen, manchmal Kriminalstücke, weil es ja auch darum ging, das Theater zu füllen. Und das Bedürfnis des Publikums nach Unterhaltung einigermaßen zu stillen.

Mein Vater hatte einen Hang, sich in die Hauptdarstellerinnen zu verlieben, die Eltern ließen sich bald scheiden, Oskar Ballhaus heiratete die Schauspielerin Anneliese Wertsch, die in Shakespeares »Der Widerspenstigen Zähmung« so eine hinreißende Katharina gewesen war, dass mein Vater ihr nicht widerstehen konnte. Und Lena Hutter, meine Mutter, heiratete Herbert Heinz, der von Anfang an zum Ensemble in Wetzhausen gehört hatte.

Ich hatte mehr Glück als die meisten Scheidungskinder. Vermutlich hatte ich auch mehr Glück als die meisten Kinder, deren Eltern zusammenblieben. Ich mochte die neue Frau meines Vaters, ich mochte den neuen Mann meiner Mutter, und das Schönste war, dass die Familie nicht auseinandergerissen wurde. Beide Paare blieben im Schloss, sie versuchten sich zu arrangieren, was auch meistens gelang, sie spielten miteinander Theater, und es war mir eine Freude zu sehen, wie meine Mutter, die mit meinem Vater einiges mitgemacht hatte, noch einmal aufblühte mit ihrem neuen Mann.

Im Rückblick wirkt das alles womöglich märchenhaft und unglaubwürdig. Es waren ja die fünfziger Jahre, die unser kollektives Gedächtnis als sittenstreng, verklemmt und intolerant abgespeichert hat. Es war Unterfranken, die tiefste bayerische Provinz. Und mittendrin lebten Schauspieler in einer Art Wohngemeinschaft ein Leben, das, als es zum Ende der Sechziger hin in Mode kam, die Sittenwächter empörte. Damals war das mein Leben, ich kannte kein anderes, und schon deshalb spürte ich gar kein Bedürfnis, mir Gedanken darüber zu machen, weshalb die Leute auf dem Land diese Lebensform duldeten.

Vielleicht lag es am Schloss, dessen dicke Mauern auch gegen Gerüchte und üble Nachrede schützten. Vielleicht lag es daran, dass wir, anders als die Kommunarden zwanzig Jahre später, uns anständig kleideten, höflich benahmen und die Leute, die anders als wir leben wollten, nicht zu unseren Gegnern erklärten. Sie waren das Publikum, und das Publikum

*Die Eltern Lena Hutter und Oskar Ballhaus
in den fünfziger Jahren*

freute sich, weit über Wetzhausen hinaus, über die Theatertruppe, die sich um die kulturelle Grundversorgung der ganzen Region kümmerte. Das erste Auto, mit dem wir auf Tournee gingen, war ein uralter Bus, mit Holzvergaser, ein klappriges Vehikel, das nicht viel kostete und nicht schnell fuhr. Aber es gab Platz für die Truppe, für die Kulissen und Kostüme, und bis nach Schweinfurt, nach Bad Kissingen oder Forchheim kam man damit schon, in all die Städte, die ein Publikum, aber kein Theater hatten. Es gab dafür sogar Zuschüsse aus dem bayerischen Kultusministerium; wenn meine Eltern nach

München fuhren, um über diese Zuschüsse zu verhandeln, vergaßen sie einfach, dass sie einst mit den Kommunisten sympathisiert hatten. Und politisch, in dem Sinn, dass die Obrigkeit sich herausgefordert gefühlt hätte; oder avantgardistisch, in dem Sinn, dass Konservative die Ordnung und die Moral bedroht gesehen hätten (was in Bayern damals vorkommen konnte), war das Theater nie.

Nach zwei Jahren Privatunterricht wurde ich am Gymnasium auf Schloss Craheim angemeldet, jenem neubarocken Bau, den die Familie der Truchseß zu Wetzhausen im frühen zwanzigsten Jahrhundert auf einem Hügel oberhalb Wetzhausens hatte errichten lassen, als der Baron eine reiche Amerikanerin heiratete, der das alte Schloss zu unkomfortabel war. Die Amerikaner hatten das Schloss beschlagnahmt und als Lazarett genutzt, der bayerische Staat hatte es der Familie nicht zurückgegeben, und jetzt gab es dort eine Schule mit Internat. Es war ein Internat für reiche Kinder, immer mal wieder stand vor der Schule ein großer Mercedes mit Chauffeur; dann wusste ich, da sind die reichen Eltern der reichen Kinder zu Besuch. Ich war ein Außenseiter im Dorf, weil ich ein Zugereister war, ich war ein Außenseiter an der Schule, weil ich aus dem Dorf kam und nicht im Internat wohnte. Ich fand eigentlich nicht, dass die Kinder dort etwas Besseres waren, bloß weil ihre Nachnamen sehr alt waren oder berühmt, ich fand mich selber eigentlich besser. Ich hatte, wie mir, dem Sechzehn- oder Siebzehnjährigen, das damals erschien, viel mehr Lebenserfahrung. Und ich reagierte auf das Reiche-Leute-Getue der Mitschüler mit jugendlichem Trotz: Na wartet, sagte ich zu mir selbst, ich werde es schon schaffen. Ich werde auch mal so viel Geld verdienen. In die süße Anneliese von Hackewitz verliebte ich mich trotzdem, und dass ich bei ihr nicht wirklich landen konnte, führte ich darauf zurück, dass diese Leute lieber unter sich blieben und in ihrer eigenen Welt leben wollten. Der falschen, wie ich damals fand.

Ich war dann auch langsam reif für mein erstes Auto. Aus irgendeinem Grund, der mir in den sechzig Jahren, die vergangen sind, entfallen ist, war es nicht möglich, das Abitur in Craheim zu machen. Das nächste Gymnasium war in Schweinfurt, und Schweinfurt war fünfundzwanzig Kilometer entfernt. Einen Schulbus oder etwas Ähnliches gab es nicht, also brauchte ich etwas, womit ich fahren konnte. Und den Führerschein. Ich war zwar erst siebzehn, aber der weite Schulweg galt als Härtefall, ich bekam eine Ausnahmegenehmigung. Ich übte mit dem großen, alten Bus, bis ich fahren konnte. Und als ich die erste Fahrstunde hatte, sagte der Lehrer: Du fährst auch nicht zum ersten Mal ein Auto. Nein, sagte ich, und es blieb bei dieser einen Fahrstunde. Wir fanden einen Trumpf Junior, ein schönes kleines Auto, fünfundzwanzig PS, achtundachtzig Stundenkilometer schnell, Baujahr 1937, glaube ich. Es war alt, dieses Auto, aber es hatte nicht so furchtbar viele Kilometer gefahren, weil der Bauer, als die Wehrmacht alle privaten Autos beschlagnahmte, den Trumpf nicht hergeben wollte. Er versteckte ihn in der Scheune, bedeckte ihn mit Stroh, und da stand nun mein erstes Auto, alt, ein bisschen verstaubt, gut genug für mich. Ich hatte, wenn ich von Wetzhausen nach Schweinfurt fuhr, immer wieder ein Lied im Ohr, manchmal wachte ich schon auf und hörte im Kopf dieses Lied, Hildegard Knef sang es, und wenn ich mich richtig erinnere, dann sang sie es gar nicht in dem Film »Die Sünderin«, der damals so viel Wirbel machte und den ich natürlich auch gesehen hatte. Ich glaube, das Lied kam kurz nach dem Filmstart heraus, spielte auf den Film aber an und sorgte dafür, dass ich eine Weile von dieser Frau, die naturgemäß unerreichbar war, noch besessener wurde, als ich es nach dem Kinobesuch ohnehin schon war.

»Ein Herz ist zu verschenken« hieß das Lied, und Hildegard Knef sang von dem Mann, nach dem sie sich sehnte, und mir war klar, ich war dieser Mann. »Kennen Sie nicht einen Herrn, der gut zu mir passt, Herz antik, Gestalt modern, klug, doch kein Phantast.«

Ach, ich war am Sex sehr interessiert. Im Bücherschrank der Eltern hatte ich ein Buch entdeckt, das den spröden Titel »Die vollkommene Ehe« hatte, geschrieben von dem holländischen Frauenarzt Theodoor Hendrik van de Velde, ein Buch, das schon in der Zwanzigern auch in Deutschland erschienen und unter den Nazis verboten worden war. »Eine Studie über Physiologie und Technik« hieß der Untertitel, und genau das war es auch. Eine Anleitung, eine einigermaßen exakte Beschreibung, wie Eheleute, und nur Eheleute, miteinander umzugehen hätten, damit der Sex für beide befriedigend werde. Ich las es als Lehrbuch, mit dem Vorsatz, wenn es so weit wäre, all die Regeln zu beachten. Und zugleich las ich es als Pornographie, mit einer Hand unter der Bettdecke. Jungs in diesem Alter sind doch recht leicht erregbar.

Meine erste große Liebe war sieben Jahre älter als ich, sie hatte zwei Kinder und war verheiratet mit einem Mann, der zwanzig Jahre älter war. Sie hieß Mechthild, war Schauspielerin in der Truppe, ihr Mann, der Hans hieß, führte Regie, und als alles anfing, glaubte ich selber nicht, dass ich bei ihr Erfolg haben würde. Ich sah ihr gern beim Spielen zu, ich fand sie witzig, charmant, ich konnte gar nicht wegschauen, und wenn wir zu den Gastspielen fuhren, setzte ich mich neben sie im Bus und versuchte, mich zentimeterweise zu nähern. Ich spürte eine ungeheure Spannung, und dann war es gar nicht so, dass sie meinem Drängen nachgegeben hätte. Irgendwann merkte ich, dass sie es auch wollte, und als wir zum ersten Mal miteinander geschlafen haben, konnte ich gar nicht fassen, wie glücklich uns das beide machte. Alles an ihr war mir eine Freude, der Sex, das Lachen, ihre Art, mit mir zu reden, sie war ein bisschen kleiner als ich, und wenn ich sie in den Arm nahm, war ich kein siebzehnjähriger Grünschnabel mehr, sondern ein richtiger Mann.

Es war wie in den Boulevardkomödien, die die Theatertruppe spielte, wenn es etwas Unterhaltsames sein sollte. Ihr Mann ging spät zu Bett, er saß im Sessel und las, bis nach Mitternacht. Sie sagte um neun oder zehn Uhr abends, dass sie müde sei, ging in ihr Schlafzimmer, und dann kam sie, über einen gemeinsamen Balkon, zu mir ins Zimmer. Wir liebten uns, wir hatten viel Freude aneinander. Und wenn ihr Mann ins Bett kam, lag sie da und schlief, als wäre nichts geschehen.

Das ging lange gut, und irgendwann dann nicht mehr, was wir uns hätten denken können. Der Mann war ja nicht blöd, er spürte wohl, dass da etwas angefangen hatte, und eines Abends kam er recht früh ins Schlafzimmer, fand das Bett leer, klopfte an meine Tür, rüttelte, brüllte, dass wir gefälligst aufmachen sollten. Ich dachte nicht daran, und so polterte Hans ins Schlafzimmer meiner Mutter, das nicht abgeschlossen war, und rief: Dein Sohn fickt meine Frau!

Es gab natürlich eine große Aufregung im Haus, ich musste die Tür öffnen, und ich weiß gar nicht mehr, wer da alles in meinem Zimmer stand. Er oder ich, das war es, was Hans forderte: Entweder verlässt der Junge das Haus, oder ich packe meine Koffer.

Dass ich gehen musste, lag nicht nur daran, dass Hans in jener Saison dringend gebraucht wurde, als Schauspieler und Regisseur. Ich war der Schuldige, ich hatte ihm Hörner aufgesetzt, es gab da kein Vertun. Ich wurde also, weil ich dort eh zur Schule ging, nach Schweinfurt ausquartiert, in eine Art Jugendheim. Und an den Wochenenden traf ich mich heimlich mit Mechthild. Es war Sommer, wir breiteten auf einer Waldlichtung eine Decke aus, mehr brauchten wir nicht für unser Glück. Es war spannend und erregend und dramatisch, und dann war es doch vorbei. Wir wurden beide nach Berlin zitiert, wo eine Tante wohnte, die gewissermaßen die Schiedsrichterin spielen sollte. Ich saß allein in einem Zimmer, Mechthild saß in einem anderen, und dann hieß es: Entscheide dich gefälligst. Nimm den Jungen, wenn du wirklich mit ihm leben willst. Und wenn du das nicht willst, dann mach mit ihm Schluss!

Sie hat sich nicht für mich entschieden. Sie hatte zwei Kinder, einen Beruf, eine Ehe, die kaputt war. Ich ging zur Schule und lernte zu wenig fürs Abitur.

Ich war sehr traurig und verlor sie doch allmählich aus den Augen. Die beiden wurden in eine andere Stadt engagiert und schafften es doch nicht, ihre Ehe zu retten. Hans, so erzählte man sich, habe sich später jungen Männern zugewandt. Mechthild hat Theater gespielt und war manchmal in deutschen Filmen zu sehen.

Ich habe das Abitur gemacht. Bestanden habe ich es nicht. Ich war nicht gut genug in Mathe, in Latein auch nicht, ich bin durchgefallen. Und ich war mir ganz sicher, dass ich es nicht noch einmal versuchen wollte.

Ich wusste inzwischen, was ich werden wollte. Das Abitur brauchte ich dafür nicht.

2

Große Lieben

Die Kamera und Helga

Ich wurde am 5. August 1935 geboren, um 5 Uhr 55, und diese exakten Angaben sind für das, was dann aus mir wurde, nur insofern wichtig, als ein paar Jahre später, ich war vielleicht fünf Jahre alt, mein Horoskop erstellt wurde. Der Astrologe war damals sehr bekannt in Berlin, ich habe seinen Namen trotzdem vergessen. Ich weiß auch nicht mehr, was meine Eltern von ihm wollten, sie hatten mit Gott und der Kirche nichts im Sinn, und dass es einen Moment gab, in dem sie, die in ihren jungen Jahren überzeugte Kommunisten waren, an die Sterne wirklich geglaubt hätten, das kann ich mir nur sehr schwer vorstellen. Es war wohl eher so, wie man manchmal Gott um Hilfe bittet, auch wenn man nicht an ihn glaubt. Die Sterne konnten die Zukunft nicht offenbaren, aber damals, ein, zwei Jahre nach Kriegsbeginn, war die Zukunft so ungewiss, dass man für jeden Hinweis dankbar war.

Er sagte mir voraus, dass ich zweimal heiraten würde. Er sah, dass ich eines Tages über den, wie man damals gern sagte, »großen Teich« gehen würde. Er prophezeite mir, dass ich einen Beruf ergreifen würde, der künstlerisch und technisch zugleich wäre. Und natürlich habe ich, als ich älter wurde, manchmal darüber nachgedacht. Ob da etwas dran sei, ob ich Architekt werden sollte, oder vielleicht Fotograf. Aber natürlich bin ich nicht deshalb Kameramann geworden, damit der Astrologe recht behielt.

Es war aber so, dass mir meine Eltern irgendwann eine ganz einfache Kamera schenkten, eine sogenannte Box, wie man damals sagte, die, wenn ich mich richtig erinnere, nicht mehr als fünf Mark kostete. Es war ein sehr simpler Apparat, eine Linse, eine Blende, die Verschlusszeit war festgelegt. Man brauchte, um gute Bilder zu machen, sehr viel Licht, und es half, wenn die Menschen und die Dinge, die man fotografieren wollte, sich möglichst wenig bewegten. Ich kam mit dieser Box erstaunlich gut zurecht, es machte mir Freude zu fotografieren, und meine Eltern fanden, ich hätte Talent, und als ich fünfzehn wurde, bekam ich eine richtige Kamera geschenkt. Es war eine Rolleiflex, eine wunderbare, sogenannte zweiäugige Kamera; sie hatte zwei Objektive, und der Fotograf schaute von oben hinein. Es war eine Kamera für Profis, praktisch jeder Fotoreporter hatte eine, und der Auftrag der Eltern war, dass auch ich jetzt professionell arbeiten sollte: Du fotografierst gern, du bist jetzt unser Theaterfotograf.

Ich liebte das Theater, auch wenn ich bald merkte, dass mir die Eltern nichts von ihrem Talent vererbt hatten. Ich war groß, und es kam mir so vor, als ob die Frauen mich mochten. Ganz schlecht, glaube ich, sah ich nicht aus, ein bisschen eitel, glaube ich, war ich durchaus. Aber dass ich Schauspieler würde, stand nicht zur Diskussion. Natürlich sah ich mich, so als Dreizehn- oder Vierzehnjähriger, auf der Bühne stehen, in der Hauptrolle, als Romeo zum Beispiel. Dann wollte ich einen Tag oder einen Abend lang ganz dringend Schauspieler werden. Aber es gab auch andere Tage oder Abende. Und wenn ich heute daran denke, fallen mir immer wieder die Szenen ein, die unser Kinderglück trübten. Wir hatten, gerade nach der Währungsreform 1948, viel zu wenig Geld, und die Erwachsenen, wenn sie nicht mehr anschreiben durften beim Kaufmann, schickten uns Kinder vor, weil man zu uns nicht nein sagen konnte. Aber das waren immer beschämende Erlebnisse. Ich arbeitete beim Bauern, ich fuhr, weil man dafür keinen Führerschein brauchte, den Traktor, dafür gab es Kartoffeln und Speck. Und vermutlich hat sich mein Unterbewusstsein gemerkt, dass ich so nicht für immer leben wollte.

Kann sein, dass mir mein absoluter Mangel an Talent erst später richtig bewusst wurde, als Fassbinder mich immer mal wieder durchs Bild gehen ließ. Sehr gut kann ich mich daran erinnern, dass mein Vater etwas dagegen hatte; er fand, ich sollte zur Schule gehen, was lernen und Abitur machen, und dann werde man sprechen über den angemessenen Beruf für seinen Sohn. Aber hätte ich wirklich den Drang gespürt, dann hätte ich mich gegen ihn schon durchgesetzt.

Ich liebte das Theater, weil ich gern dabei zusah, wie Menschen, die ich kannte, sich in die Figuren Shakespeares oder Sartres verwandelten und dabei doch sie selber blieben, mit ihren Körpern, ihren Gesichtern. Ich liebte es, wie die Truppe meiner Eltern mit den ärmsten Mitteln ein paar Zeichen setzte, und dann war das nicht mehr die Bühne da vorne, es war Verona oder das fiktive Land Illyrien, in dem die »Schmutzigen Hände« spielen. Ich gehöre nicht zu den Filmleuten, von denen es einige gibt, die das Theater belächeln und verachten, dafür, dass die Schauspieler so laut sprechen müssen, und dafür, dass es keine Großaufnahme und keine Kamerafahrten gibt, und vor allem dafür, dass die Illusionen, die das Theater schafft, so schlicht sind, so klapprig, so durchschaubar und so unbeholfen im Vergleich zu dem, was das Kino kann. Ich liebe das Theater gerade dafür, und manchmal, wenn es später darum ging, ein Theaterstück zu verfilmen, mit großem Budget und enormem Aufwand, manchmal dachte ich daran, wie einfach alles in Wetzhausen war. Und wie gut es funktionierte.

Ich liebte das Theater besonders, wenn ich es durchs Objektiv meiner Rollei betrachtete. Ich fotografierte Szenen; diese Bilder schickten wir an die Zeitungen und stellten sie im Aushangkasten aus. Ich machte Porträts der Herren, und noch viel lieber porträtierte ich die Damen, die ich immer zu überreden versuchte, ein bisschen weniger vom Kostüm und ein bisschen mehr von sich selbst zu zeigen. Zu Aktfotos konnte ich keine überreden, aber immer reizte mich die Herausforderung, eine Schauspielerin dazu zu bringen, dass sie meiner Kamera mehr von sich zeigte, als sie eigentlich zeigen wollte.

Es kann sein, ganz sicher bin ich mir nach all den Jahren nicht, dass der Ort, an dem ich mich in Mechthild verliebte, meine provisorische Dunkelkammer war, wo ich die Filme selbst entwickelte und Abzüge machte und einfach nicht damit aufhören konnte, Mechthilds Bild zu betrachten. Und diese Frau zu begehren.

Im Spätsommer 1954 nahm mich mein Vater auf einen Ausflug mit, nach Bamberg, keine Stunde weit entfernt, er wolle da einen alten Bekannten treffen, einen gewissen Max Ophüls, der dort mit einem großen Team ein paar Szenen für einen teuren Spielfilm drehte. Ich hatte den Namen noch nie gehört, ich hatte so gut wie keine Ahnung von Filmen. Es gab ja kein Kino da draußen auf dem Land, und ich glaube, mehr als fünf oder sechs Filme hatte ich in meinem Leben nicht gesehen.

Meine Eltern kannten Ophüls aus dem Berlin der frühen Dreißiger. Ophüls, der gelernte Theaterregisseur, hatte in Berlin erst als Regieassistent gearbeitet, dann ein paar kleinere Filme gedreht, und um seinen besten Film aus diesen Jahren haben ihn die Nazis betrogen. Es war »Liebelei«, nach Arthur Schnitzler, mit Magda Schneider und Luise Ullrich und jenem Wolfgang Liebeneiner, der dann unter Goebbels' Herrschaft ein bedeutender Filmregisseur wurde, während Ophüls, der eigentlich Oppenheimer hieß, kurz nach dem Reichstagsbrand nach Frankreich floh. Und so wurde »Liebelei« zu einem Film ohne Autor. Die Credits für Ophüls als Drehbuchautor und Regisseur wurden herausgeschnitten. Der Film gefiel auch den Nazis zu gut, als dass sie ihn hätten verbieten wollen. Aber dass es der Film eines Juden war, das brauchte keiner zu wissen.

Aus Paris war Ophüls neun Jahre später nach Amerika geflohen, als die Wehrmacht einmarschierte, und in Hollywood hatte er die schöne, zarte Stefan-Zweig-Verfilmung »Letter from an Unknown Woman« gedreht. Nach dem Krieg, zurück in Paris, war er mit dem »Reigen«, mit »Le Plaisir« und »Madame de …« gewissermaßen der französischste aller französischen Filmregisseure, und als ich, viel später, diese Filme endlich sah, war ich begeistert und inspiriert von Ophüls' Stil, von den vielen Spiegelungen, den fließenden und schwebenden Bewegungen der Kamera.

In Bamberg drehte er Außenaufnahmen für »Lola Montez«, die Geschichte jener irischen Offizierstochter, die sich als spanische Tänzerin ausgibt, in ganz Europa für Skandale sorgt, Franz Liszt und Alexandre Dumas den Jüngeren verführt, schließlich in München eintrifft, wo sie den alternden König, Ludwig I., betört. Sie provoziert das Volk dort so sehr, dass sie während der 1848er Revolution fliehen muss. Wer München kennt, wird von manchen Szenen etwas verstört sein, denn Ophüls gab Bamberg, das auf lauter Hügel gebaut ist, für München aus, dessen Innenstadt bekanntlich in einer Ebene liegt.

Max Ophüls war ein eleganter Mann mit dunklen Augen, er war Anfang fünfzig und sah älter aus. Wir gingen zusammen in ein Restaurant, und Ophüls fragte mich gleich, ob ich nicht Lust hätte, mit Martine Carol zu schlafen. Martine Carol saß mit uns am Tisch, sie war der Star des Films, das französische Sexidol der frühen Fünfziger, sie verstand aber kein Deutsch.

Ich wusste nicht, welche Art von Scherz sich Ophüls da machte und auf wessen Kosten, ich wusste aber ganz genau, dass sie mir zu alt war. Ich mochte Frauen, die ein paar Jahre älter als ich selber waren, aber Martine Carol war fünfzehn Jahre älter. Man sprach von den alten Zeiten in Berlin und den neuen in Paris, und dann kam mein Vater auf mich zu sprechen: Ich sei ein talentierter Fotograf, und ich solle mir mal anschauen, wie so ein Film entstehe. Ob das möglich sei.

Sein Sohn Marcel werde sich darum kümmern, sagte Ophüls, und dann sprachen wir mit Marcel Ophüls, der damals der Regieassistent seines Vaters war (und später ein sehr guter Dokumentarfilmer wurde; für »Hotel Terminus: Zeit und Leben des Klaus Barbie« gewann er 1988 einen Oscar). Und so stieg ich ein paar Tage später, als die Produktion von Bamberg nach München umgezogen war, in den Zug, nahm mir ein Zimmer in einem kleinen Hotel am Viktualienmarkt, das, wenn ich mich richtig erinnere, »Wolnzacher Hopfenperle« hieß, nahm die Trambahn, Linie 25, hinaus nach Geiselgasteig im Süden Münchens, wo die Studios der Bavaria stehen, und meldete mich bei Marcel Ophüls, der gerade aus dem Studio herausgestürmt kam und gleichzeitig aufgeregt und niedergeschlagen wirkte. Was er denn habe, fragte ich, und Marcel erzählte, dass sein Vater soeben beschlossen habe, dass dreihundert Statisten umgeschminkt werden müssten. Sie sollten grün geschminkt werden, das sei wichtig, Ophüls arbeite an einer subtilen Farbregie.

Es dauerte zwei Stunden, dann durfte ich mit hinein in die große Studiohalle, wo Ophüls die Zirkusszenen drehte, die Rahmenhandlung für den ganzen Film. Lola, älter geworden, hat ein Engagement bei einem Zirkus in Brooklyn, dessen Direktor, Peter Ustinov spielt ihn, ein Vergnügen daran hat, sie zu quälen. Lola spielt, für ein grölendes Publikum, noch einmal ihr Leben nach und erinnert sich an ihre Siege und

Eroberungen. Es war natürlich ein Vergnügen, Martine Carol und Peter Ustinov beim Spielen zuzuschauen und Max Ophüls beim Regieführen. Aber was mich viel mehr faszinierte, war die Kamera. Ich weiß nicht, ob man das, was mit mir geschah, mit der Liebe auf den ersten Blick vergleichen darf, ich weiß aber, dass ich nicht lange zuschauen musste, um zu spüren und zu begreifen, dass es genau das war, was ich werden wollte: ein Kameramann, wie Christian Matras, der bei »Lola Montez« hinter der Kamera stand, wobei mich am meisten faszinierte, dass er eben nicht viel stand; dass die Kamera sich eigentlich immer zu bewegen schien. Einmal wollte Ophüls eine sehr lange Kamerafahrt, und Matras wies darauf hin, dass es so, wie Ophüls es wollte, nicht funktionieren würde, sie diskutierten, auf Französisch natürlich, was ich nicht so gut verstand, aber ich glaube, Ophüls' Argumente liefen darauf hinaus, dass er meinte, Matras solle sich halt was einfallen lassen. Er wollte jedenfalls diese Kamerafahrt, und wenn ich mich richtig erinnere, hat Matras dann das Problem dadurch gelöst, dass er einen Teppich an einem Dolly befestigte. Und den Dolly dann so bewegte, dass immer der Teil der Schienen, der ins Bild hätte kommen können, vom Teppich verdeckt war. So etwas faszinierte mich, so wie mich auch die Arbeit des Kameramanns mit den Beleuchtern faszinierte. Matras war Franzose und sprach kein Deutsch. Die Münchner Beleuchter verstanden kein Französisch. Also verständigten sie sich mit einer Zeichensprache, und es war eine Freude, dabei zuzusehen, dass es, weil sie Profis waren, zu so gut wie keinen Missverständnissen kam.

Ich kannte kaum Filme, ich war noch nie an einem Filmset gewesen – und so kam es, fast zwangsläufig, dass das, was ich da sah, meine Maßstäbe prägte und meine Vorstellung davon, was Kino sei und was es könne, bestimmte. Ophüls' Extravaganz, die so weit ging, dass er Bürgersteige gelb streichen, Menschen mal grün, mal blau schminken ließ. Und natürlich und vor allem diese bewegte, schwebende und kreisende Kamera, das magische Licht. Der Regisseur, das lernte ich bei diesen Dreharbeiten, hatte das Kommando. Aber das nützte ihm nichts, wenn der Kameramann nicht zaubern, fliegen, tanzen konnte. Als »Lola Montez« Ende 1955 in die Pariser Kinos kam, gab es Unruhen, Krawall, die Polizei schritt ein. Die Leute wollten Martine Carol, so wie sie Ophüls ihnen zeigte, nicht sehen. Sie wollten keine Tiefe, keine Tragik, sie wollten Sex. Und die Produzenten, die glaubten, dass sie genau das bestellt hatten bei Max Ophüls, einen Kostümfilm mit tiefen Dekolletés, vielen Schlafzimmerszenen und Großaufnahmen von Martine Carol, diese Produzenten, die so viel Geld zusammengekratzt hatten, dass »Lola Montez« mit einem Budget von fast acht Millionen Dollar die bis dahin teuerste europäische Nachkriegsproduktion geworden war, die rächten sich an dem Regisseur, indem sie ihm seinen Film wegnahmen, kürzten und neu schneiden ließen. Was ihn aber auch zu keinem Erfolg an den Kinokassen machte.

Ich hatte also beschlossen, Kameramann zu werden, ich hatte aber keine Ahnung, wie ich das anstellen sollte. Heute bewirbt man sich an einer Filmakademie, aber damals gab es das noch nicht. Ich hörte mich um, ich sprach mit Leuten, die ich kannte, und weil keiner etwas Genaues wusste, dachte ich mir, dass es vielleicht helfen würde, wenn ich einfach mit einem Kameramann sprach. Ich weiß nicht, ob Helmut Ashley, der Österreicher mit dem englischen Namen, damals der beste Kameramann in Deutschland war, er war aber der bekannteste, er war der Einzige, von dem ich schon mal gehört hatte, und so setzte ich mich in den Zug, fuhr wieder nach München, verschaffte mir Ashleys Adresse, und tatsächlich empfing er mich. Er hörte sich an, was ich zu erzählen hatte, und dann gab er mir diesen Rat: Werden Sie erst mal Fotograf, junger

Mann! Machen Sie eine Lehre, lernen Sie alles über Filmmaterial, Entwicklung, Technik, lernen Sie, wie man ein Bild komponiert. Dann haben Sie eine gute Ausgangsposition.

Ich fand eine Lehrstelle, beim Foto-Atelier Sellier in Würzburg, und mein Vater hatte bei einem Vorgespräch schon mal Werbung für mich gemacht: dass ich schon so viel fotografiert hätte, ja dass ich eigentlich längst ein Profi sei. Ich rechnete trotzdem (oder gerade deshalb) damit, dass ich am ersten Tag das Studio fegen würde und den Ofen anheizen, all die Dinge, die man Lehrlinge tun lässt, damit sie gleich mal wissen, wo oben und wo unten ist. Aber der Meister drückte mir am ersten Tag eine Rollei in die Hand und schickte mich zu einer Kirche, wo eine Hochzeit gefeiert wurde. Fotografiere das Brautpaar, die Zeugen, Eltern, Gäste, die ganze Zeremonie, das war der Auftrag, und als ich die Abzüge hatte, waren die Kunden zufrieden.

Nur der Meister meinte, ich könne ruhig näher herangehen: Keine Angst, sagte er.

Ich hatte keine Angst, ich hatte nur Respekt, vor der Kirche, vor den Brautleuten, denen ich nicht zu nahetreten wollte.

Schön und gut, sagte der Meister, aber die Leute wollen alles auf den Fotos haben, das Ja-Wort, das Austauschen der Ringe, den Kuss. Also muss man ihnen nahetreten.

Ich wurde mutiger, ich verstand mich ganz gut mit dem Chef, er nahm mich mit, wenn er fotografierte, und statt das Studio zu kehren, durfte ich retuschieren, ich musste die großen Fotoplatten schwarz lackieren, und einmal bekamen wir einen Auftrag, der scheinbar unlösbar war.

Die Firma Kugelfischer aus Schweinfurt wollte, dass wir eines ihrer Kugellager fotografierten, was man sich einfach vorstellt und was doch unendlich schwierig ist, weil sich in diesem Metall immer irgendwo das Licht spiegelt. Ich habe es schließlich in ein weißes Laken eingepackt und mit fast geschlossener Blende zwei Minuten belichtet. Auf dem Foto war das Laken verschwunden, und das Kugellager war ganz scharf und nirgendwo spiegelte sich ein Licht.

Wenn man so weit zurückschaut, dann ist es wie bei einem Zoom, wie bei einer Kamera mit extrem großer Brennweite – die Entfernungen scheinen kürzer zu werden, und von heute aus betrachtet mag es seltsam erscheinen, dass ein junger Mann, der eben noch bei den Dreharbeiten zu einem der ambitioniertesten Filme der Epoche zuschauen durfte und sich davon für seine eigene Berufswahl inspirieren ließ; ein junger Mann, der unerschrocken genug war, den bekanntesten Kameramann um eine Berufsberatung zu bitten; dass dieser junge Mann jetzt in der freundlichen, aber relativ kleinen Stadt Würzburg zu Hochzeiten ging und im Foto-Atelier die Hilfsarbeiten erledigte. Aber damals, als ich mittendrin war und mich nicht von außen betrachtete, war es gut, ich fühlte mich unbeschwert und zuversichtlich. Und außerdem dauerte meine Lehre nur zwei und nicht drei Jahre, wie es sonst üblich war.

Ob ich das Abitur gemacht habe, hatte mich am Anfang der Lehrzeit der Meister gefragt. Und ich hatte, wahrheitsgemäß, ja gesagt; denn gemacht hatte ich das Abitur ja tatsächlich, und dass ich es nicht bestanden hatte, verschwieg ich eben.

Meine grundsätzliche Zuversicht hatte, außer mit meiner Jugend, viel mit dem zu tun, was inzwischen zu Hause geschehen war. Mein kleines Auto, immer wieder repariert und zusammengeflickt, war irgendwann nicht mehr zu retten. Ich fand einen Landarzt, der mir sehr billig ein Motorrad verkaufte, eine 200er NSU, die ich Büffel nannte, weil sie mich, als ich zum ersten Mal etwas verwegener fuhr, gleich abgeworfen hatte. Und mit diesem Motorrad pendelte ich von Würzburg aus nicht mehr nach Wetzhausen; wir waren 1955 ausgezogen aus dem Schloss. Und in ein anderes eingezogen.

In so einem Schloss zu leben, das war 1948, als wir einzogen, das Allerschönste gewesen, es gab keinen großen Komfort, aber den gab es ja nirgends, und so richteten wir uns ein und versuchten, uns mit den Unzulänglichkeiten zu arrangieren. Aber während um uns herum aufgeräumt und aufgebaut wurde, während also überall das neue, moderne Wirtschaftswunderland wuchs, wurden die Verhältnisse in Wetzhausen nicht besser. Es gab Probleme mit dem Wasser, mit der Heizung, dem Strom, man hätte, um auch in der zweiten Hälfte der fünfziger Jahre dort gut leben zu können, den ganzen Bau mit enormem Aufwand renovieren müssen. Dafür fehlte der Truppe das Geld, und die Truchseß brachten es auch nicht auf.

Wir wollten also raus, und meine Eltern mussten nicht lange suchen, da hatten sie das nächste Schloss gefunden, es schien damals in Franken mehr davon zu geben, als es potenzielle Mieter gab.

Bohème, hat mal jemand geschrieben, das seien Menschen, die sich den Lebensstil des Adels einfach nähmen, ohne adelig zu sein und über die Mittel des Adels zu verfügen – und insofern waren wir, die wir immer in Schlössern wohnten, natürlich die reinste Bohème, und dass wir trotzdem nicht unangenehm auffielen, da draußen auf dem Land, das lag wohl daran, dass Theaterleute, wenn sie nur wollen, eigentlich ein sehr kompetentes Verhältnis zu Kleidung und Manieren haben. Wer nicht weiß, wie man sich anzieht, braucht sein Kostüm gar nicht erst anzuprobieren. Und wer nicht weiß, wie man höflich spricht und sich anständig benimmt, hat aus all den Stücken zu wenig gelernt. Und so kam es, dass die Truppe sehr beliebt war bei den Leuten auf dem Land.

Schloss Stöckach liegt keine zwanzig Kilometer von Wetzhausen entfernt, ein barockes Schloss mit schlichter Fassade, mehr Herrenhaus als pompöse Residenz; bevor wir einzogen, war hier ein Altersheim gewesen. Es war keine Luxuswohnung, aber größer und komfortabler als Wetzhausen war es allemal, es gab anständige Bäder, und die Heizung funktionierte. Der Schriftsteller Tankred Dorst, der uns oft besuchen kam, meinte einmal, man müsste die Geschichte des Theaters als Roman erzählen. Man könnte sie aber auch verfilmen, moderne Menschen mit sehr modernen Ansichten und Konflikten in den alten Schlössern. Und drum herum die sanften Hügel Frankens, und über die Landstraße fährt meine Schwester Nele mit ihrem Messerschmitt-Kabinenroller. Oder ich, mit der alten NSU.

Auf Schloss Stöckach spielt auch eine Geschichte, die vielleicht die wichtigste Geschichte meines Lebens wurde; sie hatte, ganz anders als ein Film, sehr langsam schon in Wetzhausen angefangen, und sie ging weiter, als wir längst nicht mehr in Stöckach lebten.

Es ist die Geschichte von Helga und mir, die erst mal gar nicht richtig anfangen wollte. Ich hatte mich auf Helga gefreut, bevor ich sie kennenlernte, sie war so alt wie ich, und meine Eltern sagten: Sie wird dir gut gefallen. Helga kam aus Essen; ihre Mutter, Schauspielerin und eine gute Freundin meiner Eltern, war gestorben, und weil meine Eltern wussten, dass Helga, ganz anders als ich, unbedingt Schauspielerin werden wollte, luden sie Helga ein, zu uns zu kommen und bei uns zu leben. Meine Mutter würde ihr Schauspielunterricht geben, im Theater könnte sie vielleicht schon kleine Rollen spielen, das war der Plan, den Helga gut fand. Sie kam mit dem Zug, einer unserer Schauspieler holte sie mit seinem kleinen Auto am Bahnhof in Schweinfurt ab. Und ich setzte mich rechtzeitig auf einen Ast des Kirschbaums, der an der Brücke über den Schlossgraben stand und von wo aus man den Eingang sehr gut übersehen konnte. Die Rollei hatte ich vorsichtshalber auch dabei.

Helga in ihren Zwanzigern

Sie trug ein grünes Kleid, das fand ich hässlich. Sie sah nicht übel aus, schien mir aber völlig uninteressant zu sein. Sie war siebzehn, so alt wie ich. Aber ich war gerade noch der Liebhaber einer erwachsenen Frau gewesen, ich wollte doch nichts von kleinen Mädchen. Und so kam Helga in unsere Familie, und wir lebten nebeneinanderher, wir waren uns nahe – und schienen einander doch ungeheuer gleichgültig zu sein.

Sie ging zur Schule, sie bekam Schauspielunterricht, sie spielte bald in den meisten Inszenierungen mit, und alle schwärmten von ihrem Talent. Ein junger Schauspieler, an dessen Namen ich mich nicht erinnern kann, schwärmte ganz besonders von ihr. Ich merkte, dass er mit Helga immer wieder zu flirten versuchte, und eines Abends, vielleicht zwei Jahre nachdem Helga bei uns angekommen war, erzählte er mir, sie könne sehr gut küssen.

Hmm, dachte ich, die Kleine, und dann schaute ich sie mir genauer an, so klein und unbedarft war sie gar nicht mehr. Ich fing an, mit ihr zu flirten, ich versuchte bei ihr zu landen, ich durfte sie endlich küssen. Und so fing es an, dass ich keine andere mehr küssen wollte.

Es war sie, wegen der ich, als ich die Lehre in Würzburg machte, jedes Wochenende und an jedem freien Tag mit dem Motorrad nach Stöckach fuhr. Es war sie, wegen der ich mir jede Aufführung des Fränkischen Theaters anschauen wollte. Es war sie, wegen der mir das Leben in Stöckach noch viel besser gefiel, als es mir je in dem alten Wasserschloss Wetzhausen gefallen hatte.

Wir heirateten zwei, drei Jahre nach dem ersten Kuss, im Jahr 1958, auf dem Schloss. Wir waren beide dreiundzwanzig, und natürlich glaubten wir damals fest daran, dass nichts uns trennen würde in den nächsten fünfzig Jahren. Aber dass es dann wirklich so gekommen ist, das war das Wunder dieser Liebe.

Es war dann auch Helga, wegen der wir schließlich Stöckach verließen, uns verabschiedeten von der wunderbaren Theatergroßfamilie und unsere eigene kleine Familie gründeten. Was wiederum sehr viel mit Traugott Buhre zu tun hatte, dem später so großen und berühmten Schauspieler, der ein paar Jahre zuvor zu unserer Truppe gestoßen war. Buhre war mit seiner Mutter aus Ostpreußen geflohen, hatte in Niedersachsen als Knecht gearbeitet und war, weil er es einfach wollte, mit aller Kraft, die ihm zur Verfügung stand, an der Theaterakademie in Hannover aufgenommen worden. Aber als er fertig war mit seiner Schauspielausbildung, wollte keiner ihn haben, manchmal erzählte er uns, wie er per Anhalter durch ganz Deutschland gefahren war, wie er vorgesprochen hatte an allen möglichen Theatern, die ihn aber nicht haben wollten, weil ihnen das ostpreußische rollende R nicht gefiel, oder weil sie fanden, er fuchtele zu viel mit seinen Händen. In Nachtasylen und Bahnhofsmissionen habe er geschlafen, weil er sich noch nicht einmal die billigsten Pensionen leisten konnte. Und natürlich hörten meine Eltern diese Geschichten ganz gerne. Sie waren ja die Guten, sie hatten Buhres Talent erkannt und ihn ans Fränkische Theater engagiert.

Buhre war sehr gut, das sprach sich bald herum, und als ihm das Badische Staatstheater in Karlsruhe ein festes Engagement anbot, sagte er zu, unter einer Bedingung. Helga musste mitkommen. Helga, sagte Buhre, sei nämlich auch sehr gut.

Und so bekam Helga ein Engagement in Karlsruhe, wir zogen nach Durlach, einen hübschen Vorort, und jetzt spielte sie Theater und verdiente das Geld. Und für mich war es allerhöchste Zeit, endlich der Kameramann zu werden, der ich doch schon lange werden wollte.

3

Ein erster Beruf
Beim Fernsehen in Baden-Baden

Die kleine Berufsberatung bei Helmut Ashley, zwei Jahre zuvor, war auf ein Versprechen hinausgelaufen, das Ashley womöglich nur so dahingesagt hatte, weil er nett und höflich sein wollte zu dem jungen Mann. Ich nahm ihn aber beim Wort. Wenn Sie mit Ihrer Fotografenlehre fertig sind, dann dürfen Sie sich wieder bei mir melden.

Ich meldete mich, er konnte sich erinnern, und tatsächlich vermittelte er mich an Wolfgang Müller-Sehn, den Münchner Kameramann und Dokumentarfilmer, der kurz davor stand, nach Griechenland aufzubrechen, und einen Kameraassistenten für seinen nächsten großen Film brauchte. Wie groß dieser Film wirklich werden sollte, wurde mir erst viel später richtig klar, als »Traumland der Sehnsucht« in Berlin, auf den Filmfestspielen, lief, dort einen Silbernen Bären gewann und beim Publikum extrem gut ankam – nicht nur wegen der üppigen Bilder von einem Land, das damals für den Tourismus noch nicht so zugänglich war. Sondern auch, weil Manos Hadjidakis, der für das Lied »Ein Schiff wird kommen« in »Sonntags nie« einen Oscar gewann, die Musik komponiert hatte; es war die junge Nana Mouskouri, die diese Lieder sang, und später erzählte sie gerne, die Premierenparty während der Berlinale, wo sie für ihren Auftritt bejubelt wurde, sei der eigentliche Beginn ihrer Karriere gewesen.

Da ich von Filmen nicht mehr wusste als das, was ich bei den Dreharbeiten zu »Lola Montez« gesehen hatte, schien mir das Projekt sehr klein und billig zu sein. Wir reisten zu dritt, Müller-Sehn war Autor, Regisseur und Kameramann. Seine Frau Lilo war Regieassistentin und machte die Standfotos, die sie dann auch als Buch veröffentlichte, und ich, der ich keinerlei Erfahrung hatte, war der Kameraassistent.

Wir blieben drei Monate in Griechenland, wir schauten uns, so kam es mir jedenfalls vor, jede Insel genau an, wir filmten sehr viel Material, und ich glaube, Müller-Sehn war ziemlich unzufrieden mit mir. Ich lernte, was ein Kameraassistent zu tun hat, indem ich es eben tat, ich zog die Schärfe und hatte anfangs Probleme damit. Ich musste im sogenannten Dunkelsack die belichtete Kassette herausnehmen und eine neue Filmrolle einlegen, und weil es schon draußen vierzig Grad heiß war und drinnen, im Dunkelsack, noch heißer, so heiß, dass ich manchmal dachte, das Material würde schmelzen, legte ich einmal aus Versehen die belichtete Rolle noch einmal ein, womit ich sechzig Meter belichteten Films unbrauchbar machte. Damals hätte mich Müller-Sehn wohl, wenn der Heimweg kürzer und ein Ersatz für mich leichter zu beschaffen gewesen wäre, am liebsten rausgeworfen und nach Hause geschickt. Er tat es nicht, und obwohl ich all diese Fehler machte, quatschte ich ihm immer wieder hinein. Wir fuhren herum in einem Jeep, er stellte die Kamera auf und bevorzugte statische Einstellungen, und ich deutete vorsichtig an, dass man vielleicht auch mal mit der Kamera fahren könne.

Nein, knurrte Müller-Sehn jedesmal. Er wollte sich von dem Grünschnabel Ballhaus nicht belehren lassen.

Als der Film, für den ich keinen Credit bekam, abgedreht war, meldete ich mich bei Ashley zurück, und der wollte mir gleich wieder etwas Gutes tun. Er war als Kameramann engagiert bei Frank Wisbars Kriegsfilm »Hunde, wollt ihr ewig leben«, die Dreharbeiten in Göttingen sollten demnächst beginnen, und Ashley wollte mich als Zweiten Assistenten einstellen. Ich sei zu teuer, meinten aber die Leute von der Produktion, man müsse mir ja ein Hotel und Spesen zahlen, da nehme man lieber einen Assistenten aus Göttingen.

Ich hatte mich gefreut auf meinen ersten Spielfilm, ich hoffte weiter auf Dreharbeiten, die so faszinierend wie die zu »Lola Montez« wären – ich saß aber in Durlach, holte abends Helga vom Theater ab. Und brauchte einen Job.

Es war nicht weit nach Baden-Baden, eine halbe Stunde mit dem Auto – und als ich hörte, der Südwestfunk stelle Kameraleute ein, lag es sehr nahe, dass ich mich bewarb. Sie nahmen mich, sie zahlten siebenhundertfünfzig Mark im Monat, was damals ein sehr anständiges Anfängergehalt war, und ich lernte die elektronischen Kameras des Fernsehens kennen, riesige Apparate, zwei Zentner schwer, die gar nicht so einfach zu bewegen und zu bedienen waren. Als ich anfing, wurden die meisten Fernsehspiele noch live gesendet, die elektronischen Aufzeichnungsgeräte waren teuer und setzten sich erst langsam durch – was da geschah, war dem Theater näher als dem Film, und genau so sah die Arbeit auch aus. Es waren meistens Regisseure, die vom Theater kamen, wunderbare Künstler wie Rudolf Noelte, Heinz Hilpert, Hans Lietzau, Tom Toelle, Boleslaw Barlog. Es waren nicht nur Theaterstücke, die wir produzierten, aber meistens Bücher, die eher dramatisch als filmisch waren. Es wurde vielleicht drei Wochen geprobt, wie auf dem Theater, und am Sendetag kam das Fernsehspiel tatsächlich live, mit mehreren Kameras, und im Regieraum saß der Bildmischer und schaltete im richtigen Moment von der einen Kamera zur anderen. Ich kam mit dieser Arbeit ganz gut zurecht, das Theater war mir ja vertraut, ich stieg schnell auf, vom vierten zum dritten zum zweiten Kameramann, oder wie immer man damals die Positionen in der Hierarchie benannte. Ich ging dann, weil ich ein bisschen ungeduldig war und aus München ein sehr gutes Angebot kam, für ein Jahr zum Bayerischen Rundfunk, und als der Südwestfunk mich zurückholte, war ich der sogenannte Erste Kameramann. Wir hatten eine schöne Wohnung, ein gutes Leben hatten wir auch, 1962 wurde mein erster Sohn Sebastian geboren, 1965 kam Florian, mein zweiter Sohn. Und Helga, nachdem ihr Engagement in Karlsruhe beendet war, gastierte in München, an der »Kleinen Komödie«, oder bei meinen

Mit einer Fernsehkamera beim Südwestdeutschen Rundfunk

Eltern am Fränkischen Theater, sie war kein Star, aber eine beliebte und gutbeschäftigte Schauspielerin.

Am Anfang hatten mich die Theaterleute immer mal wieder gefragt: Aha, Ballhaus heißt du also, bist du der Sohn von Carl oder der von Oskar? Mein Onkel Carl war bekannter, er hatte in der unmittelbaren Nachkriegszeit an vielen deutschen Bühnen inszeniert, war dann als Oberspielleiter in Dresden engagiert; er blieb in der DDR, drehte Filme für die DEFA und wurde Mitte der sechziger Jahre Intendant des Theaters in Eisenach.

Ich machte mir jetzt aber selbst einen Namen, auch wenn es mir manchmal zu langsam ging. Die Arbeit an den Fernsehspielen war ein Vergnügen und meistens auch eine Herausforderung, aber als festangestellter Kameramann hatte man schon auch anderes zu tun, man stand bei Magazinen oder Shows hinter der Kamera, man arbeitete sich durchs ganze Programm, was ganz schön öde sein konnte. Und manchmal auch erfreulich, weil ich sonst nie Joachim-Ernst Berendt kennengelernt hätte und auch nicht Gigi, seine schöne Frau. Berendt gehörte zu den Gründern des Südwestfunks, er hatte schon zu seiner Zeit bei der Wehrmacht heimlich, weil es verboten war, Jazz gehört und sich dafür begeistert. Und in der Nachkriegszeit war es seine Mission, die Deutschen für den Jazz zu gewinnen. Berendt stammte aus Berlin, sein Großvater war vom Judentum zum Protestantismus übergetreten, sein Vater war Pastor, er gehörte der Bekennenden Kirche an und wurde von den Nazis im Konzentrationslager Dachau inhaftiert, wo er 1942 an Entkräftung starb, im selben Jahr, in dem sein Sohn zur Wehrmacht eingezogen wurde. Und so, aus dieser Herkunft, diesen Erfahrungen, erklärte sich sehr gut, woher die Kraft und der Eifer kamen, mit denen Joachim-Ernst Berendt jetzt daran arbeitete, aus Deutschland ein besseres, ein moderneres

Land zu machen. Er hatte eine tägliche Jazzsendung im Radio, eine wöchentliche im Fernsehen, er war ein berühmter Mann, und wenn er auf Reisen war und die Frauen ihn anhimmelten, hatte er wenig Hemmungen, das auszunutzen.

Er war viel auf Reisen, und dann war Gigi allein, und wenn Helga auswärts ein Engagement hatte und ich auch allein war, verbrachten Gigi und ich gern die Zeit miteinander.

Berendt schaffte es, die größten Jazzmusiker aus Amerika nach Baden-Baden zu holen, wo sie dann live in seiner Sendung spielten, ich merkte, dass es vor allem schwarze Jazzer waren, deren Musik mich bewegte und begeisterte, und dass ich bei diesen Sendungen hinter der Kamera stehen durfte, das betrachte ich noch heute als ein Glück und einen frühen Höhepunkt meines Berufslebens.

Der Anfang der Sechziger war zugleich der Beginn meiner Freundschaft mit Peter Lilienthal – und vieles, vielleicht sogar das meiste, was neu und aufregend war am Anfang dieses Jahrzehnts, das haben wir beide zusammen erlebt. Lilienthal war 1959 zum Südwestfunk gekommen, erst als Regieassistent, dann als Hausregisseur, ich mochte ihn, seit ich ihn kannte, und mit Lilienthal habe ich dann endlich meinen ersten richtigen Film gedreht.

Genau genommen war es der zweite, nur dass ich den ersten nicht richtig zählen mag. Der erste Film, den ich mit einer richtigen Filmkamera drehte, hieß »Der Klassenaufsatz«, die Regie führte Harald Benesch – und ich bin heute noch dankbar, dass ich einen guten Assistenten und gute Beleuchter hatte. Von der Technik einer Filmkamera verstand ich nicht viel mehr als das, was ich in Griechenland bei Müller-Sehn gelernt hatte. Alles andere versuchte ich zu lernen, indem ich es eben tat. Es war kein sehr bedeutender Film, ein Fernsehspiel, das aber auf richtigem Filmmaterial gedreht wurde.

Peter Lilienthal hatte einen ganz anderen Stil als die Leute, die ich sonst so bei der Arbeit kennenlernte. Er war ein paar Jahre älter als ich, und er hatte sehr viel mehr erlebt. Auch er kam aus Berlin. Als die Familie, weil sie jüdisch war, fliehen musste, versteckte seine Mutter ihren Schmuck in einem Wäschebeutel; da die Lilienthals eine wohlhabende Familie waren, handelte es sich um Brillanten. Die Kontrolleurin entdeckte sie bei der Ausreise nicht, und vielleicht wollte sie den Schmuck ja auch nicht entdecken. Sie nahmen ein Schiff nach Uruguay, und in Montevideo eröffnete die Mutter, dank des Schmucks, ein kleines Hotel. In den Fünfzigern war Lilienthal zurückgegangen nach Europa, hatte in Berlin und Paris studiert, und ich glaube, aus Paris hatte er die Angewohnheit, mehrmals in der Woche ins Kino zu gehen, mitgebracht. Und die Theorie, dass das die beste Filmschule sei.

So wurde, weil wir bald enge Freunde waren, auch ich zum leidenschaftlichen Kinogänger. Wir schauten uns alles an, was aus Europa kam, es war alles besser als das deutsche Kino, das damals, in den frühen Sechzigern, künstlerisch und kommerziell am Ende war. Ich liebte besonders Michelangelo Antonionis »L'avventura«, ich schaute mir aber auch jeden Film von Federico Fellini an. Die Nouvelle Vague aus Frankreich war ein Schock und eine Befreiung, und wie Jean-Luc Godards Kameramann Raoul Coutard in »À bout de souffle« die Szenen auf den Straßen von Paris vom Rollstuhl aus filmte, mit der Kamera hindurchfuhr zwischen den Passanten, die gar nicht wussten, was gespielt wurde, das beeindruckte mich sehr, und noch viel mehr war ich begeistert, als Godards »Le Mépris« auch zu uns in die Kinos kam. Ich glaube, ich habe diesen Film fast zwanzigmal gesehen, weil ich immer wieder genau studieren wollte, was Coutard da so anstellte in jeder Szene. Und ich verehrte Sven Nykvist, Ingmar Bergmans Kameramann, von dem man, besser als von allen anderen, lernen konnte, wie man Gesichter so fotografiert, dass sie eine Tiefe und ein Geheimnis haben. Nur fürs amerikanische Kino hatten wir damals keinen Blick. Dort, glaubten wir, gäbe es nichts zu entdecken, und dass es dort eine ästhetische Ambition, einen künstlerischen Anspruch gegeben hätte, wäre uns nie in den Sinn gekommen. Wir gingen meist zu dritt ins Kino, Helga begeisterte sich für die Filme so leidenschaftlich wie ich – und als wir in Baden-Baden vom Oberhausener Manifest hörten, von der Aktion der jungen Filmemacher um Alexander Kluge, Edgar Reitz und Peter Schamoni, die »Papas Kino« für tot erklärten und den »Jungen Deutschen Film« forderten, da spürten wir große Sympathien, ohne dass das uns, in unserer Baden-Badener Fernsehspielabteilung, besonders betroffen hätte. Wir waren beim Fernsehen, nicht beim Film, und hier wurde künstlerische Freiheit nicht nur geduldet – sie war geradezu erwünscht und gefordert. Was nicht nur an Hubert von Bechtolsheim lag, dem Fernsehspielchef, einem klugen und sehr modernen Mann. Es lag auch daran, dass Fernsehen etwas ganz anderes war in einer Zeit, da es nur zwei Programme gab. Der Ausdruck »Einschaltquote« war noch völlig unbekannt, und ein neues Fernsehspiel, meist geschrieben von einem bekannten Autor und inszeniert von einem Regisseur mit Theatererfahrung, war ein kulturelles Ereignis, das so ernst genommen wurde wie sonst nur eine Uraufführung an einem Schauspielhaus. Ich erinnere mich noch, wie ich mit dem Regisseur Johannes Schaaf nach Darmstadt gefahren bin, wo wir bei der damals sehr berühmten Schriftstellerin Gabriele Wohmann vorsprachen; wir wollten sie überreden, dass sie für das Fernsehspiel »Große Liebe« das Drehbuch schrieb, was sie dann auch tat. »Warum wir das beste Fernsehen und deshalb das schlechteste Kino« haben, so hieß, ein paar Jahre später, ein Artikel des Münchner Filmkritikerpaars Frieda Grafe und Enno Patalas, der für viel Aufregung sorgte. Das beste Fernsehen, das waren wir.

Mit Peter Lilienthal hatte ich, noch ganz im Studio, das Fernsehspiel »Nachbarskinder« gedreht, und unser erster Film auf Filmmaterial, der Film also, den ich als meinen ersten richtigen Film betrachte, war die Adaption eines polnischen Theaterstücks, »Das Martyrium des Peter O'Hey«, von Sławomir Mrożek. Es ist die Geschichte eines Mannes, der eigentlich nur seine Ruhe haben will, aber ständig klingelt es an der Tür, Menschen kommen in die Wohnung, die behaupten, im Badezimmer sei ein Tiger – es ist ein komisches, absurdes Stück, und mir war die Arbeit daran nicht nur deshalb ein Vergnügen, weil auch Helga darin eine Rolle hatte. Deshalb aber auch.

So etwas wie ein Vorläufer der Kreisfahrt.
Bei einem Fernsehspiel

Peter Lilienthal involvierte mich von Anfang an, ich war mit ihm schon im Gespräch, als er das Stück zum Drehbuch umschrieb, wir suchten zusammen die Drehorte aus, wir überlegten uns zusammen, wie man die einzelnen Szenen auflösen müsste, und als wir fertig waren mit dem Drehen, nahm er mich mit in den Schneideraum. Das war ein ganz anderer Stil als alles, was ich bis dahin kennengelernt hatte, eine andere Intensität, eine viel höhere Konzentration, und indem Lilienthal mich involvierte, gab er mir zugleich auch das Gefühl, dass ich für den Film, wie er dann aussah, als er fertig wurde, ganz anders verantwortlich war. Anscheinend war ich dem auch einigermaßen gewachsen, denn mit diesem Film fing es an, dass Regisseure zu mir kamen und sagten, sie wollten ihren nächsten Film mit mir und niemand anderem drehen.

Manchmal saßen Lilienthal und ich zusammen, und er erzählte mir. Von seiner Vergangenheit, seiner Familie, von den vielen Verwandten, die ermordet worden waren in den Konzentrationslagern der Nationalsozialisten. Das war (und ist immer noch) vielleicht das Fundament unserer Freundschaft. Ich hörte ihm zu. Zu sagen, ich hätte ihm gerne zugehört, wäre eine Falschaussage. Es war kein Vergnügen, sich diese Geschichten anzuhören. Ich fand aber, dass es notwendig war. Es interessierte mich. Es wurde in den fünfziger Jahren viel zu wenig von der Vergangenheit gesprochen, und wenn doch, dann waren Nazis, Weltkrieg und Niederlage die Schicksalsschläge, die zuerst und am allerheftigsten die Deutschen getroffen hatten. Keiner hatte Hitler gewählt, jeder war anständig geblieben in der Wehrmacht, und von den deutschen Verbrechen, vom Massenmord an den Juden, hatte niemand etwas gewusst. Erst jetzt, fünfzehn Jahre nach dem Ende des Kriegs, begann sich das langsam zu ändern. Und ich war froh, dass ich darüber nicht bloß in der Zeitung lesen musste, sondern dass ich mit Lilienthal, meinem Freund, darüber sprechen konnte. Und zugleich war ich, der ich einigermaßen heil durch diese Jahre gekommen war, zutiefst beschämt, wenn Lilienthal von seiner Geschichte erzählte. Und von den Toten, die seine Familie beklagte. Meine Eltern hatten sich bedroht gefühlt von den Nationalsozialisten, zu Recht, da sie ja Kommunisten waren. Aber wir hatten alle Glück gehabt, es war keinem etwas passiert. Es gab Momente, da überlegte ich mir ernsthaft, zum Judentum überzutreten, nicht aus religiösen Motiven, sondern weil ich dachte, so könnte ich meinem Deutschsein entkommen. Ich wusste natürlich, dass das nicht ging. Und dass ein Mann, der so wenig an der Religion fand wie ich, zu überhaupt keinem Glauben übertreten musste.

So waren die Jahre in Baden-Baden. Ich lernte nicht nur, ein Kameramann zu sein. Ich lernte auch einiges darüber, wer ich war und in welchem Land ich lebte. Ich kam voran, der Südwestfunk erlaubte es mir, Sonderurlaub zu nehmen, wenn ich einen Film drehen wollte. Es ging uns allen gut, und hätte Peter Lilienthal mich nicht daran erinnert, dann hätte ich womöglich nicht gemerkt, dass es, wenn auch auf hohem Niveau, ein bisschen langweilig war in Baden-Baden.

Lilienthal war, so ums Jahr 1964 herum, nach Berlin gezogen. Er kündigte beim Südwestfunk und arbeitete frei, wir blieben Freunde und im Gespräch, und im Jahr 1968 fragte mich Lilienthal, ob ich nicht Dozent werden wolle an der Deutschen Film- und Fernsehakademie Berlin (dffb), die zwei Jahre vorher gegründet worden war. Du könntest die Abteilung Kamera leiten, sagte er.

Ich bin viel zu jung, ich möchte doch selber noch viel mehr lernen: So ungefähr war meine spontane Reaktion.

Weg von hier? Das kannst du nicht tun, du bist festangestellt, gut bezahlt, du hast Pensionsansprüche und eine wunderbare soziale Sicherheit: Das meinten die Kollegen beim Südwestfunk. Aber genau das war es, was mich zugleich erschreckte, und auch Helga meinte, sie müsse nicht für den Rest ihres Lebens im Schwarzwald bleiben, und die Jungs konnten genauso in Berlin zur Schule gehen.

Und so zogen wir um, aus der hübschen, ruhigen Kleinstadt nach Berlin, in jenem Jahr, in dem der Aufruhr dort am größten war. Manche nannten es eine Revolte, manche sprachen von der Revolution.

Ich war neugierig und gespannt.

4
Es bewegt sich was
Die späten Sechziger in Berlin

Ich war kein Revolutionär, als ich im Herbst 1968 nach Berlin kam, ich war noch nicht mal ein besonders politischer Mensch. Klar, ich war links, das hatte ich von meinen linken Eltern geerbt. Ich war für die Freiheit, den Fortschritt, für die französische Nouvelle Vague. Ich war gegen die Zensur, gegen das dumme alte deutsche Kino, und ich fühlte mich mit Anfang dreißig noch jung genug, ganz generell gegen die Macht der alten Säcke zu sein.

Was daraus aber für mein Leben folgen sollte, das wusste ich nicht so genau – und wenn es überhaupt etwas gab, was mein politisches Bewusstsein geschärft hatte, dann waren das die Gespräche mit Peter Lilienthal gewesen. Seine Berichte von den Verwandten, die in den Gaskammern der Nazis umgekommen waren, das waren ja keine Sagen aus einer fernen Zeit. Es waren gerade mal zweiundzwanzig Jahre vergangen, und jene, die als Dreißigjährige mitgemacht, mitgeholfen, mitgejubelt hatten, waren jetzt Anfang fünfzig und besetzten, so kam es mir jedenfalls vor, die Machtpositionen im demokratischen Deutschland.

Diese verdammte Vergangenheit, die nicht vergangen war. Das war der Punkt, da verstand ich die Wut und den Aufruhr der Studenten. Es gab Orte in Berlin, da konnte man denken, die Revolution werde morgen oder übermorgen siegen, und die Deutsche Film- und Fernsehakademie gehörte zu diesen

Orten. Im Juni 1967 war der Student Benno Ohnesorg bei einer Demonstration gegen den Besuch des Schahs von Persien von einem Polizisten erschossen worden. Zu Ostern 1968 schoss der Hilfsarbeiter Josef Bachmann auf Rudi Dutschke und verletzte den Studentenführer lebensgefährlich. Und in diesen Monaten bekam der Konflikt eine gewisse Unversöhnlichkeit und Schärfe. Es war ja nicht nur so, dass die Studenten das, was sie das System nannten, zu hassen lernten. Viele Berliner hassten ihrerseits die Studenten, drohten mit Prügeln und Vergasung, und die »Bild«-Zeitung, die sich als Zentralorgan der Volksmeinung begriff, heizte den Zorn noch an.

Dieser Hass, diese Unversöhnlichkeit, das hatte viel damit zu tun, dass jenes liberale Bürgertum, welches in anderen Städten moderierend wirkte, Berlin längst verlassen hatte nach dem Mauerbau, und die, die noch dort waren, fühlten sich als Übriggebliebene und hatten absolut keine Lust, sich von den langhaarigen Bürgerkindern an den Kommunismus verkaufen zu lassen. Das war ja ihr einziger Stolz: dass sie in der Frontstadt Berlin dem Kommunismus trotzten.

Es lag auch daran, dass man nicht allzu viel Phantasie brauchte, um sich vorzustellen, dass auf genau diesen Straßen, kaum fünfunddreißig Jahre zuvor, die Kommunisten und die SA gegeneinander aufmarschiert waren, und den Kampf, der damals verloren gegangen war, wollten die Studenten, so sahen sie es jedenfalls, nachträglich gewinnen. Sie liebten es, die Arbeiterkampflieder von damals zu singen, und der unabweisbare Schwung von »Vorwärts und nicht vergessen« hat damals auch mich für eine Weile gepackt. Ich sang das Lied mit, ich sang es auch zu Hause, die Kinder liebten es. Und dass ein Vers wie »beim Hungern und beim Essen, vorwärts und nicht vergessen« im Berlin der späten Sechziger, wo niemand hungerte, keinen Sinn ergab, das hat damals keinen gestört.

Ich stand dazwischen. Ich war zehn Jahre älter als die meisten Studenten, was mich zu einem sehr jungen Dozenten machte. Aber für einen Studenten war ich entschieden zu alt. Ich sympathisierte mit den Studenten, auch wenn es mir schwerfiel, hinter dem revolutionären Elan realistische politische Ziele zu erkennen und hinter dem theoretischen Jargon ein Programm. Es war eher die Hartnäckigkeit, mit der die Studenten darauf bestanden, dass alles, wirklich alles politisch sei.

Es muss eine meiner ersten Stunden gewesen sein, da sprach ich über Brennweiten und die Frage, was man mit welchem Objektiv fotografiert. Gesichter, versuchte ich zu erklären, darf man nicht mit einer allzu kurzen Brennweite aufnehmen, weil diese die Züge verzerrt, während eine lange Brennweite ein Gesicht schöner und ebenmäßiger erscheinen lässt.

Von einem Studenten kam sofort der Widerspruch: Wenn es darum ginge, die Fratze des Kapitalisten zum Vorschein zu bringen, dann dürfe man vor einer kurzen Brennweite nicht zurückschrecken.

Es waren interessante Leute in diesem Kurs, Holger Meins, ein eher stiller Junge, der sich später der RAF anschloss, Wolfgang Petersen, der vom Theater kam, möglichst viel lernen wollte und später einer der erfolgreichsten deutschen Filmregisseure wurde. Auch die späteren Autorenfilmer Helke Sander und Daniel Schmid waren dabei, und schon weil ich mich zu jung fühlte, so zu tun, als ob ich alles besser wüsste, ging ich auf die Wünsche der Studenten ein.

Sie wollten nicht wissen, wie man den perfekten Spielfilm dreht. Sie interessierten sich nicht für das, was als Norm und Konvention galt beim Filmemachen. Sie wollten noch einmal ganz von vorne beginnen. Sie stellten die großen Fragen, was das Kino sei, wozu es tauge, wie es wirke. Und sie suchten Inspiration bei den Veteranen des sowjetischen Revolutionsfilms, bei Sergej Eisenstein, bei Wsewolod Pudowkin und vor allem bei Dsiga Wertow, den sie über alles verehrten.

Wertow hatte in den frühen Zwanzigern alles, was nur aus der Ferne wie ein Spielfilm aussah, kategorisch zurückgewiesen. Ein Film brauche keine Schauspieler, keine Story, keine Inszenierung. Der Grundstoff des Kinos sei die Wirklichkeit, und die Montage sei die Grammatik, mit welcher man aus vielen Wirklichkeitsbildern einen Film zusammenfüge. Wertows Ideen waren nicht gerade das, was Stalin, als er diesen Stil offiziell diktierte, unter Sozialistischem Realismus verstand, und so geriet er in seiner Heimat in Vergessenheit. Aber jetzt, da die Kinder des Kapitalismus von der Revolution schwärmten, war Wertow wieder da. Jean-Luc Godard drehte keine Autorenfilme mehr, sondern gründete ein Filmerkollektiv, das sich »Groupe Dziga Vertov« nannte. Und die Berliner Studenten huldigten dem Meister mit einer Mischung aus Wissenschaftlichkeit und Aktionismus. In einem Seminar ging es um die Haut und wie man sie am besten fotografiert, und es war klar, dass wir nur vollkommen nackte Menschen filmten bei diesem Experiment. Alles andere wäre ja verklemmt gewesen. Immer wieder stellten die Studenten die Frage, ob man mit Filmen überhaupt die Welt verändern könne oder ob man gleich zur Tat schreiten müsse – und die pragmatische Antwort, die sie darauf gaben, ging zum Beispiel so, dass sie eine Art Stafettenlauf mit einer roten Fahne machten, durch die ganze Stadt, und dann hielten sie vor dem Schöneberger Rathaus; die einen stiegen hinauf in den Turm und entrollten durchs Fenster eine rote Fahne. Die anderen filmten die Aktion vom Platz vor dem Rathaus aus. Und ich stand da, war überrumpelt, fand, was die Studenten da so anstellten, lustig und sympathisch. Und wusste doch, dass ich gewissermaßen die Aufsichtsperson war, der Mann, den man für diese ganze Sache hätte zur Verantwortung ziehen können. Die Fahne wurde natürlich schnell wieder eingeholt; und mir passierte nichts.

Das war ganz generell meine Rolle. Ich stand zwischendrin. Ich war mit dabei, wenn vor dem Springer-Haus demonstriert wurde, weil ich fest davon überzeugt war, dass die »Bild«-Zeitung eine Mitschuld hatte an den Schüssen auf Rudi Dutschke. Aber wenn die Lieferwagen, welche die Zeitung ausliefern sollten, in Brand gesteckt wurden, war mir das zu viel. Ich nahm auch mal einen Zug, wenn die Studenten einen Joint herumgehen ließen; ich spürte aber wenig und hatte schon gar kein Bedürfnis, aus dieser Droge einen Kult zu machen. Ich habe einmal LSD genommen, und alles, woran ich mich erinnern kann, ist, dass ich dann auf dem Rücksitz eines Autos saß, mit ein paar Leuten, die alle LSD genommen hatten, nur der Fahrer blieb nüchtern. Und dann fuhren wir die endlose und schnurgerade Heerstraße zwischen Charlottenburg und Spandau immer hinauf und hinunter und freuten uns am tollen Feuerwerk, welches, wie wir empfanden, die Verkehrsampeln für uns zündeten. Rote, gelbe, grüne Lichter, ich war völlig berauscht von diesem Spiel. Aber als es vorüber war, dachte ich nur: Es war interessant. Aber ich muss das nicht wiederholen.

Wir wohnten in einer hübschen Dachwohnung in Grunewald, das Ambiente war eher bürgerlich als revolutionär, und in den Augen meiner Studenten war das ein spießiges, repressives Kleinbürgeridyll. Wir wollten es aber so. Ich hatte meine Wohngemeinschaftserfahrung seit mehr als zehn Jahren hinter mir, ich liebte meine Frau und meine Kinder und wollte mit niemand anderem zusammenleben. Ich wollte meine Söhne zu freien, selbstbewussten Menschen erziehen, ich sang mit ihnen die Arbeiterlieder, aber mit dem Konzept der antiautoritären Erziehung konnte ich nichts anfangen.

Mit Helga bin ich manchmal hinübergefahren, nach Ostberlin. Wir liebten es, ins Theater am Schiffbauerdamm zu gehen, in Brechts Berliner Ensemble, das damals von Brechts Witwe Helene Weigel geleitet wurde. Es liefen dort noch immer die sogenannten Musterinszenierungen, »Mutter Courage«, »Die Dreigroschenoper«, sie spielten aber auch den grandiosen »Viet Nam Diskurs« von Peter Weiss, eine szenische Collage zum Vietnamkrieg. Helga hatte Engagements in Berlin, meistens bei der Freien Volksbühne. Zu den Demonstrationen ist sie nicht mitgegangen, das war ihr zu gefährlich, aber als die Studenten an der dffb streikten, hat sie Linsensuppe für alle gekocht, und ich habe sie den Streikenden gebracht.

Es war im Mai 1968, in jenem Monat also, da auch in Paris die Revolte ihre größte Intensität erreichte, als die Studenten der dffb die Akademie besetzten. Sie sollte jetzt »Dsiga-Wertow-Akademie« heißen, und alles sollte sich ändern. Der Lehrplan, die Form der Mitbestimmung. Und ganz dringend wollten die Studenten den Direktor loswerden, Erwin Leiser, der dann, indem er überfordert und autoritär reagierte, den Konflikt noch eskalieren ließ.

Dass Erwin Leiser und die Studenten einander als Gegner empfanden, wirkt, von heute aus betrachtet, fast unverständlich. Denn Erwin Leiser, dessen Familie wegen ihrer jüdischen Herkunft vor den Nazis nach Schweden geflohen war, war ein kühler Aufklärer und ein allseits respektierter Dokumentarfilmer, und sein Film »Mein Kampf« von 1959, eine sehr genaue Dokumentation über das Leben im sogenannten »Dritten Reich«, war alles andere als reaktionär. Aber Leiser, der die Formen der Macht bei den Nazis so genau studiert hatte, sah in der Studentenrevolte schon den nächsten Totalitarismus aufscheinen und reagierte auf jeden Regelverstoß mit bürokratischer Härte. Zudem fürchtete er wohl, dass der Bund, der einen großen Teil des Etats trug, sich zurückziehen könnte, wenn aus der Berliner Filmakademie eine sozialistische Lehranstalt würde. Das war doch Berlin, das Schaufenster des freien Westens. Den Studenten waren die Filme und die Verdienste Erwin Leisers egal. Sie beurteilten ihn danach, wie er die Akademie führte, und sie taten alles, um das, was Leiser für den guten Ruf der Akademie hielt, zu ruinieren. Im Juni, während der Filmfestspiele (die erst ein Jahrzehnt später vom Sommer auf den Winter verlegt wurden), legten sich die Studenten mit den Wortführern des Jungen Deutschen Films an. Auf einer Veranstaltung verlasen sie ein Manifest, und weil Schimpfen nicht genug war, warfen sie mit Eiern auf Alexander Kluge, Edgar Reitz und Werner Herzog, die doch gerade noch geglaubt hatten, dass sie und die Studenten auf derselben Seite stünden. Im Herbst wurden achtzehn Studenten relegiert, unter ihnen Harun Farocki und Hartmut Bitomsky, die ich für besonders begabt und interessant hielt. Und Holger Meins, der Stille. Ich hielt das für einen schweren Fehler, diese radikalen und inspirierten Filmemacher von der Akademie zu werfen, ich fand ihre Protestformen übertrieben, und ich hatte auch wenig Interesse, Lehrfilme über politische Ökonomie zu drehen. Aber die Art, wie diese Studenten alle Selbstverständlichkeiten und Konventionen des Filmemachens in Frage stellten, die fand ich nicht unsympathisch. Ich glaube, ich habe dabei mehr gelernt als die Studenten. Als im Frühjahr 1969 Erwin Leiser von seinem Direktorenposten zurücktrat, sagten viele, ich hätte daran meinen Anteil gehabt. Das kann sein, die Zeiten waren so unruhig, dass ich mich nicht an jeden Winkelzug des Konflikts erinnern kann. Ich habe immer wieder zu vermitteln versucht. Aber irgendwann kam auch ich zu dem Ergebnis, dass Leiser der falsche Mann für diesen Posten war.

Es war mein Student Holger Meins, über den ich auch die anderen kennenlernte, die Leute, aus denen später die RAF wurde. Meins hatte 1968 einen kurzen Dokumentarfilm gedreht, drei Minuten, »Anleitung zum Bau eines Molotow-Cocktails«, der genau das war, was sein Titel versprach. Und am Ende, damit klar war, wo der Cocktail zünden sollte, zeigte der Film das Springer-Haus. Bei jenen Linken, die sich damals radikalisierten, war Meins wegen dieses Films ein Held, jenseits davon drohte ihm ein Strafverfahren wegen Anstiftung zur Gewalt, und an der Münchner Filmhochschule, wo Meins nach einem unbeteiligten Gutachter suchte, fand sich kein Professor, der diesem Film bescheinigen wollte, dass er ein Kunstwerk und nicht etwa eine revolutionäre Gebrauchsanleitung sei. Meins wurde nicht angeklagt, er wurde, wie Bitomsky und Farocki, im Herbst 1969 sogar wieder aufgenommen von der dffb. Im selben Jahr lernte ich Ulrike Meinhof kennen, die gerade nach Westberlin gezogen war und sich dort, nach Jahren in der Hamburger Schickeria, zurechtzufinden versuchte. Sie arbeitete am Drehbuch für »Bambule«, einen Fernsehfilm, der halbdokumentarisch die Zustände in einem Heim für schwererziehbare Mädchen schildern sollte. Wir sprachen ein paarmal über das Projekt, es gefiel mir gut, sie fragte mich, ob ich dabei sein wolle, und ich war fasziniert von ihrem Ernst, ihrer Unbedingtheit – aber dann hörte ich lange nichts mehr von ihr, und als ich wieder von ihr hörte, war es in der Zeitung. Sie hatte im Frühjahr 1970, zusammen mit zwei anderen, Andreas Baader befreit, nicht aus dem Gefängnis, sondern aus dem Deutschen Zentralinstitut für soziale Fragen, wo Baader, angeblich, um an einem Buch zu arbeiten, im Lesesaal saß. Diese Tat gilt als die Geburt der »Roten Armee Fraktion«, und es war auch der Moment, da ich all meine Sympathien für diese Art der Militanz verlor. Immerhin wurde Georg Linke, ein Angestellter des Instituts, der niemandem etwas zuleide getan hatte, angeschossen und lebensgefährlich verletzt. Ich hörte in dieser Zeit, wenn ich den Hörer meines Telefons abnahm, immer ein gewisses Knacken in der Leitung. Ich bin mir sicher, ich wurde damals, wie so viele Künstler und Intellektuelle, die als Sympathisanten galten, abgehört. Und im Rückblick, wenn man weiß, worauf die Geschichte der RAF dann hinausgelaufen ist, mag es unverständlich und falsch erscheinen, dass Leute wie ich anfangs mit einem gewissen Interesse, ja mit Wohlwollen auf die Aktionen von Gudrun Ensslin und Andreas Baader, Holger Meins und Ulrike Meinhof schauten, auf die Brandstiftung in einem Frankfurter Kaufhaus, bei der niemand verletzt wurde, auf die spektakulären Auftritte vor Gericht, als Baader und Ensslin dann gefasst waren. Es ging ja, anfangs, nur um Sachbeschädigung – und wie Baader und Ensslin sich dem Zugriff der Polizei entzogen, erst nach Paris, dann nach Italien flohen, das sah so aus, als wären sie Bonnie und Clyde und zugleich Rosa Luxemburg und Karl Liebknecht, jugendliche Rebellen, die lieber in Schönheit sterben würden, als dass sie ihren Frieden machten mit dem System, das, herausgefordert von diesen Leuten, sein wahres Gesicht zu zeigen schien. Es waren Schriftsteller und Filmemacher, die Ensslin und Baader unterstützten auf ihrer Flucht. Sie begeisterten sich für das Filmische, das Romanhafte an diesen Figuren mehr als für deren politischen Ziele – so kommt es mit jedenfalls heute vor.

Der Lehrbetrieb der dffb ruhte in den Sommermonaten, und ich wollte nicht bloß Dozent sein, ich war ja noch immer Kameramann im Hauptberuf – und so kam es, dass ich im Sommer 1968 meinen ersten Spielfilm drehte, einen Film, der, auf den ersten Blick zumindest, von den politischen und ästhetischen Erschütterungen jener Jahre nichts zu wissen schien.

Ralf Gregan hatte mich engagiert, eigentlich ein Schauspieler, der erst seit kurzem auch als Regisseur arbeitete. Ich kannte ihn, wir waren gut befreundet, seit Gregan die Hauptrolle gespielt hatte in Tom Toelles Fernsehspiel »Der Kidnapper«, das ich fotografiert hatte; und ich hatte auch schon mal von diesem Kabarettisten gehört, der jetzt seine erste große Hauptrolle in einem richtigen Film spielen wollte. Dietrich Hallervorden hieß der Kabarettist, den ich ganz lustig, wenn auch ein bisschen derb fand. Teuer durfte dieser Film nicht werden, ich brachte mein Equipment von der Filmakademie mit und heuerte ein paar Studenten als Helfer an. Helga bekam eine Rolle, die Kinder waren auch mit dabei, und die weibliche Hauptrolle spielte Rotraud Schindler, die, wie Hallervorden, vom Kabarett »Die Wühlmäuse« kam und praktischerweise seine Frau war. Hallervorden spielte einen Studenten, der frisch geschieden ist und dringend eine Frau sucht, weil ihm sonst die Behörden seinen Sohn wegnehmen und ins Jugendheim schicken werden, und das Drehbuch ging keinem, aber wirklich absolut keinem Kalauer aus dem Weg. Es gibt sogar eine Bananenschale, auf welche der Held einmal tritt, mit den üblichen Folgen. Die Dreharbeiten waren, weil es so lässig und familiär zuging, trotzdem ein Vergnügen, auch wenn ich gleich am ersten Tag merkte, dass ich noch ein paar Dinge lernen musste, bis ich ein richtiger Spielfilmkameramann werden würde. Ich hatte die Bilder im Fernsehformat kadriert, Höhe zu Breite im Format 1:1,33, Es war aber ein Spielfilm, der das Format 1:1,66 haben sollte. Nicht alle Szenen waren unbrauchbar, aber einige Einstellungen mussten nachgedreht werden. Wenn man diesen Film heute sieht, fragt man sich, ob das wirklich dasselbe Jahr ist, in dem das Kaufhaus brannte, dasselbe Berlin, in dem sich die Linken zu radikalisieren begannen. Aber auch im Sommer 1968 gingen die Leute zum Schwimmen an den Schlachtensee, und auf dem Kurfürstendamm führten die Damen ihre toupierten Frisuren spazieren. Und genauso war auch unser Leben. Es ging darin vielleicht um ein Drehbuch von Ulrike Meinhof. Es ging aber auch darum, welche Noten die Kinder in der Schule hatten. Es ging darum, die Verhältnisse zu ändern, es ging aber zugleich darum, sich in diesen Verhältnissen einigermaßen einzurichten. Und es ging mir darum, Filme zu machen, auch wenn ich nicht die Meisterwerke angeboten bekam.

Immerhin kam das nächste Angebot von Peter Schamoni, das war schon was; denn damals, in den späten Sechzigern, war Peter Schamoni eine der wichtigsten Figuren des Jungen Deutschen Films. Auch er hatte 1962 das Oberhausener Manifest mitunterzeichnet und die Forderung nach einem ganz anderen Kino formuliert – und drei Jahre später hatte er den Film gedreht, der, neben Volker Schlöndorffs »Verwirrungen des Zöglings Törleß« und Alexander Kluges »Abschied von gestern«, diesen Anspruch auch erfüllen konnte. »Schonzeit für Füchse« hieß der Film, er erzählte von zwei jungen Männern, die am »stabilen restaurativen Selbstbewusstsein der Väter«, wie Schamoni das einmal selber nannte, verzweifeln und nicht mehr mitspielen wollen. Der Film hatte 1966 auf der Berlinale einen Silbernen Bären gewonnen, was nicht nur Schamoni als Etappensieg fürs junge Kino verstand. Vielleicht noch wichtiger war aber »Zur Sache, Schätzchen« gewesen, den Schamoni produziert hatte und dessen kommerzieller Erfolg die ästhetischen Absichten beglaubigte.

Auch »Deine Zärtlichkeiten« wollte Schamoni nur produzieren. Es war eine Inzestgeschichte, schwül und ein bisschen prätentiös, zwischen Ulli Lommel und Doris Kunstmann, die zwei ineinander verliebte Geschwister spielten. Herbert Vesely, den ich aus Baden-Baden kannte, sollte Regie führen, und Vesely war es auch, der Schamoni und mich zusammengebracht hatte. Aber bald nach dem Beginn der Dreharbeiten gab es Streit, Schamoni gefiel nicht, was Vesely inszenierte, und so übernahm er selber die Regie. Ulli Lommel war damals der schönste Mann des deutschen Kinos, ein schmaler Jüngling mit dunklen Locken und einem sinnlichen Mund; er hätte das Format für einen deutschen Alain Delon gehabt, aber das Rollenfach Alain Delon war im deutschen Kino nicht vorgesehen. In »Deine Zärtlichkeiten« sah er vor allem gut aus, auch Doris Kunstmann war sehr attraktiv, und wenn ich mich richtig erinnere, fand ich es ganz schick, dass wir in Baden-Baden, in Barcelona und auf Ibiza drehten; und dass Schamoni, der als Regisseur ja nur eingesprungen war, mir sehr große Freiheit bei der Bildgestaltung ließ. Er sieht nicht übel aus, dieser Film, und dass er nicht wirklich spannend ist, dass die Konflikte nicht wirklich zünden, das liegt wohl eher am Drehbuch als an der Inszenierung. Ulli Lommel jedenfalls, der mehr wollte, als schön und sensibel zu sein, tat sich bald mit Rainer Werner Fassbinder zusammen, der ihn vor größere Herausforderungen stellte, und dass wir beide, Fassbinder und ich, schließlich zusammenkamen, das hat er vermittelt.

Aber zuvor vermittelte mich Peter Schamoni, mit dem ich gut ausgekommen war, an seinen Bruder Ulrich, mit dem ich nicht so gut auskam. Der Film, den wir zusammen drehten, hieß »Wir zwei«, er erzählte die einfache Geschichte von zwei Menschen, einem Mann und einer Frau, die früher mal ein Paar waren, und dann treffen sie sich wieder und verlieben sich wieder ineinander, und das Dumme ist, dass die Frau verheiratet ist, und der Mann hat eine Freundin. Und das Dumme an den Dreharbeiten war, dass Ulrich Schamoni von mir spektakuläre Bilder wollte, obwohl es nichts Spektakuläres zu sehen gab. Ich muss dazu sagen, dass ich auch damals keiner jener Puristen und Minimalisten war, die die Kamera immer in Augenhöhe platzieren, sich nur diskrete Schwenks und unauffällige Fahrten gestatten und der Ansicht sind, der Kameramann habe seine Arbeit dann besonders gut getan, wenn keiner sie bemerkt. Es gibt Momente, da ist es der Blickwinkel der Kamera, der das Wesentliche erzählt, und Ulrich Schamoni wollte, dass sein Film nur aus solchen Momenten bestand. Man muss sich das so vorstellen, dass da eine Teetasse stand und Schamoni sagte: Fotografiere sie, als wäre es die Bucht von San Francisco.

Das ist nicht die Bucht von San Francisco, das ist nur eine Teetasse, und ich werde sie nicht aussehen lassen wie die Bucht von San Francisco.

So ging das die ganze Zeit, ich wollte raus aus dem Film, und statt mich gehen zu lassen, versuchte Schamoni immer hartnäckiger, mich zu überzeugen.

Ich filmte ein Paar, das im Bett liegt und sich unterhält, und im Vordergrund leuchtete sehr rot eine Pop-Lampe, deren Fuß das Gesicht der Frau von dem des Mannes trennte. Die Bucht von San Francisco, bei Sonnenuntergang. Ich fotografierte eine Szene in einem Nachtclub, und es gab keine einzige Einstellung, in welcher man einfach nur hätte sehen können, wie der Raum beschaffen ist und was die Leute tun, um die es geht. Nur Budenzauber, Lichteffekte, Spiegelungen, die Bucht von San Francisco bei Nacht, ich fand es grässlich. Und am Schluss war ich trotzdem froh, sehr froh sogar. Ich hatte Arbeit, ich war beim Film. Was ich fotografierte, wurde auf der großen Leinwand gezeigt.

Dass das nicht selbstverständlich war, war eine Erfahrung, die ich wenig später machte, als ich die unsichtbarsten Bilder meines Lebens fotografierte. Es begann damit, dass jemand von der Frankfurter Konzertagentur Lippmann und Rau anrief. Ob ich ein paar Tage Zeit hätte, Jimi Hendrix auf seiner Tournee zu begleiten. Wann es losgehen solle, fragte ich. Heute Abend, lautete die Antwort, in Straßburg.

Es war früher Morgen in Berlin, ich lag noch im Bett, und am Abend war ich tatsächlich in Straßburg, hatte mein Equipment dabei und zwei Studenten, einer machte den Ton, einer half mir als Kameraassistent, und dann ging es los. Ich wurde Jimi Hendrix vorgestellt, und an der Art, wie er lächelte, merkte ich, dass er mir wohl intuitiv vertraute. Ich mochte seine Musik, auch wenn ich zehn Jahre älter war als sein übliches Publikum. Die Studenten, die genau im richtigen Alter waren, konnten ihr Glück nicht fassen. Ich filmte ihn in der Garderobe, ich ging mit ihm auf die Bühne, ich durfte mit der Kamera überallhin, wo man eine gute Sicht hatte auf Hendrix, seine Gitarre, sein unglaubliches Spiel. Es gab keinen Regisseur, keine Beleuchter, keine Inszenierung. Niemand machte mir Vorschriften, niemand stellte sich mir in den Weg. Und wenn Jimi Hendrix nach dem Konzert in der Garderobe saß und ein Mädchen durfte zu ihm kommen, dann wurde ich auch nicht hinausgeschickt.

So filmten wir ein Konzert in Straßburg, am nächsten Tag ging es nach Wien, danach fuhren wir nach Berlin. Ich hatte genügend Filmmaterial, ich hatte die absolute Freiheit, nur Zeit hatte ich keine. Nach vier Tagen war alles vorbei, weil ich ein anderes Engagement fest zugesagt hatte. Hendrix wollte, dass ich mit ihm nach London käme; und ich bedauerte sehr, dass ich ihm das absagen musste.

Uschi Obermaier hat später erzählt, dass sie, solange Hendrix in Berlin war, ihm, ihrem kurzzeitigen Geliebten, nicht von der Seite gewichen sei – und wenn das so war, müsste sie auf meinen Bildern zu sehen sein. Ich weiß es aber nicht, denn ich habe diese Bilder nie gesehen. Ich glaube, sie waren gut, es tauchten immer wieder kurze Schnipsel auf, aber der Film als ganzer ist verschollen. Ich schickte die Filmkassetten nach London, dort wurden sie entwickelt, und angeblich fing schon jemand an, aus meinem Material einen Rohschnitt zu montieren. Ich bekam meinen Scheck, ich wurde nicht schlecht bezahlt für diese Arbeit. Aber anscheinend ist die Firma kurz darauf pleitegegangen, und ich hatte andere Sorgen, als dass ich dazu gekommen wäre, mal nach London zu fahren und mich nach meinem Jimi-Hendrix-Material zu erkundigen.

Jahre später traf ich in Amerika einen Mann, der mir ganz begeistert erzählte, das ganze Material sei wieder aufgetaucht, es sei schöner und kostbarer geworden mit der Zeit, und jetzt werde man es zusammenschneiden zu einem wunderbaren Film.

Seitdem hat der Mann aber nichts mehr von sich hören lassen.

5

Fassbinder, die erste
Der Meister und sein Kreis

Ich war in Irland unterwegs, mit zwei Studenten und einem Budget, das nur noch ein paar Tage reichen würde. Wir drehten einen Dokumentarfilm, und wir waren fast fertig. Ich saß in einem Hotel, weit weg von überall, und die Rezeption meldete, dass ein Mr. Lommel am Telefon sei und dringend mit mir sprechen wolle.

Ulli, was ist so eilig, dass du mich hier aufgestöbert hast?
Micha, du musst kommen!
Wohin? Und warum?
Hast du Lust, einen Film mit Fassbinder zu drehen?
Warum nicht. Ist sicher interessant.
Dann musst du in drei Tagen in Almeria sein.
Drei Tage später war ich in Almeria.

Fassbinder hatte gerade mal drei Filme gedreht. Er war vierundzwanzig, zehn Jahre jünger als ich. Aber Fassbinder war der heißeste unter den jungen Regisseuren.

Der Drehort war im Süden, nahe Almeria, ein Westerndorf, das noch übrig war von einem Film der »Für eine Handvoll Dollar«-Serie, die Sergio Leone in Spanien mit Clint Eastwood gedreht hatte. Am ersten Tag bereute ich, dass ich Helga gebeten hatte, mit den Kindern im Zug nachzukommen, nach einer Woche hatte ich meinen Koffer immer noch nicht richtig ausgepackt. Ich war überzeugt davon, dass ich nicht den ganzen Film über bleiben würde. Ich mochte die Manieren von Rainer Werner Fassbinder nicht, und er schien mich überhaupt nicht zu mögen. Er war mürrisch, unfreundlich, er reagierte gereizt, wenn ich irgendetwas sagte, und vermutlich war es der Fernsehjargon, den ich mir immer noch nicht abgewöhnt hatte, was ihn anfangs so verdross. Ich sagte beispielsweise über ein Motiv, dass man es so und so »verkaufen« müsse. Und Fassbinder fragte eisig nach: Wie, was wollen Sie verkaufen? Wir verkaufen hier gar nichts.

Wir blieben drei, vier Tage beim Sie, was ungewöhnlich ist. Normalerweise duzt jeder jeden bei Dreharbeiten; wenn man einander vorgestellt wird, heißt es nicht etwa: Ballhaus mein Name, angenehm. Es heißt: Ich bin der Michael.

An einem der ersten Drehtage sagte ich zu Fassbinder: Wir müssen die Kamera auf die andere Seite stellen. Wenn wir von hier aus filmen, haben wir einen Achsensprung. Man muss dazu wissen, dass es aufs Publikum extrem verwirrend wirkt, wenn man eine Szene von rechts zeigt, und nach dem nächsten Schnitt zeigt man dieselbe Szene von links. Der Zuschauer findet sich dann nicht mehr zurecht im Film; man nennt das einen Achsensprung, und es gehört zu den zehn Geboten des Kinos, dass Achsensprünge zu vermeiden sind.

Fassbinder, auf meinen Einwand hin, raste zu Peter Berling, dem Herstellungsleiter, und brüllte: Feuer ihn! Schmeiß ihn raus! Er tut nicht, was ich sage.

Berling sagte: Ballhaus hat recht. Er wird nicht gefeuert.

So hat das mit uns beiden angefangen. Ich war älter als er, ich hatte ein paar Erfahrungen mehr, ich hatte einen anständigen Haarschnitt, und ich hatte Frau und Kinder zum Drehort mitgebracht. Es gab also für Fassbinder ein paar Gründe, mich arbeitshypothetisch für einen Agenten des alten Systems zu halten.

Er war jung und sah damals auch noch so aus, er hatte eine sanfte Stimme, sprach ein weiches, müdes Münchnerisch, und weil er mit seinem breiten Gesicht, seiner schlechten Haut niemals ein gutaussehender Mann sein würde, versuchte er zumindest, verwegen auszusehen. Er trug einen Schnurrbart, meistens dunkle Hemden, die er weit offen ließ, darüber eine schwarze Lederjacke. Und natürlich dachte ich als Erstes: Was für ein Angeber, was plustert sich der Kleine so auf?

Ich ging jeden Tag zum Dreh in dem Gefühl, dass das womöglich mein letzter Drehtag werden könnte, ich fotografierte, was Fassbinder sich wünschte, die Filmkassetten wurden nach München zum Entwickeln geschickt, und wenn das Material zurückkam und wir abends die Muster anschauten, sagte Fassbinder niemals etwas Lobendes zu mir. Er sagte noch nicht mal: In Ordnung. Oder: Okay. Und dass mir die Arbeit trotzdem eine Freude war, lag an dem spanischen Team, mit dem ich mich gut verstand. Es lag an den Schauspielern, die ich mochte und gerne fotografierte. Und es lag schon auch an dem Film, der uns heute, wenn wir ihn wiedersähen, womöglich sehr langsam, sehr stilisiert und ziemlich prätentiös erschiene. Aber damals befreite sich Fassbinder, der ja vom Theater gekommen war, gerade von seinem starren, bühnenhaften Inszenierungsstil und suchte nach neuen, kinogemäßeren und melodramatischen Ausdrucksformen. Weshalb er, gewissermaßen, auf mich angewiesen war.

Einmal ging es darum, eine Szene zu inszenieren, in der vier Menschen im Halbkreis standen und miteinander sprachen. Fassbinder wollte keine Schnitte, er sagte: Du schwenkst einfach immer zu dem, der gerade spricht, das kannst du doch, wie lange brauchst du, um die Szene einzurichten.

Ich sagte: Zwanzig Minuten. Ich leuchtete die Szene aus und probte einmal mit den Schauspielern. Und ich glaube, dass es mindestens ebenso viel Glück wie Können war, dass ich mit meinen Schwenks tatsächlich immer bei dem war, der sprach. Als die Muster kamen, schaute Fassbinder sich alles an, ohne einen Kommentar abzugeben, und dann stapfte er mürrisch aus dem Vorführraum, mit gesenktem Kopf, den Hut tief in die Stirn gezogen, und ich dachte: Es ist mir egal, ob es ihm gefällt. Mir gefällt es. Besser konnte man es nicht machen. Ulli Lommel hat mir später erzählt, Fassbinder habe zu ihm gesagt: Der Typ ist toll, der hat das tatsächlich hingekriegt.

Als Helga ankam, fand sie es herrlich, in Spanien zu sein, wir hatten ein Hotel am Meer, sie bekam eine kleine Rolle im Film, und die Kinder liebten es, bei den Dreharbeiten zuzusehen, vor allem Sebastian, der nicht in die Schule musste. Abends war ich sehr froh, dass wir uns zurückziehen konnten, was aber immer mal wieder Fassbinders Eifersucht erregte. Er, der sehr einsam in der Münchner Ludwigsvorstadt aufgewachsen war, ohne den Vater, denn die Eltern hatten sich getrennt, und die Mutter hatte einen neuen Lebenspartner, den der Sohn nicht leiden konnte, weshalb er, mit fünfzehn, ein Zimmer bekam und auf sich allein gestellt war, dieser Mann verwendete viel Kraft darauf, sich eine Ersatzfamilie zu schaffen und zusammenzuhalten. Die Schauspielerinnen Hanna Schygulla und Irm Hermann gehörten dazu, der Schauspieler und Ausstatter Kurt Raab, der Komponist Peer Raben, auch Harry Baer, sein ewiges Faktotum, und es war Hanna Schygulla, die mich gleich am Anfang dafür beschimpfte, dass ich mich nach Drehschluss in meine spießige Kleinfamilie zurückzog, statt teilzuhaben an den Nächten der Fassbinderschen Bohèmefamilie, in der, wenn die letzte Szene des Tages abgedreht war, viel getrunken, gestritten und intrigiert wurde, weil alle um die Gunst Fassbinders, des Familienoberhaupts, buhlten. Irm Hermann kam extra nach Spanien, nur um dort ausdrücklich dagegen zu protestieren, dass sie in dem Film keine Rolle bekommen hatte.

Sie hatten ja als Theaterkollektiv in München angefangen, es war das »antiteater« in der Hans-Sachs-Straße im Glockenbachviertel, und eigentlich hatte es da keinen Chef und keine Hierarchie gegeben. Nur Fassbinder, der am selbstbewusstesten war. So ähnlich hatten auch die frühen Filme funktioniert, und »Whity« war aber ein paar Nummern größer, weshalb Peter Berling die Dreharbeiten auch straffer und hierarchischer organisierte. Was manche als Verrat an ihren Idealen empfanden, und eines Tages baute sich Hanna Schygulla vor Fassbinder auf und brüllte ihn an. Sie lasse sich das nicht länger gefallen, niemand lasse es sich mehr gefallen, von diesem Peter Berling herumkommandiert zu werden.

Fassbinder hörte sich das an, grinste, und als Hanna Schygulla fertig war, stellte er sich auf einen Stuhl und rief: Alle mal herhören, bitte! Mutti ist hier der Chef. Was Mutti sagt, wird getan.

Mutti, damit war Berling gemeint, den Namen wurde er nicht mehr los. Es gäbe über diesen Peter Berling, der als Grafiker angefangen hatte, durch Zufall zum Filmproduzenten geworden war, viel, sehr viel Geld in den Sand gesetzt hatte und jetzt als Herstellungs- und Produktionsleiter arbeitete, noch viel zu erzählen. Er war (und ist) eine der interessantesten Figuren und vielleicht die unbekannteste Berühmtheit der deutschen Filmgeschichte; und meistens spielte er auch selber mit, natürlich ohne das jemals gelernt zu haben. Aber Berling, der sich später zurückzog aus dem Filmgeschäft und sich aufs Schreiben historischer Romane verlegte, Berling hat neulich seine eigene Biografie aufgeschrieben. Nur so viel hier: Peter Berling war groß, breit, kräftig und hatte einen Hang zum guten Leben. Er tat jedem Film gut, an dem er mitwirkte.

»Whity« spielte irgendwo im amerikanischen Südwesten und war doch mehr Melodram als Western; es ging um den Untergang einer dekadenten, reichen Rancher-Familie. Der Vater stark und böse, seine Frau ein Biest, der ältere Sohn war schwul und schwächlich, der jüngere debil. Und dann war da »Whity«, der schwarze Diener, der illegitime Sohn des Ranchers. Und der einzige richtige Mann im Film. Von jedem in der Familie bekommt Whity den Auftrag, ein anderes Familienmitglied zu ermorden, und am Schluss führt Whity all die Aufträge aus und löscht die ganze Familie aus. Die Rolle spielte Günther Kaufmann, Sohn einer deutschen Mutter und eines schwarzen GIs, in München aufgewachsen und von Fassbinder als Schauspieler entdeckt, ein starker, athletischer Mann, in den sich Fassbinder während der Dreharbeiten sehr heftig und sehr unglücklich verliebte. Er wollte Kaufmann in seinem Bett haben, Kaufmann wollte aber nicht, und Fassbinder betrank sich jeden Abend so sinnlos und konsequent, dass er, um nachts den entsprechenden Pegel zu erreichen, schon am Tag mit dem Trinken anfangen musste. Zum Drehen wurden Cuba Libres serviert, und manchmal war Fassbinder schon nachmittags so betrunken, dass er eine Szene drehte – und gleich wieder vergaß, dass er sie gedreht hatte. Am nächsten Morgen konnte es passieren, dass er kam und anfangen wollte und ganz verblüfft war, wenn wir dann sagten: Rainer, diese Szene haben wir doch schon gestern gedreht.

Aha, ach so, sagte Fassbinder dann, und dann wurde eben die nächste Szene eingerichtet. Mir tat er mehr leid, als dass mich dieser Wahnsinn abgestoßen hätte, aber ich habe auch die schlimmsten Exzesse nicht mitbekommen. Ich saß nicht bis um zwei Uhr morgens in der Bar, ich ging rechtzeitig schlafen, stand um sechs Uhr morgens auf und war um sieben bereit für den nächsten Dreh. Fassbinder kam oft zu spät und war ziemlich schlecht in Form, und eines Morgens war es besonders schlimm, da hatten wir eine große Außenszene vorbereitet, mit Schienen für eine lange Kamerafahrt, mit Kutschen, Pferden, fünfzig Statisten. Und dann kam Fassbinder und sah so aus, als hätte er eine fürchterliche Nacht hinter sich. Die Szene ist gestrichen, sagte er nur, genervt und verkatert.

Spinnst du?, brüllte Berling, das ist eine unserer teuersten Szenen, ich kann doch nicht all die Statisten wieder nach Hause schicken!

Ulli Lommel, der das Geld für den Film zusammengekratzt hatte und der offizielle Produzent war, brüllte nicht, er flehte Fassbinder an: Wir können uns das nicht leisten, wir müssen die Szene drehen.

Dreht sie doch alleine, sagte gereizt Fassbinder, dem das Geld anderer Leute schon immer egal war.

Wir standen herum, ratlos und ein wenig deprimiert, und dann haben wir eine Szene gedreht, in der all das drin war, was bezahlt war, all die Kulissen und die Kutschen und Pferde und Statisten, und ich bin mir aber nicht sicher, ob es diese Szene dann wirklich hineingeschafft hat in den fertigen Film.

Das Budget war von Anfang an knapp gewesen, bald war gar kein Geld mehr da, was man als Erstes daran merkte, dass wir sparen mussten mit dem Filmmaterial. Fassbinder brauchte eh nicht viel, »Whity« hatte sehr lange Einstellungen, und öfter als dreimal drehte Fassbinder so gut wie keine Szene. Aber trotzdem ging uns das Material langsam aus, und das war der Moment, in welchem Hollywood uns rettete. Nicht weit von uns entfernt drehte der wunderbare amerikanische Regisseur John Frankenheimer mit ungeheurem Aufwand seinen Film »The Horsemen«, der mit Spanien so wenig wie unser Film zu tun hatte; er spielte in der mongolischen Steppe. Was Fassbinder an diesen Dreharbeiten so erregte und beunruhigte, war der Umstand, dass Jack Palance mitspielte, und Jack Palance, dieser rauhe, kantige, große und sehr männliche Mann war schwul, das glaubte jedenfalls Fassbinder ganz sicher zu wissen, und er wünschte sich dringend, Palance einmal zu begegnen. Manche aus unserem Team trafen sich nachts mit Leuten aus dem amerikanischen Team in irgendwelchen Bars, und immer wieder erzählten sie am nächsten Tag davon, wie gigantisch die Mittel der Amerikaner waren. Wie sie uns dann retteten, das ist eine Geschichte, von der es zwei Versionen gibt. Meine Geschichte ist die bravere. Ich habe nur mitbekommen, dass manchmal Teile des Teams zum Hotel der Amerikaner gefahren sind, ein paar Drinks mit ihnen genommen haben, und Berling, so haben mir es die anderen erzählt, habe Filmreste geschnorrt, die den Amerikanern nichts bedeuteten, mit denen wir aber weiterarbeiten konnten.

Peter Berling hat später die Geschichte so erzählt, dass alle Frauen, die einigermaßen sexy waren, sich ihre schärfsten Sachen angezogen hätten. Dann seien sie zum Hotel der Amerikaner gefahren, die Mädels hätten versucht, die Männer zu verwirren, abzulenken und zum Trinken zu animieren. Während ein paar Männer rund um Berling den Amerikanern das Material geklaut hätten.

Wir konnten den Film jedenfalls zu Ende drehen, und der furchtbarste von vielen anstrengenden Drehtagen war der Tag, an dem Ulli Lommel, der den homosexuellen Sohn spielte, von Katrin Schaake, die die nymphomanische Stiefmutter spielte, nicht etwa nur eine Ohrfeige bekam. Sie musste ihn, weil Fassbinder es so wollte, zwei Minuten lang ohrfeigen, eine links, eine rechts, und weil Fassbinder die kleinen Tricks der Schauspieler, mit denen sie solche Schläge abmildern, für zu durchschaubar hielt, bekam Ulli Lommel richtige Ohrfeigen in sein richtiges Gesicht. Das tat ihm weh. Das tat Katrin

Schaake weh, auch weil sie mit Lommel verheiratet war. Und mir tat es auch weh; ich schaute die vollen zwei Minuten durch den Sucher der Kamera. Die Szene gehört zum Besten und Brutalsten, was »Whity« zu bieten hat, aber die beiden haben danach zwei Stunden geweint. Und sie konnten mehrere Tage lang nicht miteinander sprechen. Außer vor der Kamera, nur weil es im Drehbuch stand.

Ich habe nie ganz verstanden, von wem Ulli Lommel das Geld hatte und was er den Leuten dafür versprochen hatte; ich glaube, er hatte den fertigen Film mehreren Leuten gleichzeitig verkauft, was vermutlich dann auch der Grund dafür war, dass »Whity« nie ins Kino kam und jahrzehntelang auch nicht im Fernsehen lief. Es war einfach niemals ganz klar, wem der Film gehörte. Peter Berling hat später erzählt, dass einer von jenen, denen Lommel alle Rechte verkauft hatte, jener Wenzel Lüdecke war, dem in Berlin das größte Synchronstudio Deutschlands gehörte. Lüdecke habe den fertigen Film so unfassbar schlecht gefunden, dass er nicht wollte, dass den irgendwer zu sehen bekäme.

Als das Budget restlos aufgebraucht war, hatten wir noch ein paar Drehtage vor uns; was es dann noch zu zahlen gab, zahlte Ulli Lommel mit seiner Kreditkarte, die anscheinend ein ziemlich hohes Limit hatte. Und dann waren die Dreharbeiten vorbei, ich wollte noch ein, zwei Tage bleiben und mir mit Helga und den Kindern endlich die Gegend mal ohne den Sucher der Kamera anschauen, und dann stand vor mir der Hoteldirektor und sagte, ich sei der Letzte, ich müsste die gesamte Rechnung zahlen.

Ich habe sie nicht gezahlt, aber meine Gage war mir die Filmproduktion schuldig geblieben, und jetzt hockten wir im Süden Spaniens und konnten uns die Reise nach Hause nicht leisten. Ich rief schließlich meine Mutter an, die schickte uns tausend Mark, und als wir endlich auf dem Heimweg waren, dachte ich: Das war nicht nett, das war nicht angenehm, das war extrem nervig und nicht einmal gut bezahlt. Aber mit Fassbinder zu drehen war eine Herausforderung, die ich sofort wieder annehmen würde.

Ich musste nicht allzu lange warten. Diesmal war es Peter Berling, der anrief, und wie immer musste es schnell gehen. Wir drehen einen Film in Sorrent, am Golf von Neapel, in einem schönen Hotel. Komm mit, es wird ein Vergnügen.

Es war natürlich kein Vergnügen, es war anstrengend und grausam, wie beim letzten Mal – und es war Peter Berling gewesen, der beschlossen hatte, dass so ein anstrengender Film wenigstens an einem angenehmen Ort gedreht werden sollte. Was einerseits tatsächlich stimmte. Und andererseits ein Fehler war, weil nämlich jeder, der ein bisschen was weiß von Süditalien, diesen Ort erkennen muss. Aber der Film behauptete, er spiele in Spanien, und als ich das Drehbuch las, wurde mir erst klar, was mir, indem ich mich herausgehalten hatte aus Fassbinders engerem Kreis, alles entgangen war. »Warnung vor einer heiligen Nutte« hieß der Film, die Nutte war das Kino, und die Story war, mal mehr, mal weniger fiktionalisiert, die Geschichte der Dreharbeiten von »Whity«. Ein Regisseur, der unglücklich in seinen Hauptdarsteller verliebt ist. Ungezählte Cuba Libres. Abgebrochene Szenen. Ein Herstellungsleiter, der dauernd strampeln muss, damit die ganze Produktion nicht scheitert. Kein Geld. Und ein Team, in dem anscheinend jeder mit jedem irgendeine Geschichte hat. Sex, Eifersucht, Intrigen. Und Tobsuchtsanfälle, jeden Abend an der Bar.

Und nach drei Tagen war es, als ob zwei Spiegel einander anblickten. Da befand Fassbinder nämlich, dass der Film falsch besetzt sei und andere Schauspieler andere Rollen spielen müssten, er duldete vom Herstellungsleiter Berling keinen

Widerspruch, und wenn wir einigermaßen im Budget bleiben wollten, mussten wir, was wir in drei Tagen gedreht hatten, am vierten Tag komplett nachdrehen. Es waren zweiundsiebzig Einstellungen, wir haben es geschafft, es ist bis heute mein Rekord geblieben: zweiundsiebzig Einstellungen an einem Tag. Ich fühlte mich wie tot, als wir damit fertig waren.

Die Besetzungsliste war wie ein Blick in Fassbinders Kopf: Aha, so sieht er also sich selbst und die anderen. Lou Castel, der damals sehr gut aussah, gesund und athletisch, spielte den Regisseur, der seinen Hauptdarsteller liebt, aber zwischendurch auch mit Frauen ins Bett geht, zum Beispiel mit Margarethe von Trotta, die damals mit ihrem blonden Bubikopf sehr hübsch anzusehen war. Aber Fassbinder setzte ihr eine dunkle Perücke auf und machte sie zur Nervensäge. Fassbinder spielte Berling und porträtierte dabei, weil er nicht anders konnte, auch sich selbst. Marquard Bohm spielte Günther Kaufmann als heterosexuellen Stricher, der sich nur für Geld auf homosexuelle Beziehungen einlässt. Hanna Schygulla spielte sich selber, als Mischung aus Filmstar und Groupie, als Frau, die gar nicht anders kann, als den Gaststar, Eddie Constantine, zu verführen. Kurt Raab, Fassbinders Ausstatter, spielte den Ausstatter. Magdalena Montezuma spielte Irm Hermann, die zum Dreh kommt und alles kaputt zu machen droht, wenn der Regisseur sie nicht heiratet, was er ihr doch versprochen hat. Für die Rolle des Kameramanns hatte Fassbinder den italienischen Schauspieler Gianni di Luigi engagiert, der groß und cool war und mit der hysterischen Gruppendynamik nichts zu tun haben wollte, was ich als sehr realistisch empfand.

Das Seltsame an diesem Film, den man ja auch als Brief Fassbinders an seine Leute, als Werk von Insidern für Insider, als Blick durchs Schlüsselloch ins tiefste Innerste von Fassbinders Ersatzfamilie betrachten könnte, das Seltsame ist, dass dieser Film, »The Making of ›Whity‹«, unterhaltsamer und spannender war als der hochstilisierte »Whity«. Man musste nicht wissen, für welche echten Personen die Figuren auf der Leinwand standen, um sich für deren Verknotungen und Verwirrungen zu interessieren.

Ich glaube, nach diesem Film hatte ich das System Fassbinder verstanden. Und ich hatte verstanden, wie ich mich in diesem System behaupten konnte. Ich spürte ja, wie gern ich mit ihm arbeitete. Wir verstanden uns, ohne dass wir dauernd über alles aufs Ausführlichste hätten sprechen müssen. Mich zu loben, das konnte er sich schon gar nicht angewöhnen. Aber bei den meisten Szenen hätte man im Nachhinein nur schwer sagen können, ob das nun seine oder meine Idee war, sie eben so und nicht anders aufzulösen. Wir mochten es beide, die Kamera zu bewegen, wir hatten beide eine Vorliebe für schwingende und kreisende Kamerafahrten. Und ich glaube, dass gerade bei der »Warnung vor einer heiligen Nutte«, wo sehr viel improvisiert wurde, Fassbinder es sehr zu schätzen wusste, dass ich ihm immer das Gefühl geben konnte, dass ich alles im Griff hatte.

Man musste schon aufpassen, dass man nicht abhängig wurde von Fassbinder und seiner Gunst. Viele waren es, und das machte sie schwach. Kurt Raab war Ausstatter, weil Fassbinder das so wollte; gelernt hatte er den Beruf nicht, und auch als Schauspieler brauchte er Jahre, bis er sich von der Fassbinder-Familie einigermaßen abgenabelt hatte. Irm Hermann war Fassbinders Agentin gewesen und zugleich die Sekretärin der »antiteater«-Truppe, und ob sie Schauspielerin war oder nicht, das war der Willkür Fassbinders überlassen. Günther Kaufmann, Harry Baer, die junge Ingrid Caven, selbst Hanna Schygulla, die sich gern als Diva gab, wussten, wie wichtig Fassbinder für sie war.

Am schlimmsten war es für Fassbinders ehemalige Liebhaber. Fassbinder liebte es, die Männer, in die er sich verliebte, herauszureißen aus deren meist kleinen Verhältnissen. Er glaubte, er tat damit etwas Gutes, wenn er seinen Freunden dann Jobs in seinen Filmen verschaffte, vielleicht sogar eine Rolle. Aber dann war die Liebesgeschichte wieder vorbei, die wenigsten dauerten lange. Und der abgelegte Liebhaber tat alles, um nur nicht zurückkehren zu müssen in sein altes, ödes Leben.

Ich hielt mich da raus, so gut es nur ging. Ich war nicht homosexuell, was in dieser Hinsicht ein Vorteil war – auch wenn Fassbinder mich immer wieder dazu überreden wollte, die homosexuelle Liebe doch mal auszuprobieren. Mir fehlte aber jede Neigung dazu, und irgendwann hat Fassbinder das auch eingesehen.

Ich wusste, dass ich zwischendurch mit anderen Regisseuren drehen musste. Das war gut für meinen Kopf, und es hatte den wunderbaren Nebeneffekt, dass ich hinterher wieder umso deutlicher spürte, was ich an Fassbinder hatte, wie wunderbar produktiv und intensiv und inspirierend die Arbeit mit ihm war. Und es war gut für meinen Ruf; ich wollte nicht als Fassbinder-Geschöpf, als Fassbinders Mann gelten. Ich legte schon großen Wert darauf, dass ich einen Ruf als Kameramann hatte aus eigenem Recht.

Die Familie schützte mich vor dem Monster, das Fassbinder manchmal war – und er hatte ein zwiespältiges, ein unruhiges und beunruhigendes Verhältnis zu uns. Er schien Helga meistens zu mögen und zu schätzen, und manchmal behandelte er sie schlecht, er besetzte sie in »Whity« und in »Angst essen Seele auf« (den ich gar nicht fotografierte), und als er für kurze Zeit das Theater im Turm in Frankfurt leitete, holte er Helga ins Ensemble. Manchmal war er wie ein Kind, das alles haben will, was die anderen haben. Als wir uns einen Hund zulegten, hatte Fassbinder wenig später auch einen Hund. Den nannte er Zadek, und eine Weile schien es ihm das größte Vergnügen zu sein, den Hund anzuherrschen: Halt die Fresse, Zadek! Oder: Zadek, piss nicht schon wieder in die Ecke!

Fassbinder hatte in Bochum, wo Peter Zadek Intendant war, ein Stück von Heinrich Mann inszeniert und sich bei der Arbeit gegängelt gefühlt, und ein Hund namens Zadek musste dafür büßen.

Immer wieder sagte mir Fassbinder, wie sehr er mich um das Glück beneidete, zwei Söhne zu haben – und eines Tages hatte er selber zwei Kinder. Wenn ich mich richtig erinnere, fing alles damit an, dass er einen tunesischen Liebhaber hatte. Der Mann war zu Fassbinder gekommen und hatte seine Familie zu Hause in Tunesien gelassen, und als Fassbinder erfuhr, dass sein Geliebter zwei Kinder hatte, holte er die auch zu sich, adoptierte sie, versprach, sich um die Zukunft dieser Kinder zu kümmern. Dass die Kinder eine Mutter hatten, interessierte ihn nicht. Naturgemäß interessierten ihn auch die beiden Kleinen nur ein paar Wochen, dann musste sich Kurt Raab, der eine mütterliche Ader hatte, um die Kinder kümmern. Irgendwann war es aus mit dem Tunesier, und ich glaube, die Kinder waren auch bald wieder zurück in Tunesien, was vermutlich das Beste für sie war.

Fassbinder als Vater, das wäre so eine schreckliche Vorstellung gewesen, der Junge konnte ja kaum auf sich selber aufpassen. Schon als ich ihn kennenlernte, hatte er die Angewohnheit, viel zu wenig zu schlafen, mindestens zwei Päckchen Zigaretten am Tag zu rauchen, und getrunken hat er immer. Von anderen Drogen wird noch zu reden sein. Und Fassbinder interessierte sich nicht für Geld, weder für sein eigenes noch für das Geld anderer Leute. Wichtig war ihm, dass er immer einen Chevrolet Corvette Stingray fuhr, das, fand er, war das schönste Auto, das es gab. Einmal ließ er einen seiner Liebhaber fahren, der hat prompt einen Unfall gebaut. Und dann musste sofort ein neuer Stingray her, das war wichtiger als alle Dreharbeiten, und wenn die gesamte Regiegage dafür draufging, umso besser, dann hatte Fassbinder einen Grund mehr, schnell den nächsten Film zu drehen. In dieser Zeit, in den Jahren zwischen 1969 und 1971, drehte Fassbinder so viele Filme und Fernsehspiele, als hätte er eine furchtbare Angst davor, dass man ihm dieses schöne Spielzeug, das Kino, morgen oder übermorgen wieder wegnehmen könnte. Aber in »Warnung vor einer heiligen Nutte« konnte das Publikum genau sehen, was für jeden, der mit Fassbinder arbeitete, offensichtlich war. Das einsame Schlüsselkind aus der Münchner Ludwigsvorstadt hatte die ihm angemessene Form zu leben gefunden. Und Fassbinder führte dieses Leben so, wie er alles tat, wofür er sich

In Diskussion mit Rainer Werner Fassbinder

entschieden hatte: exzessiv. Er war ein Kettenraucher, und er war ein Kettenfilmer.

Bei unserem nächsten Projekt kam es zum Streit, und wenn ich mich richtig erinnere, lag das daran, dass Fassbinder, wenn man das Unmögliche schaffte, am nächsten Tag etwas noch Unmöglicheres haben wollte. Wir drehten in Worpswede bei Bremen, was insofern notwendig war, als unsere Hauptdarstellerin, Margit Carstensen, ein Engagement am Theater in Bremen hatte und dort fast jeden Abend auf der Bühne stand. Der Film hieß »Die bitteren Tränen der Petra von Kant«, und das Drehbuch war eigentlich ein Theaterstück, das Fassbinder zwischendurch geschrieben hatte, ein sehr artifizielles Werk, teilweise in Blankversen, in welchem Fassbinder schon wieder eine Art von Selbstporträt schuf, diesmal als Frau, als exzentrische, überspannte und zutiefst einsame Modeschöpferin Petra von Kant, die zu einer Liebesbeziehung nicht fähig ist. Die Frau, in die sie sich verliebt, spielte Hanna Schygulla, und der Film, so haben es mir Leute erzählt, die mehr als ich davon verstehen, war extrem beliebt bei homosexuellen Männern, wegen seiner Überspanntheit, wegen der exaltierten Kostüme. Und weil im Spiel der dünnen, flachbrüstigen Margit Carstensen die Grenzen zwischen Weiblichkeit und Männlichkeit für einen Film lang zu verschwinden schienen.

Ich bekam eine sehr schlechte Gage, fünfhundert Mark pro Woche, und wir hatten nur zehn Tage Zeit zum Drehen, und dass ich trotzdem mitmachte, lag am Buch, das mich berührt hatte, weil es, in seiner ganzen Künstlichkeit, doch von einer ganz wirklichen und existenziellen Einsamkeit erzählte. Und es lag an der Herausforderung, diesen Film unter nahezu unmöglichen Bedingungen zu drehen.

Selbst wer »Die bitteren Tränen der Petra von Kant« sehr aufmerksam angesehen hat, wird immer vermuten, dieser Film sei im Studio gedreht. Er spielt in zwei nicht allzu großen Räumen, und solche Räume lassen sich halt am besten fotografieren, wenn man, wie das im Studio geht, eine Wand kurz wegnehmen kann für eine Kamerafahrt, wenn man die Lampen, die Schienen, den ganzen technischen Apparat nicht auch noch in die engen Zimmer zwängen muss. Es war aber kein Studio, es war eine echte Wohnung, mit Wänden, Fenstern und Türen, die man nicht einfach entfernen konnte. Und entsprechend anspruchsvoll war die Aufgabe, mit einer bewegten Kamera die Bewegungen zwischen den Figuren sichtbar zu machen.

Die Einstellungen waren lang, sie dauerten bis zu vier Minuten, und einmal wollte Fassbinder einen Schwenk, rundherum um Irm Hermann, die Margit Carstensens Sekretärin spielte, und am Schluss sollte dieser Schwenk zu einem ganz bestimmten Dialogsatz auf einem ganz bestimmten Bild landen.

Ich versuchte es, obwohl es in diesem engen Zimmer fast unmöglich war, ich schwenkte um Irm Hermann herum, aber als der Satz fiel, war ich nicht exakt bei dem Bild. Ich fand es trotzdem stimmig und elegant. Aber Fassbinder drehte durch.

Ist das die Einstellung, die ich haben wollte?, plärrte er.

Nicht exakt, sagte ich.

Wenn ich dieses Bild haben will, dann hast du es zu drehen!

Und das war der Moment, da reichte es mir. Ich sei sein Kameramann, aber nicht sein Depp, sagte ich zu Fassbinder, und dass ich, wenn ihm das nicht passe, gerne gehen könnte.

Ich bin gegangen, und nach einiger Zeit kam Harry Baer, der auch hier Fassbinders Regieassistent war. Ob ich nicht mit dem Rainer sprechen wolle. Wir hatten beide Dampf abgelassen. Und dann setzten wir uns zusammen und sprachen darüber, was auf diesem Set ging. Und was eben nicht. Und ich hatte das Gefühl, dass wir fortan ein ganz gutes Team geworden sind.

6

Blicke und Begehren
Vom Leben jenseits der Filme

Wir lebten in Berlin, wir wollten es so. Fassbinders Hauptquartier war in München, und es war gut, ihn und seine Entourage zwischen zwei Filmen auf Abstand zu halten. Wenn gedreht wurde, war es egal, wo einer herkam; man wohnte eh im Hotel. Ich hatte 1970 meinen Lehrauftrag an der dffb wieder aufgegeben, ich war einfach zu beschäftigt als Kameramann, und dass wir in Berlin wohnen blieben, das ergab sich eben so: Warum hätten wir auch umziehen sollen. Und zugleich war mir anscheinend in diesen zwei Jahren bewusst geworden, dass ich Berliner war: geboren in Berlin; und da mir Unterfranken als Hauptquartier und Wohnort zu ländlich und zu abgeschieden war, blieb Berlin der Ort, den ich Heimat nennen konnte – auch wenn dieses Wort zum großen, kalten, grauen Berlin nicht recht passen will. Vielleicht reicht es auch, wenn ich Zuhause sage.

Ich fiel in kein Loch, wenn ein Film abgedreht war und Zeit blieb bis zum nächsten. Ich war nicht wie Fassbinder, der es keine zwei Tage ohne Arbeit aushielt. Ich hatte eigentlich immer Freude an der Arbeit, aber ich hatte zugleich immer Sehnsucht nach Helga und den Kindern. Und weil Helga ja nicht bloß zu Hause saß und auf mich wartete, weil sie Engagements am Theater hatte, in Frankfurt, in München, weil sie immer mal wieder auch in einem Film mitspielte, deshalb waren uns die Tage sehr kostbar, die wir miteinander hatten.

Unsere Söhne haben zehnmal die Schule gewechselt. Wenn Helga ein längeres Engagement am Theater hatte, in Frankfurt zum Beispiel, nahmen wir uns dort eine Wohnung. Wenn sie spielte und ich drehte, passten Freundinnen oder Kolleginnen auf die Jungs auf. Als sie älter wurden, passten sie aufeinander auf. Wir wollten, wenn wir beide weg waren, nicht, dass sie dauernd vor dem Fernseher hockten, weshalb wir das Zimmer mit dem Fernseher verschlossen und den Schlüssel versteckten. Manchmal, wenn wir nach Hause kamen, wussten wir, dass sie den Schlüssel gefunden hatten. Das Zimmer war zwar verschlossen, aber der Fernseher war noch warm.

Ich hatte mich für dieses Leben entschieden, was sich einfacher anhört, als es ist. Ich war, als alles anfing mit dem Fernsehen und den Filmen, nicht jeder kleinen Affäre aus dem Weg gegangen, und ich hatte mich doch relativ schnell besonnen. Es wäre ein anderes Leben gewesen, und dass dieses andere Leben seine Reize hatte, das war mir klar, kaum dass ich zum ersten Mal hinter einer Filmkamera stand. Man hat ja, wenn man beim Film arbeitet, ganz gute Chancen, die eine oder andere begehrenswerte Frau zu treffen, und weil so ein Filmteam dann für die Dauer der Dreharbeiten relativ eng aufeinanderhockt, ist die Chance groß, dass man sich näherkommt, wenn man das will – zumal so ein Filmdreh meistens etwas sehr Hermetisches hat: Man bleibt unter sich und hat kaum Kontakt nach draußen. Das gilt allerdings für alle, die beim Film arbeiten. Beim Kameramann aber kommt hinzu, dass er Macht hat, große Macht; zumindest glauben das die meisten Schauspielerinnen.

Er ist der Chef der Beleuchter, er entscheidet, welche Brennweite verwendet wird, es sind seine Augen, in welche die Schauspielerinnen schauen, wenn sie in die Kamera blicken, und das schafft beides: eine große Nähe und ein Machtverhältnis. Schauspielerinnen neigen dazu, dem Kameramann schöne

Augen zu machen. Nicht nur, weil sie damit dem Kino selbst schöne Augen machen, weil der Kameramann das sieht, was am Ende alle sehen: den Blick einer Frau, der anscheinend nur für einen selbst bestimmt ist. Schauspielerinnen wissen aber auch, dass es der Kameramann ist, der dafür sorgen kann, dass sie gut aussehen. Oder besser. Und der Kameramann, der durch den Sucher schaut und sich in eine Darstellerin verliebt, wird sich dabei wie ein Halbgott vorkommen, weil er, was er begehrt, zum Teil selbst erschaffen hat.

Es ist also ein hochkompliziertes Spiel der Blicke, des Begehrens und Sich-hingebens, zwischen dem Star und dem Kameramann, und es ist nur verständlich, wenn beide mit diesem Spiel nicht aufhören wollen, nur weil ein Drehtag zu Ende geht. Aber wenn ich dieses Spiel auch in den Nächten weitergespielt hätte, dann wäre das ein anderes Leben gewesen, ein Leben, wie Fassbinder und seine Gang es hatten, ein Leben, das nur aus Drehtagen und Sex-und-Alkohol-Nächten bestand. Und der großen, traurigen Leere zwischen den Filmen.

Einmal, zwischen zwei anspruchsvolleren Filmen, rief mein alter Freund Ralf Gregan an und fragte, ob ich Lust hätte, mit ihm einen Softsexfilm zu drehen. Ich weiß nicht, ob es Lust war, es war wohl eher Neugier, was mich dazu brachte, ihm zuzusagen. Der Film hieß »Das sündige Bett« und hatte fast so etwas wie eine Story. Es ging um ein Bett, das sprechen konnte, und in diesem Fall sprach es härtesten Berliner Dialekt; es erzählte seine Geschichte durch ein halbes Jahrhundert, und natürlich ging es nicht um all die Menschen, die in diesem Bett geschlafen hatten. Es ging um die, die miteinander geschlafen hatten in diesem Bett. Gregan gab es damals praktisch zweimal, als Ralf Gregan drehte er vor allem mit Dietrich Hallervorden, und wenn er Sexfilme drehte (in seinem Werk gibt es Titel wie »Bettkanonen« und »Die goldene Banane von Bad Porno«), nannte er sich Ilja von Anutroff, und weil ich mir nicht sicher war, ob »Das sündige Bett« so wichtig wäre für meine Reputation als Künstler und als Kameramann bedeutender Filmautoren, nannte ich mich Michael Alexander und verschwieg lange Zeit dieses Werk in meiner Filmografie. Es war, wie die meisten Filme dieses Genres aus den frühen Siebzigern, ein Film mit viel nackter Haut und ohne echten Sex. Und dass er sehr erotisch wäre, kann man eigentlich auch nicht behaupten, wenn man sich das aufgeregte Hüpfen, Turnen und Springen rund um unser sündiges Bett ansieht. Ich hatte, was vielleicht eine Folge der Forschungsarbeit mit den Studenten an der dffb war, ich hatte den Eindruck, dass die Inszenierung der Erotik etwas war, wofür die, die es taten, zwar eine gewisse Intuition hatten. Aber so richtig wussten sie es gar nicht: wie es geht, wie es aussehen soll; und dass es auch dabei Regeln zu befolgen gibt. Ich habe sehr viel später, als ich wieder Unterricht gab an den Filmhochschulen in München und Berlin, auch Erotik-Seminare abgehalten.

Mit Gregan habe ich später noch einen Film gedreht, auch der kein unsterbliches Meisterwerk – aber irgendwie machte es Freude, mit ihm zu drehen, es war das Gegenteil eines Fassbinder-Drehs, es herrschte ein eher lässiger Professionalismus, und keiner glaubte, es gehe um Leben und Tod. Und wir, die ganze Ballhaus-Familie, hatten damals die schlechte Angewohnheit, dass wir besser leben wollten, als es allein mit den Gagen von künstlerisch ambitionierteren Filmen möglich gewesen wäre. »Das Amulett des Todes« hieß der Film, es war ein Thriller um Schmuggel und Verrat, und weil der Held, den der sehr junge Rutger Hauer spielte, sich vor seiner Gang in der Einsamkeit verstecken muss, kam ich auf die Idee, dass man diese Szenen in Wetzhausen drehen könnte, im alten Schloss, das unbewohnt war. Genau so haben wir es gemacht, auch das sparte Geld, und in Wetzhausen sind sie heute noch so stolz darauf, dass das richtige Kino mal bei ihnen vorbeigeschaut hat; einmal im Jahr führen sie den Film vor und feiern ein Volksfest dazu.

Filme wie dieser waren auch insofern angenehm, als ich, wenn die Dreharbeiten vorbei waren, auch schnell wieder meinen Kopf frei bekam. Ich war nicht tief involviert in anstrengende Seelenkonflikte, und wenn ich zurück nach Berlin kam, dann kam ich eben von einer Dienstreise zurück. Das normale Leben, das Familienleben, konnte sofort beginnen.

Das war bei anderen Filmen anders – und Helga war manchmal sehr froh, dass ich mir inzwischen, zusammen mit meinen Geschwistern, das Schlösschen in Stöckach in Unterfranken, in der Landschaft meiner Jugend, gekauft hatte. Es gab Filme, da hieß es, wenn die Dreharbeiten abgeschlossen waren: Fahr nach Franken, und versuche dort, erst mal runterzukommen, dich abzuregen, zurückzukehren in die sogenannte Wirklichkeit. Bleib dort ein paar Tage, und wenn du wieder normal bist, darfst du zu uns kommen. Und, ich bin nicht deine Scheinwerfer.

7

Fassbinder, die zweite
Wie das junge Kino erwachsen wurde

Es war kompliziert mit Rainer Werner Fassbinder, es blieb kompliziert – und manchmal war, was zwischen uns geschah, so dicht, so verschlungen und verknotet, dass ich heute, Jahrzehnte später, kaum in der Lage bin, sauber zu entwirren, was damals Ursache und was Wirkung war. Es ist, wie wenn man weit entfernte Dinge und Menschen heranholt mit einem Objektiv, das eine extrem lange Brennweite hat. Die Dinge und die Menschen werden sichtbar, aber zugleich verschwinden die Distanzen zwischen ihnen, und man kann nur noch mit Mühe unterscheiden, was näher und was ferner ist. So geht es mir mit vielem, was ich mit Fassbinder erlebt habe, weshalb ich mich für die exakte Chronologie der Ereignisse nicht verbürgen kann.

Es fing, glaube ich, damit an, dass wir über die Fernsehserie »Acht Stunden sind kein Tag« sprachen. Es sollte Fassbinders größtes Projekt werden, fünf Folgen, insgesamt vierhundertsiebzig Minuten Laufzeit; und das Budget, das waren fast eineinhalb Millionen Mark, was für unsere damaligen Verhältnisse eine ganz hübsche Summe war. Wir hatten drei Filme miteinander gemacht, und Fassbinder fragte mich, ob ich auch bei diesem Projekt dabei sein wollte.

Ja klar, sagte ich. Fassbinder sagte: Gut. Und dann fügte ich dazu, dass es doch schön wäre, wenn Helga auch eine kleine

Rolle bekäme. Die Dreharbeiten würden ganz schön lang dauern, und ich wäre froh, meine Frau in der Nähe zu haben.

Ist das deine Bedingung?, fragte Fassbinder.

Nein, das ist keine Bedingung. Alles, was ich sagen will, ist, dass es mir eine Freude wäre.

Na ja, knurrte Fassbinder, dann lassen wir es diesmal.

So war er eben, ich verstand das nicht ganz, aber ich hatte auch keine Lust, ihn zu bitten um diesen Job, und so drehte er die ganze Serie mit Dietrich Lohmann, mit dem er schon seine ersten Filme gedreht hatte.

Ich weiß nicht mehr, was mich antrieb, als ich, wenig später, zu Fassbinder ging und ihn fragte, ob ich ihm mit der Kamera beim Arbeiten zuschauen dürfe. Es war nicht so, dass ich nicht losgekommen wäre von ihm. Es war wohl eher das gegenteilige Motiv: Ich wollte diesen Prozess, den ganzen Wahnsinn der Dreharbeiten, der mich sonst so involvierte und hineinzog, einmal von außen betrachten. Und außerdem fand ich es interessant, mal etwas anderes zu tun: mal den Ereignissen beim Geschehen zuzusehen, ganz ohne Drehbuch und Plot. Es waren ja kaum drei Jahre vergangen, seit wir an der dffb uns mit dieser Art zu filmen auseinandergesetzt hatten. Beim Westdeutschen Rundfunk sagten sie, sie seien interessiert, sie könnten mir ein Budget von dreißigtausend Mark bewilligen, wenn irgendjemand für die Summe bürgte. Und dann war es Fassbinder selbst, der sich als Bürge zur Verfügung stellte. Er wollte, so kam es mir anfangs jedenfalls vor, dieses Filmporträt seiner selbst unbedingt; sein nächster Film hieß »Der amerikanische Soldat«, und wieder war Lohmann an der Kamera.

Es war Fassbinders Hommage an den Film noir der Fünfziger, schwarz-weiß gedreht und melancholisch inszeniert, die Geschichte eines deutschstämmigen Amerikaners, der aus Vietnam nach Deutschland kommt und hier zum Auftragskiller wird. Fassbinder drehte zwei, drei Tage in Berlin-Tempelhof, am vierten Tag fand er, dass alles falsch sei, die Besetzung, der Drehort, alles wertlos, was bislang gedreht war – und das Team zog um nach München, wo Fassbinder nochmal von vorne anfing. Natürlich wurde ich mit hineingezogen in den typischen Fassbinder-Sog – als eine schöne dunkle Szene in einer Bar gedreht werden sollte, mit Ingrid Caven als Sängerin, befahl mir Fassbinder, meine Kamera wegzulegen und mich hinter die Bar zu stellen. Ich war plötzlich engagiert als der Barkeeper, der zum Glück nicht viel sagen musste in diesem Film, der ohnehin nicht gerade geschwätzig ist. Ich bin verheiratet, sagt Ingrid Caven in dieser Szene zum amerikanischen Soldaten, glücklich sogar. Mit ihm. Gemeint war ich, und ich musste so schauen, als ob es gleich ein paar aufs Maul gäbe, wenn der Soldat die Frau nicht sofort in Ruhe ließe.

Ich fand mich, als ich den fertigen Film dann sah, nicht übel, bisschen steif vielleicht, aber der dunkle Bart, den ich damals trug, sah nicht schlecht aus. Die ganze Truppe hatte damals ein Haus auf dem Land, irgendwo in Oberbayern, genauer weiß ich es nicht mehr, und ausgerechnet ich, der ich bei den Dreharbeiten immer Abstand gehalten hatte, war jetzt eingeladen, dort zu wohnen, was meinem Film nur guttun würde, denn so bekam ich Bilder, die mit dem Film, den sie gerade drehten, gar nichts zu tun hatten, auf den ersten Blick zumindest. Eines Tages, mitten während der Dreharbeiten, machte Fassbinder einen Heiratsantrag, und er machte ihn nicht Irm Hermann, der er schon 1968 versprochen hatte, dass er sie heiraten werde, wenn er alt genug dafür sei; nein, er fragte Ingrid Caven, ob sie ihn heiraten wolle (ich, der als ihr Film-Ehemann sie gerade noch vor dem amerikanischen Soldaten bewahrt hatte, hatte nichts dagegen), und sie sagte ja. Und ich bekam Bilder vom

Standesamt und von der Feier, draußen auf dem Land, und alle hatten ein Vergnügen daran, bis auf Irm Hermann, die nicht verstehen wollte, was da geschah.

Aber Fassbinder, der mir gerade noch alle Türen weit aufgehalten hatte, stand eines Morgens am Set und sagte in seinem unvergleichlich verknatschten Münchnerisch: Du, also ich will jetzt nicht mehr, dass du beim Drehen dabei bist. Das stört, verstehst du?

Einen Moment lang war ich sauer und enttäuscht, einen weiteren Moment lang dachte ich darüber nach, ob ich das Projekt abbrechen sollte, es war ja Fassbinder, der für die dreißigtausend Mark gebürgt hatte. Aber dann habe ich einfach alle, die mitspielten oder im Team waren, vor die Kamera geholt, und alle haben etwas Interessantes gesagt. Der Film war gut genug für den WDR, der ihn bald gesendet hat. Und Fassbinder, glaube ich, mochte es, wie er sich darin porträtiert fand. Und das, obwohl sich einige getraut hatten, den Meister zu kritisieren: Peter Berling natürlich, der mir einmal erzählt hat, er habe nur ein einziges Mal Angst vor Fassbinder gehabt und dann nie wieder. Und dieses eine Mal, das sei bei den Dreharbeiten zu Fassbinders allererstem Film gewesen, »Liebe ist kälter als der Tod«, in welchem Berling einen Waffenhändler spielte, der Ulli Lommel ein Gewehr verkauft, und Lommel probiert es gleich aus, indem er Berling erschießt. In diesem Moment, so hat Berling später erzählt, habe er gefürchtet, die Waffe sei mit echter Munition geladen, was wohl daran lag, dass er, Berling, Fassbinder zum ersten Mal begegnet sei, als er gerade im Bett von dessen damaliger Verlobter lag.

Auch Peer Raben, der die Musik für fast alle Fassbinder-Filme komponiert hat, traute sich, Kritik zu formulieren, und natürlich wurde der kleine Film besser, schärfer, plastischer dadurch, dass nicht alle bloß das junge Genie bejubelten.

Und es war ja nicht so, dass ein ehrlicher Umgang nicht möglich war. Wir hatten, wenn es um die Auflösung einer Szene, das Licht, die Bewegungen der Kamera ging, längst eine Form der Verständigung gefunden, in der es nicht mehr darum ging, wer recht behielt oder der Stärkere war, sondern wie es am besten war. Meistens ging ich mit Kurt Raab, der nach wie vor die Filme ausstattete, auf Motivsuche, und erst wenn wir etwas gefunden hatten, kam Fassbinder dazu. Er fragte Raab, wie er sich die Szene vorstelle, er fragte mich, wie ich sie auflösen würde, er machte seine eigenen Vorschläge – und seine Stärke, glaube ich, zeigte sich darin, dass er immer mal wieder das Unmögliche wollte. Wie produktiv das war, habe ich, mehr als bei den meisten anderen Filmen, beim Dreh von »Martha« erfahren, den ich noch heute zu Fassbinders besten Filmen zähle. Es ging darin um die Geschichte einer Frau, die sich in einen Mann verliebt, ihn heiratet, und ganz langsam und subtil fängt der Mann damit an, diese Ehe in ein Gefängnis zu verwandeln. Fassbinder besetzte diese Rolle mit der hageren, androgynen, selbstbewussten Margit Carstensen, was den Konflikt viel schärfer und spannender machte, als er gewesen wäre, wenn er eine weichere, weiblichere Schauspielerin engagiert hätte. Und den Mann, diese fast schon krankhaft böse, eifersüchtige und fast wahnsinnige Rolle, besetzte Fassbinder mit Karlheinz Böhm, dem man, auf den ersten Blick zumindest, noch nicht einmal einen bösen Gedanken zutraute und schon gar keine böse Tat. Karlheinz Böhm war damals in Deutschland jedem Kind bekannt, weil die »Sissi«-Filme, in denen er den jungen Kaiser Franz-Joseph gespielt hatte, noch immer allen im Gedächtnis waren; zudem wurden sie ja, mindestens einmal jährlich, im Fernsehen wiederholt. Andererseits war das eben fünfzehn Jahre her, und so richtig war seine Karriere seither nicht in Schwung gekommen. Er war nach Hollywood gegangen und hatte dort doch keine guten Rollen bekommen, er hatte mit Vincente Minnelli und Michael Powell gedreht und war sich für »Schloß Hubertus« nicht zu schade gewesen, und dass Fassbinder ihn, der doch anscheinend Opas Kino perfekt repräsentierte, für seine Filme wiederentdeckte, war allein schon eine Heldentat. Der sanfte Böhm als Täter, die herbe Carstensen als Opfer, das war verrückt und funktionierte hundertprozentig.

Der Film fing mit Margit Carstensen an, und dann kam die Szene, in der sie und Böhm einander zum ersten Mal sehen, und Fassbinder sagte: Ich möchte, dass der Zuschauer sofort sieht, dass mit diesen beiden etwas passiert. Was würdest du da tun?

Ich schlug vor, einmal im Halbkreis um sie herumzufahren. Und Fassbinder fragte nur: Warum fährst du keinen ganzen Kreis?

Es war aber abschüssiges Gelände, auf dem wir drehten, ich sagte, da müsste Böhm dann einen großen Schritt machen, über die Schienen hinweg, und Fassbinder sagte, das bekomme er schon hin, dass man das nicht sieht.

Ich bin im Kreis gefahren, habe dabei noch, wenn die beiden einander ganz nah sind, zu ihnen hingezoomt und danach wieder weg, es ist, glaube ich, immer noch ein magischer Moment, eine Szene, die den Zuschauer irritiert und involviert zugleich – und nur wenn man weiß, was unser Problem dabei war, dann sieht man auch, dass Karlheinz Böhm einen Schritt über die Schienen macht.

Wir waren beide glücklich, als wir die Muster sahen, es entsprach genau seinem Stil, und es war genau das, was ich mir unter einer bewegten Kamera vorstellte, wir nannten diese Kreisfahrt nur noch »Dreihundertsechzig«, und es gab Filme, da haben wir ein bisschen zu viel mit dieser Kreisfahrt gespielt.

»Martha« war ein böser und grausamer Film, es wirkt noch heute schockierend, wenn der sanfte und ungeheuer höfliche Böhm zum Monster und zu Margit Carstensens Peiniger wird, und anscheinend war das, was da inszeniert wurde, allen Beteiligten genug Psychoterror; ich kann mich jedenfalls daran erinnern, dass ausgerechnet diese Dreharbeiten eher heiter, freundlich, kameradschaftlich waren. Und dass für mich diese Dreharbeiten besonders anstrengend waren, bekamen die anderen kaum mit. Fassbinder und ich hatten uns nämlich überlegt, dass diese monströse Story besonders realistisch wirken würde, wenn die Kamera sich alle Tricks versagte. Keine Weitwinkelobjektive, keine Objektive mit besonders langer Brennweite, wir drehten den ganzen Film mit einem Sechzehn-Millimeter-Objektiv; das entspricht, wenn man mit Sechzehn-Millimeter-Filmmaterial dreht, der Brennweite des menschlichen Auges. Und wir drehten mit sechzehn Milli-

Mit Margit Carstensen am Set von »Martha«

metern, weil »Martha« eigentlich eine Fernsehproduktion war. Ich habe nie jemanden getroffen, der mich darauf angesprochen hätte, keiner hat bemerkt, dass das der Trick war: Keine Tricks, um diese ungeheure Intensität zu erzeugen. Aber beim Drehen warf das natürlich Probleme auf – ich konnte nicht sagen, der Raum ist eng, da nehme ich eine kleinere Linse und habe trotzdem alle im Bild. Ich musste schwenken, fahren, die Personen umkreisen, was nicht ganz leicht ist, wenn man an Originalschauplätzen dreht.

Die Kreisfahrten haben wir übertrieben, so wie wir eigentlich alles übertrieben haben beim »Chinesischen Roulette«, einem Film, den ich heute einen Schmarren nennen würde. Fassbinder hatte eine Idee, die sich nicht schlecht anhörte: Ein Ehepaar, beide verlassen die Stadt, sie sagt, sie fahre nach Süden, er sagt, er fahre nach Norden. Und dann treffen sie sich wieder auf dem Landsitz der Familie, und jeder der beiden hat den Geliebten, die Geliebte dabei. Ich fand das interessant, und als Fassbinder fragte, wo man das drehen könnte, erzählte ich ihm von dem Haus in Stöckach, das ich mir mit den Geschwistern zusammen gekauft hatte. Keiner hatte da seinen Hauptwohnsitz, keiner würde etwas dagegen haben, wenn wir den Film dort drehten. Und Fassbinder sagte nur: Einverstanden. Dann fahr ich nach Paris und schreibe ein Drehbuch.

Er fuhr gern nach Paris zum Drehbuchschreiben, es war immer wieder so, dass er einen Bundesfilmpreis gewann, und der Gewinn, das war die Bedingung, musste in den nächsten Film investiert werden, und dann fuhr Fassbinder nach Paris und schrieb schnell seinen nächsten Film.

Vielleicht, so genau kann ich das heute nicht mehr sagen, vielleicht war aber auch erst das Geld da, und dann sprachen wir über ein paar Schauspieler und über den Ort, an dem wir drehen wollten. Und dann erst dachte sich Fassbinder dazu die Story aus. Es ging extrem schnell, in der Erinnerung überlappen sich die Ereignisse.

Kurt Raab hatte, wie immer, den Auftrag, den Film auszustatten, und bis dahin hatte Raabs leicht exzentrischer Geschmack den Filmen Fassbinders immer ganz gutgetan. Aber diesmal kam er aus München mit einem Lastwagen voller Sperrmüll, es waren genau die falschen Möbel für Fassbinders Geschichte, die ja unter reicheren Menschen in einem Schloss spielte. Und dann schaute Fassbinder mich an, ich zuckte nur die Achseln, und zu Kurt Raab sagte er: Ja spinnst jetzt, Kurti. Das ist ja fürchterlich, was soll denn das für ein Film sein, den man mit solchen Möbeln ausstatten kann?

Kurt Raab schmollte. Er rollte sich in einen Teppich ein und wollte mit der Ausstattung dieses Films nichts mehr zu tun haben.

Und das war der Moment, in dem Fassbinder zu Helga sagte: Du machst das jetzt!

Wie, ich mach das jetzt? Was mach ich jetzt?, fragte sie.

Du machst die Ausstattung für den Film.

So ging es noch immer zu bei Fassbinder, auch wenn sich sein Stil längst professionalisiert hatte. Er hatte mit Helga über einen Maler gesprochen, und dass sie ihn kannte, hatte als Qualifikation fast schon gereicht. Er wollte ein Bild dieses Malers im Film haben, und Helga fuhr nach München und besorgte es ihm. Und fortan gehörte auch Helga zu den Leuten, die für Fassbinder die Ausstattung machten.

Ich hatte mich ein bisschen gefürchtet vor den Dreharbeiten. Ich kannte Fassbinders Angewohnheiten, ich wusste, dass er spätestens nach zwei, drei Abenden hinausmusste, in irgendeine Schwulenbar. Wir waren aber auf dem Land, und die nächste Stadt war Schweinfurt, zwanzig Kilometer entfernt, und wenn es dort eine Schwulenbar gibt, dann war es bestimmt nicht die, die Fassbinders Ansprüchen genügte.

Er wollte aber gar nicht weg. Er hatte seinen Freund mitgebracht, Armin Meier, einen Metzgergesellen aus Niederbayern. Meier war ein einfacher und sehr liebenswürdiger Mann, ich mochte ihn sehr, und weil es bei den Dreharbeiten wenig für ihn zu tun gab (eine winzige Rolle hatte er), sorgte Meier dafür, dass abends, nach Drehschluss, sich alle wohlfühlten. Er kochte für die Schauspieler und das Team, und dann aßen alle zusammen in der Küche, die groß genug für zwanzig Leute war. Das Essen schmeckte, und die Stimmung war angenehm.

Fassbinder fühlte sich wie der Patriarch, das merkte man ihm an. Er hatte alle um sich, er war unumstritten der Chef, das gefiel ihm so gut, dass er gar keine Sehnsucht nach der nächsten Stadt und der nächsten Schwulenbar hatte. Armin Meier ging völlig in der Rolle der Hausfrau auf; als Fassbinder später das Interesse an ihm verlor, fand er nicht mehr in sein altes Leben zurück und nahm, in Fassbinders Wohnung in der Reichenbachstraße, so viele Tabletten, dass er das nicht überlebte.

Abends, nach dem Essen, spielten wir, was im Film die Personen spielen: Chinesisches Roulette. Das ging so, dass wir uns in zwei Gruppen teilten, eine Gruppe einigte sich auf eine Person aus der anderen Gruppe, und deren Mitglieder mussten durch ihre Fragen herausbekommen, wer gemeint war. Ein Beispiel aus dem Film geht so: »Was wäre diese Person im ›Dritten Reich‹ gewesen?« – »KZ-Leiterin in Bergen-Belsen.« Eine Wahrheits- und Grausamkeitsmaschine kann dieses Spiel also sein; bei uns, im echten Leben, ging es nicht ganz so heftig zu, aber der reine Spaß war es nicht.

Damit wir uns nicht gar zu gut erholten da draußen auf dem Land, arbeiteten fast alle von uns sieben Tage die Woche.

Gleich um die Ecke nämlich, im Schloss Maßbach, drehte Ulli Lommel seine absurde Komödie »Adolf und Marlene«, und weil Lommel auf die Unterstützung durch Fassbinder und sein Team angewiesen war, hatten die beiden, Lommel und Fassbinder, sich auf den folgenden Zeitplan geeinigt: Von Montag bis Freitag wurde »Chinesisches Roulette« gedreht, mit Margit Carstensen als untreuer Frau, Ulli Lommel als ihrem Geliebten, und mit dem Regisseur Rainer Werner Fassbinder. Samstags und sonntags zogen wir dann um, ins fünfzehn Kilometer entfernte Maßbach, wo Margit Carstensen die Marlene Dietrich spielte, Ulli Lommel der Regisseur war, und Kurt Raab spielte Adolf Hitler, der hier unbedingt Marlene Dietrich heimholen will ins Reich, was ihm aber nicht gelingt. Ich war in beiden Filmen an der Kamera, und natürlich war es die größere Freude und Herausforderung, mit Fassbinder zu arbeiten, der diesmal überhaupt keine Ruhe gab. Er wollte Kreise, er wollte Spiegelungen, wir hatten beide die Ambition, dass es eher die Kamera als der Dialog sein sollte, was die komplizierten Beziehungen zwischen diesen Menschen definiert und beschreibt. Manchmal gingen wir so weit, dass wir erst die Schienen verlegten, die Lampen platzierten, uns einigten auf die Bewegung und die Stimmung der Kamera, und dann erst sagte Fassbinder den Schauspielern, wie sie sich zu dieser Kamera verhalten sollten. Es kam mir manchmal so vor, als wäre das, was ich einst bei Ophüls gesehen hatte, endlich in meine Reichweite gekommen, auch wenn wir immer noch mit einem relativ kleinen Budget auskommen mussten. Und dass mir die ganze Story mit dem Paar, den Geliebten und der behinderten Tochter, die schließlich auch noch auftritt und alle Konflikte kulminieren lässt, dass mir diese Story ein bisschen hohl und völlig lebensfern erschien, das merkte ich erst, als ich den fertigen Film sah. Ich liebe seinen Stil, ich mag die

Geschichte überhaupt nicht – aber vielleicht täusche ich mich ja. Die klügeren deutschen Kritiker lobten den Film, manche Amerikaner und Franzosen waren ganz aus dem Häuschen. Andrew Sarris, damals der sehr berühmte Filmkritiker der New Yorker »Village Voice«, hielt ein komplettes Uni-Seminar ab, nur über die Bedeutungsschichten dieses Films.

Was die ganze Freude störte, war nur der Umstand, dass Fassbinder nicht fair zu Helga war. Sie hatte sich ja nicht beworben um den Ausstattungsjob, er hatte sie gebeten, und alle sagten, sie habe ihre Sache gut gemacht. Aber dann kam der Drehtag, da Fassbinder unbedingt durchsichtige Möbel brauchte, Stühle und einen Tisch aus Plexiglas. Es fand sich ein Mann, der solche Möbel für uns baute, und Fassbinder fand ihn scharf. Und so wurde auch dieser Mann als Ausstatter beschäftigt, und am Ende bekam er einen Credit, und Helga bekam keinen.

Das waren die Geschichten, die uns schließlich auseinandertrieben, und es gibt Momente, da erinnere ich mich an Rainer Werner Fassbinder, und ich sehe einen Menschen vor mir stehen, so schwer gestört, so unfähig zu normalen menschlichen Beziehungen, dass ich mich frage, wie ich es ausgehalten habe, mit diesem Verrückten ganze sechzehn Filme zu drehen. Und es gibt andere Momente, da steht mir das Glück dieser Arbeit richtig vor Augen – wenn ich mich zum Beispiel an »Welt am Draht« erinnere, vor dem »Chinesischen Roulette« gedreht; ein Film, eigentlich ein Fernsehspiel in zwei Teilen, das schon deshalb ein Vergnügen war, weil es einmal nicht um die Dämonen des Rainer Werner Fassbinder ging. Es ging um die Dämonen des Computerzeitalters. Es war die Verfilmung eines Science-Fiction-Romans von Daniel Galouye. »Simulacron 3« hieß das Buch, und die Handlung erzählte, knapp zusammengefasst, davon, dass Menschen am Computer die Simulation einer

Welt herstellen, deren Bewohner aber glauben, sie lebten in der wirklichen Welt. Und dann entdecken die Bewohner der wirklichen Welt, dass auch diese nur eine Computersimulation ist. Von heute aus betrachtet ist das ein visionärer Film, er nahm, mehr als fünfundzwanzig Jahre vorher, schon die Paranoia der »Matrix« vorweg, und die Begründung für den Bau dieses Simulationscomputers, dass man nämlich anhand eines solchen Modells wunderbar Marktforschung betreiben und soziale Strukturen und Mechanismen studieren könne, klingt heute ja absolut zeitgemäß. An diesen Modellen wird überall in der westlichen Welt gearbeitet.

Das Buch erzählte von der Zukunft, unser Film sollte in der Gegenwart spielen, allerdings war das eine ganz besondere Gegenwart, sie sah gut aus, aber auch seltsam und verstörend. Vincente Minnelli hat einmal über seinen wunderbaren Film »Some Came Running« gesagt, er solle aussehen wie das Innere einer Jukebox. Unser Film sollte so aussehen wie das Innere eines Computers. Er war absolut modern ausgestattet, mit den neuesten Möbeln, in den zeitgemäßen Farben. Es war nicht die Zukunft, was wir da zeigten, es war eine Gegenwart ohne jede Spur der Vergangenheit. Kein altes Haus, kein altes Bild, keine Antiquität, nichts, was der Szenerie eine historische Dimension gegeben hätte. Und die Kamera fing überall die Lichter und die Spiegelungen auf, und so sah es aus, als ob wirkliche Menschen sich durch künstliche Landschaften bewegten, was, wie ich auch heute noch finde, wesentlich wirksamer und irritierender war, als es die computergenerierten Sets sind, die unbedingt echt aussehen sollen. Echte Räume künstlich erscheinen zu lassen, das war viel origineller, und dass das alles zugleich so ungeheuer schick und schön und modern aussah, war ein Teil des Vergnügens an dieser Arbeit. Fassbinder hatte sehr sinnliche Schauspieler für die Hauptrollen engagiert, Klaus

Löwitsch zum Beispiel, noch so ein Held von Papas Kino, der erst bei Fassbinder zu seiner eigentlichen Form fand; die schöne, eigensinnige Mascha Rabben; und Barbara Valentin, deren Präsenz allein schon den Verdacht zu dementieren schien, dass die Leute in diesem Film gar keine echten Menschen seien, sondern nur die Simulationen eines Supercomputers. Ich mochte den Film damals schon, ich bin noch heute stolz auf »Welt am Draht«, und als 1999 in Hollywood der deutsche Regisseur Josef Rusnak den Roman von Galouye noch einmal verfilmte, »The Thirteenth Floor« hieß diese Variante, da wirkten Helga und ich als Executive Producers mit.

Wir drehten in Paris, und weil das Projekt zu groß war, als dass Fassbinder es allein mit seiner Gang, seiner Ersatzfamilie, hätte bewältigen können, war es ihm umso wichtiger, dass er jeden Abend seine Freunde und engsten Mitarbeiter um sich hatte, und ich fühlte mich geschmeichelt, dass ich dazugehörte, auch wenn es ziemlich anstrengend war. Jeden Abend gingen wir essen, danach vielleicht noch in einen Club, und weil der Kameramann einer der Ersten ist, die morgens am Set erscheinen sollten, stand ich täglich um sechs Uhr auf, nach vier, höchstens fünf Stunden Schlaf. Ich genoss die Zeit in Paris, aber ich war erleichtert, dass wir zu weiteren Dreharbeiten nach Köln umziehen würden. Fassbinder fragte mich noch in Paris, ob ich nicht Lust hätte, mir dann am Theater in Bochum seine Inszenierung von Heinrich Manns »Bibi« anzuschauen. Ich sagte, ja, im Prinzip schon – aber wenn es jetzt, wegen des Karnevals, in Köln drei, vier freie Tage gebe, wolle ich lieber nach Berlin fahren und Helga und die Kinder sehen.

Fassbinder sagte gar nichts, er ging einfach weg, und wenig später kam der Produktionsleiter und teilte mir mit, dass ich in Paris bleiben müsse, es gäbe noch ein paar Second Unit-Einstellungen zu drehen. Gerade noch war Fassbinder mein

Bei der Arbeit an »Despair« mit Rainer Werner Fassbinder

bester Freund gewesen, jetzt gefiel es ihm, mich zu schikanieren, und ich konnte auch nicht einfach nein sagen; laut Vertrag war ich zu so einem Nachdreh verpflichtet. Ich rief Helga an und erzählte, was geschehen war. Sie meinte, dieser Fassbinder spinne eben, ich stimmte ihr zu. Ich blieb also wütend in Paris. Als ich drei Tage später der Produktion nach Köln folgte und mein Zimmer im Hotel bezog, stand da eine Flasche Champagner, daneben lag ein sehr schöner Bildband, und ein Brief lag auch auf dem Tisch: Wir gehen heute Abend essen, in ein wunderbares Lokal, ich lade Dich ein. Rainer.

So war er, ein großer, eifersüchtiger Liebender. Und ein Meister der Manipulation. Natürlich ging ich essen mit ihm.

Und natürlich arbeitete ich weiter mit ihm, und wenn ich mit Helga zusammensaß und wir uns fragten, wie lange wir das Monster noch ertragen würden, dann musste ich mir nur vor Augen führen, dass das Monster der aufregendste Regisseur dieser Jahre war; in Deutschland jedenfalls. (Der andere Regisseur war Wim Wenders, und der hatte seinen Kameramann.)

Sehr bedauert habe ich es, dass ich bei »Effi Briest«, Fassbinders Fontane-Verfilmung, nicht dabei sein konnte, bei der Dietrich Lohmann und Jürgen Jürges hinter der Kamera gestanden hatten. Als ich den sah, war ich begeistert von Fassbinders Inszenierung. Und dachte zugleich: Da hätte ich gern Kamera geführt.

Wir drehten zusammen »Faustrecht der Freiheit«, einen Film, den viele nicht kennen und den die meisten unterschätzen – was möglicherweise am Sujet liegt, das aber viele falsch verstanden haben. Es ist die Geschichte eines Strichers, der von seinen homosexuellen Freunden aus den besseren Kreisen brutal ausgebeutet wird, und natürlich hört sich das so an, als ob man diesen Film nicht so dringend sehen muss, wenn man nicht selber homosexuell ist.

Der Film ist aber ein sehr schönes und sehr wirksames Melodram, man muss nicht homosexuell sein, um sich berühren zu lassen von dieser Figur, die, wie der Held in Alfred Döblins »Berlin Alexanderplatz«, Franz Biberkopf heißt, diesem Mann aus der Unterschicht, der eine halbe Million Mark im Lotto gewinnt und sich in einen reichen Schnösel verliebt, was irgendwann sein Untergang sein wird.

Fassbinder spielte selber den Franz Biberkopf, er war gut, er hatte Vergnügen daran, den Proll zu spielen, den selbstbewussten Unterschichtler, der die reichen und kultivierten Angeber herausfordert und am Schluss doch an ihnen scheitert. Das bedeutete für mich vor allem, dass ich beim Drehen eine größere Freiheit hatte. Wenn Fassbinder spielte, dann konnte er eben nicht zugleich von außen das Spiel betrachten und die Ergebnisse bewerten. Er fragte mich dauernd, ob die Szene gut geworden sei, und selten zuvor und danach war er bereit, sich so offene Kritik anzuhören.

Manchmal kam sein alter missionarischer Eifer zurück. Als ich mit der Kamera in ein Schlammbad steigen musste, um eine Szene mit ihm und Karlheinz Böhm zu drehen – Böhm spielte den reichen Mann, der ihn ausnutzt –, forderte er mich auf, die Badehose auszuziehen. Und mich endlich auch persönlich einzulassen aufs Thema des Films. Dabei ging es um Sex eigentlich nur nebenbei. Es ging um Liebe und Macht, es ging darum, wie einer seiner Schicht entkommen will, und als er merkt, dass es weiter oben nicht besser ist, findet er nicht mehr zurück. Es gibt Leute, die erzählen, Fassbinder habe sich diesen Film immer wieder selber angeschaut. Und meistens habe er dabei geweint. Ich will das gerne glauben. Der Mann, den Fassbinder da spielt, das war genau der Typ, in den sich Fassbinder immer wieder verliebte. Und sein Schicksal nimmt gewissermaßen schon vorweg, was ein paar Jahre später mit Armin Meier geschah. Fassbinder, wenn er sich in diesem Film zuschaute, war in sich selbst verliebt, und er weinte um sich selber – und fassbinderhafter kann eine Situation gar nicht sein als diese.

Ich habe geweint, als ich »Despair« sah, nicht weil ich die endgültige Fassung so ergreifend fand, sondern weil der Film zerstört war nach all den Schnitten, die der Verleiher verlangt hatte. Drei Stunden lang war unsere Fassung gewesen, und dann hieß es, solange er länger als zweieinhalb Stunden sei, werde man ihn nicht in die Kinos bringen. Und Fassbinder ging mit Kokain in den Schneideraum und kürzte, wütend und verzweifelt über die Forderung des Verleihers, den Film um eine halbe Stunde, und als ich das Ergebnis sah, dachte ich nur: Der Charme ist weg, das Geheimnis ist verschwunden, es ist nichts mehr übrig von all dem, was uns beim Drehen so wichtig war.

Jahre später habe ich »Despair« wiedergesehen, in München, in einer restaurierten Fassung, die aber dieselben Schnitte hatte, und ich ertappte mich dabei, dass ich fasziniert war von den Bildern, von der Bewegung, dem ganzen Stil. Dass mich die eigentliche Story aber merkwürdig kaltließ, lag wohl an all dem, was fehlte, dem vielen Material, das wir umsonst gedreht hatten.

Dabei herrschten beim Drehen, wie ich es jedenfalls empfand, paradiesische Verhältnisse. Wir hatten Geld, sechs Millionen, was damals für einen deutschen Film eine schöne, große Summe war. Wir hatten Zeit, mehr als vierzig Tage. Wir hatten als Ausstatter den Filmarchitekten der Bavaria, Rolf Zehetbauer, der ein paar Jahre zuvor für »Cabaret« einen Oscar gewonnen hatte. Wir hatten Dirk Bogarde und Andréa Ferréol, zwei internationale Stars. Und wir hatten eine Geschichte, die ich anfangs faszinierend fand, ein Drehbuch des berühmten englischen Dramatikers Tom Stoppard, das auf Vladimir Nabokovs Roman »Verzweiflung« beruhte. Es war die Geschichte eines Mannes, den es, im Berlin der frühen dreißiger Jahre, nicht in seinem eigenen Körper hält. Erst glaubt er nur, er könne im Bett mit seiner Frau liegen und sich gleichzeitig von einem Sessel aus dabei zuschauen. Bald darauf hält er einen Mann, der ihm überhaupt nicht ähnlich sieht, für seinen Doppelgänger. Dann begeht er einen Mord, um seinen seelischen Verstrickungen zu entfliehen. Und schließlich geht er unter. Das war eigentlich ein Spiel der Blicke, ein Film, in dem ein Mann sich selbst betrachtet und etwas anderes sieht als alle anderen, und das alles in den wunderbaren Kulissen von Rolf Zehetbauer, Art déco, überall spiegelnde oder halb durchsichtige Oberflächen, und wir beide, Fassbinder und ich, hatten uns beim Drehen einen Rhythmus vorgestellt, von dem nichts übrig war in der geschnittenen Fassung. Ich weiß nicht, ob es am Koks lag oder ob es einfach nicht möglich war, den Film so stark zu kürzen und dabei doch seine Stimmung, seinen Geist zu erhalten. Ich fand das Ergebnis jedenfalls niederschmetternd.

Es gab, bald darauf, die Nacht, in der auch ich einmal Koks geschnupft habe – und wenn ich jetzt davon zu erzählen versuche, ist das eigentlich ein Widerspruch in sich, weil Fassbinder und ich eben in jener Nacht all das taten, was später dann die Erinnerung verzerrt und verwirrt. Wir hatten in seiner Wohnung gedreht, in München, in der Reichenbachstraße, es war Fassbinders extrem subjektiver Beitrag zu dem Film »Deutschland im Herbst«, und was dann im Film wie improvisiert aussah, so, als hätte Fassbinder einfach die Dinge getan, die er eben tun musste, und ich hätte die Kamera daraufgehalten, das war in Wirklichkeit genauso exakt inszeniert, wie es seine Spielfilme waren: Fassbinder, hocherregt und erschüttert vom Tod Ulrike Meinhofs, Andreas Baaders und Jan-Carl Raspes in Stammheim. Fassbinder, wie er seinen Schock, seine Wut an dem armen Armin Meier auslässt. Fassbinder, wie er nackt im Flur sitzt und mit Ingrid Caven in Paris telefoniert und sich dabei dauernd zwischen die Beine fasst. Fassbinder, wie er seine Mutter mehr verhört, als dass er mit ihr diskutiert.

Das war alles inszeniert, nur die Erregung war echt. Es war der Herbst 1977, es waren die Tage, nachdem der Arbeitgeberpräsident Hanns Martin Schleyer von der RAF ermordet worden war; die Tage, nachdem die entführte Lufthansa-Maschine »Landshut« von der GSG 9 gestürmt worden war; die Tage nach dem Selbstmord von Meinhof, Baader, Raspe. Es waren die Tage, in denen Linke und Intellektuelle sich mit dem Verdacht, sie alle seien Sympathisanten des Terrors, konfrontiert sahen, und Fassbinder, der schon vom vielen Koksen einen leichten

Hang zur Paranoia hatte, glaubte in diesen Tagen wirklich, wenn es an der Tür klingelte, könnte das die Polizei sein, die gekommen sei, ihn zu verhaften.

Wir blieben, nachdem wir die Szene gedreht hatten, einfach sitzen in Fassbinders Wohnung, er schenkte mir Whisky ein und gestand, dass er Angst vor dem Alleinsein hatte. Bleib doch, sagte er, und ich blieb, viel zu lange, drei, vier große Gläser Whisky lang, und es war einer der wenigen Momente, in denen wir nicht übers Filmen, sondern über das Leben sprachen. Er wollte wissen, wie es Helga gehe, und es klang, als mochte er sie gern. Er wollte wissen, mit welchen der schönen Schauspielerinnen ich ins Bett gegangen sei, und er war mit meiner Antwort nicht zufrieden. Er sah in der bürgerlichen Ehe, mit all ihren Treueversprechen und dem Zwang zur Monogamie, nur ein Unterdrückungsinstrument, und er empfahl mir mal wieder, endlich schwul zu werden: Du bist eine verdeckte Tucke, das spüre ich doch genau.

Die Wohnung war ganz in Brauntönen eingerichtet, die Wände, die Vorhänge, die Sessel, alles war braun oder ockerfarben, ich fühlte mich, nach dem zweiten oder dritten Glas, als säße ich im Innern einer großen Flasche Whisky, und vermutlich ergäbe das, was wir dann noch besprochen haben, aufgezeichnet und nüchtern abgehört, wenig Sinn. Aber in dieser Nacht glaubte ich zu verstehen, was er sagte, als er vom Tod sprach, als er immer wieder andeutete, dass er sich selbst nicht mehr als noch ein paar Jahre gebe. Er war zweiunddreißig, er sah, mit seinem ungepflegten Bart, dem leicht aufgedunsenen Gesicht und den müden Augen, mindestens zehn Jahre älter aus, und ich wusste damals so wenig, wie ich es heute weiß, ob das eine sich selbst erfüllende Prophezeiung war oder die nüchterne Einsicht, dass das Leben, wie er es führte, nicht mehr ewig so weitergehen würde.

Zwischendurch zog Fassbinder immer wieder eine Linie hoch, zwei-, dreimal bot er mir etwas an, und ich lehnte ab, und als es Morgen wurde, sah ich, dass ich zwei, drei Whiskys zu viel getrunken hatte. Ich nahm sein nächstes Angebot an, ich fühlte mich augenblicklich klar und wach und konzentriert im Kopf. Und ich merkte, dass es Zeit zu gehen war. Ich stieg ins Auto, um nach Schwabing zu fahren, wo ich, für die Dauer der Dreharbeiten, in der Wohnung von Tankred Dorst und Ursula Ehler untergekommen war. Die Polizei war auch schon wach, die Polizei war streng in diesen Tagen, und als sie mich anhielten, musste ich nach meinen Papieren nicht erst in den Jackentaschen kramen. Ich wusste, ich hatte sie nicht dabei.

Das Koks machte mich gesprächig, nicht paranoid, ich erzählte den Polizisten, dass ich von der Arbeit komme, ja, das sei ungewöhnlich um diese Zeit, aber sie arbeiteten ja auch. Und nachdem sie über Funk geklärt hatten, dass es tatsächlich einen Michael Ballhaus gab und dass gegen den nichts vorlag, ließen sie mich fahren und wünschten eine gute Nacht. Dass ich viel zu viel Whisky getrunken haben könnte, das war anscheinend nicht das, was mein Auftreten suggerierte. Und mit der RAF haben sie mich auch nicht in Verbindung gebracht.

In Berlin hatten sie mich, kurz zuvor, härter angepackt. Ich hatte meinen Citroën auf dem Mittelstreifen des Kurfürstendamms geparkt, und als ich einsteigen wollte, spürte ich etwas Hartes, Kaltes, Metallisches im Rücken: Legen Sie die Hände aufs Dach!

Was ich denn getan hätte, fragte ich die Polizisten. Sie haben zwei verschiedene Nummernschilder, sagten sie. Sie hatten recht.

Ich brauchte mehr als eine Viertelstunde, bis die Beamten mir glaubten, dass das Auto mitgespielt hatte in einem Film. Und dass wir dafür das vordere Nummernschild abgenommen und ein anderes angeschraubt hatten. Und dass der Requisiteur vergessen hatte, das richtige Nummernschild wieder anzuschrauben, bevor ich mich in den Geltungsbereich der Straßenverkehrsordnung begab. Falsche Nummernschilder: Sie haben mir leider nicht verraten, ob sie mich anfangs für einen Terroristen hielten. Oder für einen gewöhnlichen Verbrecher.

Auf »Die Ehe der Maria Braun« hatte Fassbinder überhaupt keine Lust. Er hatte nur »Berlin Alexanderplatz« im Kopf, die dreizehnteilige Fernsehserie, die er als Nächstes realisieren wollte. Es war sein Lebensprojekt, er war besessen von Döblins Roman und von der Hauptfigur, er hatte sich, seit er überhaupt Filme machte, für seine Nebentätigkeiten, für den Schnitt, manchmal auch fürs Drehbuch, das Pseudonym Franz Walsch gewählt, wobei Walsch für Raoul Walsh stand, den großen, damals noch unterschätzten amerikanischen Filmregisseur, dessen glühendes Südstaatenmelodram »Band of Angels« über eine weiße Frau, die erfährt, dass sie eine schwarze Mutter hat und in die Sklaverei verkauft wird, für Fassbinder das Genre geradezu definierte: Da sah man, um welche existenziellen Fragen es im Kino ging. Und wie heftig die Gefühle unter Druck gesetzt werden mussten.

Und Franz, das war natürlich Franz Biberkopf, Döblins Held, dessen Namen sich Fassbinder ja schon für seine Rolle in »Faustrecht der Freiheit« geliehen hatte. Fassbinder hatte sich, bevor wir »Maria Braun« zu drehen begannen, nach Paris zurückgezogen und in drei Monaten die Bücher für alle dreizehn Folgen der Serie geschrieben. Das heißt, er hatte sie nicht geschrieben, sondern auf Kassetten diktiert; man sieht in seiner Episode zu »Deutschland im Herbst« übrigens ganz gut, wie er damals arbeitete. Und dann waren wir in Coburg, wo gedreht werden sollte, und Fassbinder sagte zu Helga, die er wieder für die Ausstattung engagiert hatte, zu mir und zu ein paar anderen aus dem Vorausteam: Bereitet ihr nur alles vor, ich hab in München mit den Vorbereitungen zu »Berlin Alexanderplatz« zu tun. Ich komme dann schon, wenn es so weit ist.

Er kam aber nicht, und ein paar Tage vor Drehbeginn drohte Michael Fengler, der Produzent, er werde selber die Regie übernehmen. Und am nächsten Morgen war Fassbinder da, sehr früh am Morgen sogar, ich glaube, es war drei Uhr, und Fassbinder klingelte das ganze Team aus dem Bett.

Am nächsten Morgen ging es los, und Fassbinder, der müde und abgearbeitet aussah, sagte zu mir: Weißt du, ich könnte dir jetzt jede Einstellung in »Berlin Alexanderplatz« beschreiben. Aber das hier, ich hab keine Ahnung, was tun wir hier eigentlich?

Er brauchte zwei Wochen, dann war er wieder bei der Sache. Er hatte unwiderstehliche Ideen. Eine Szene, in der Maria Braun Englisch lernt von ihrem amerikanischen Geliebten, verlegte er von drinnen nach draußen, und das gibt den Dialogen erst den richtigen Charme: wie sie, umgeben von einer schönen, heilen deutschen Landschaft, nicht deutsch sprechen wollen. Für eine Szene, die vor dem amerikanischen Besatzungsgericht spielt, hatte Helga einen Gerichtssaal gefunden, aber Fassbinder fand, dass es sich falsch anfühle, dort zu drehen. Alles war kaputt, meinte er, sie haben eher eine Scheune zum Gerichtssaal umgebaut. Wir fanden eine Scheune, und die Szene war absolut stimmig. Wir drehten bei meiner Tante, die eine schöne, großbürgerliche Wohnung hatte, mit einem Flügel und drei Zimmern, die elegant ineinander übergingen, und wie Fassbinder diese Räume arrangierte und inszenierte, faszinierte mich sehr. Es war nicht sein Drehbuch, das wir da verfilmten, er hatte die Idee für die Story gehabt, aber dann hatten Peter Märthesheimer, der Dramaturg der Bavariastudios, und seine Frau Pea Fröhlich das Buch geschrieben. Und natürlich ging es Fassbinder beim Inszenieren auch darum, zu zeigen, wessen Film das war.

Er war beim Inszenieren gut in Form, und zugleich wurde sein Drogenkonsum immer wilder. Er hatte mit der Produktion vereinbart, dass ihm seine Regiegage täglich ausgezahlt wurde; er brauchte enorm viel Geld, denn alle paar Tage schickte er irgendwelche Helfer nach Köln, wo der Dealer seines Vertrauens saß. Ich hatte mit zu vielen braven und uninspirierten Regisseuren zusammengearbeitet, als dass ich jemals geglaubt hätte, ich hätte das Recht, Fassbinders Drogenexzesse zu verdammen. Er war halt so, und vielleicht waren die vielen Drogen, vielleicht war sein Hang zur Sucht der Preis für sein Genie und seine irre Produktivität. Ich hätte mir Fassbinder als gemäßigten Menschen niemals vorstellen wollen.

Aber Kokain, wenn man zu viel davon nimmt, kühlt nicht nur die Gedanken ab, sondern auch das Herz, und es war während der Dreharbeiten zu »Maria Braun«, als Fassbinder anfing, sich hässlich und böse gegen Helga zu benehmen. Sie war wieder für die Ausstattung engagiert. Es gab Dinge, die konnte sie gut, es gab vieles, das mit Intuition, Geschmack und Kennerschaft zu bewältigen war. Es gab aber auch ein paar Dinge, die konnte sie nicht, sie hatte den Beruf ja nicht gelernt. Exakte Zeichnungen anfertigen beispielsweise, komplizierte Grundrisse entwerfen. Dafür hatte sie einen Assistenten, und irgendwann bemerkte Fassbinder diesen Assistenten, der ein sehr hübscher junger Mann war, und dann fing er an, Helga zu schikanieren. Er wolle lieber mit dem jungen Mann arbeiten, hieß es. Er wolle den am Set sehen und nicht Helga. Er warf sie nicht raus, aber er verbot ihr, den Set zu betreten.

Eines Abends sagte ich zu Helga: Lass uns aussteigen. Es gefällt mir nicht mehr, was wir hier tun.

Helga sagte: Du hast recht, ich verstehe dich. Aber lass uns versuchen, kühl und professionell zu sein. Ich habe einen Vertrag. Und der Junge, der nichts dafürkann, dass er jetzt Fassbinders Liebling ist, braucht mich auch. Ich will nicht die Beleidigte spielen. Wir schaffen das schon.

Für mich wurde es aber immer schwerer. Ich war es gewohnt, mit Fassbinder die Szenen und Einstellungen zu besprechen. Dann leuchtete ich sie aus, verlegte Schienen. Und dann drehten wir. Diesmal war es anders. Seine Stimmungen schwankten. Er ging in seinen Camper, zog etwas hoch, und dann kam er zurück und verwarf alles, was wir zuvor besprochen hatten. Sie waren nicht schlecht, die Ideen, mit denen er aus dem Camper kam. Aber ich fühlte mich seiner Willkür ausgeliefert und kam mir, wenn er wieder mal etwas für komplett falsch erklärte, was wir zuvor genau besprochen und dann vorbereitet hatten, vor wie sein Depp.

Zum Ende der Dreharbeiten hin entdeckte Fassbinder plötzlich, dass er Coburg, wo wir drehten, furchtbar langweilig fand. Er schimpfte, er klagte, er halte das nicht mehr aus. Er wolle jetzt, dass die ganze Produktion umziehe nach Berlin, wo ja eindeutig mehr geboten sei. Auch das fühlte sich wie Willkür an, obwohl es eigentlich mehr ein großes Theater als eine einsame Entscheidung war. Wir hatten ohnehin ein paar Drehtage in Berlin. Und mussten nur ein paar Szenen umdisponieren.

Wir gingen, als »Maria Braun« abgedreht war, erleichtert auseinander. Wir würden uns bei den Vorbereitungen zu »Berlin Alexanderplatz« wiedersehen. Der Film, als er ins Kino kam, war ein großer Erfolg, und ich war froh, dass Hanna Schygulla darin so gut aussah. Sie war der Star, von ihr hing der ganze Film ab. Du musst dir mit Hanna besonders viel Mühe geben!, hatte Fassbinder beim Dreh immer wieder gesagt. Er hätte es nicht sagen müssen. Ich kannte ihr Gesicht seit »Whity«, ich hatte es genau studiert. Ich wusste, wie man dieses Gesicht mit Licht modelliert.

Ich hatte die Drehbücher für »Berlin Alexanderplatz« gelesen und war fasziniert. Ich wollte diese Serie unbedingt machen und hatte dem WDR auch schon zugesagt. Wir trafen uns in Berlin und inspizierten mögliche Drehorte. Wir, das waren Fassbinder, Harry Baer, ein paar andere und ich. Es gab nicht viel zu reden, wir schauten uns halt um, aber wenn es doch etwas zu besprechen gab, redete Fassbinder nicht mit mir.

Er sagte zu Harry Baer: Du, sag doch mal dem Kameramann ...

Beim ersten Mal grinste ich und dachte, er hat halt einen schlechten Tag. Beim zweiten Mal dachte ich, na ja, das ist mir sehr unangenehm, aber bis morgen wird es sich gelegt haben.

Am nächsten Tag ging es weiter so: Du, Harry, könntest du den Kameramann mal fragen ...

Ich wollte aber nicht, dass es so weiterging.

Ich wusste, dass Fassbinder eifersüchtig war, weil ich zwischendurch einen Film mit dem Regisseur Klaus Emmerich gedreht hatte, mit Maria Schell und dem Ingmar-Bergman-Star Erland Josephson in den Hauptrollen. Vielleicht war es das, was ihn so kränkte: Er hatte Romy Schneider nicht bekommen für die Rolle der Maria Braun, und Yves Montand hatte nur mitspielen wollen, wenn er die Rolle des Mannes von Maria Braun bekommen hätte. Die war aber mit Klaus Löwitsch längst besetzt.

Fassbinder war eifersüchtig, das war er aber schon oft gewesen, und immer hatte er sich wieder beruhigt. Jetzt war ich es, der die Geduld verlor. »Berlin Alexanderplatz« war eine Produktion der Bavaria im Auftrag des WDR, und ich wusste, dass sie mich unbedingt wollten. Ich hatte zugesagt. Ich hatte ein paarmal gezeigt, dass man einen Fassbinder-Film auch weiterdrehen konnte, wenn der Regisseur mal einen Tag ausfiel.

Nach dem zweiten Tag, an dem ich mir die »Harry, sag doch mal dem Kameramann«-Sprüche hatte anhören müssen, sprach ich erst mit Helga. Ich sagte, ich kann nicht mehr. »Berlin Alexanderplatz«, das würde heißen, dass ich ein volles Jahr lang mit diesem Koks-Monster jeden Tag am Set verbringen müsste.

Dann rief ich Günter Rohrbach an, der den Film produzieren sollte.

Ich mache die Serie nicht.

Sie haben eine Zusage gemacht. Sie haben uns versprochen, dass Sie den Film machen.

Ja, aber ich habe noch nichts unterschrieben.

Das geht aber doch nicht. Sie haben so lange mit ihm gearbeitet, Sie sind so gut auf ihn eingespielt, Sie waren die Garantie für uns, dass dieses Riesenprojekt nicht scheitern wird.

Das Projekt ist, wie wir wissen, nicht gescheitert; Fassbinder hat »Berlin Alexanderplatz« mit Xaver Schwarzenberger gedreht. Er hatte ab dem Zeitpunkt meiner Absage für die gesamte Zeit der Dreharbeiten kein Kokain mehr angefasst. Er wollte beweisen, dass er auch ohne Ballhaus einen Film drehen kann.

Und wir beide trafen uns, ein paar Monate später in München, wo wir beide mitmachten bei einem Projekt der Filmhochschule. Es war »Bourbon Street Blues«, unter der Regie von Douglas Sirk. Ich stand hinter der Kamera, und Fassbinder spielte neben Annemarie Düringer. Wir haben, einigermaßen freundlich, einander hallo gesagt. Ausgesprochen, so wie damals in seiner Wohnung in der Reichenbachstraße, haben wir uns nie.

8

Eine Zeit dazwischen

Die guten Bücher auf der Leinwand

Es hatte ein Leben vor Fassbinder gegeben, es hatte ein Leben neben Fassbinder gegeben, und jetzt gab es ein Leben nach Fassbinder – und dass es überhaupt ein Leben gab, ein gutes Leben, und nicht nur einen Film und noch einen Film und die Leere dazwischen; dass es niemals den Trabanten Ballhaus gegeben hat, der um das Zentralgestirn Fassbinder kreiste und ohne ihn ins Trudeln geraten wäre: Das alles habe ich Helga zu verdanken, das ist mir heute noch viel deutlicher bewusst, als es das damals war.

Ohne Helga, dachte ich zum Beispiel, als ich fünfundsechzig wurde im August des Jahres 2000, ohne Helga wäre ich womöglich an jenem Tag pensioniert worden: als Chefkameramann und verdienter Mitarbeiter des Südwestfunks, der damals schon Südwestrundfunk hieß. Ohne Helga hätte ich viel mehr falsch gemacht, und dass so vieles so gut lief, das lag nicht nur daran, dass sie, wenn sich eine neue Chance für mich ergab, einfach nur mitgemacht hätte. Helga riet mir ab, bei der »Maria Braun« alles hinzuschmeißen, und sie riet mir zu, »Berlin Alexanderplatz« bleiben zu lassen, sie las die Drehbücher mit sicherem Geschmack, sie wusste, was zu tun war, wenn es Krach und Streit gab bei Dreharbeiten. Und Helga sorgte dafür, dass die Familie zusammenhielt. Sie war nicht immer bei den Dreharbeiten dabei, aber wenn sie mitkam, dann nahm sie die Söhne von der Schule, erkundigte sich nach dem Lehrplan. Und hielt dann selber den Unterricht ab, was sie im Zweifel besser und einfühlsamer tat als jeder staatlich anerkannte Pädagoge. So hielt sie mir den Rücken frei für die Arbeit, die nicht weniger wurde, bloß weil der Regisseur jetzt nicht mehr Fassbinder hieß.

Mit Peter Stein drehte ich, gleich nach der »Maria Braun«, eine Fernsehfassung von Botho Strauß' »Groß und klein«, was schon deshalb eine leichte Aufgabe war, weil ich mit Stein das Schlimmste schon hinter mir hatte, nämlich die Dreharbeiten zu »Sommergäste« im Jahr 1974. Ich mochte ihn, als Gesprächspartner und Zeitgenossen, ich verehrte ihn als Regisseur, und anders als andere Filmleute, denen das Theater zu lebensfern ist mit seinen Blankversen und deklamierenden Schauspielern, liebten Helga und ich das Theater und besuchten fast jede Premiere der Schaubühne; wir kamen ja selber vom Theater, und ich glaube, dass wir deshalb auch ein ganz sicheres Urteil

Mit Helga

hatten. Dass Peter Stein damals groß und genial war, ein extrem sensibler und genauer Theaterregisseur, das musste man mir also nicht erst erklären – und als Stein mich fragte, ob ich dabei wäre, wenn er aus seiner Schaubühneninszenierung von Gorkis »Sommergästen« einen Spielfilm machte, gab es keinen Grund zu zögern. Die Inszenierung war einer seiner größten Erfolge gewesen; in den Figuren des Stücks, den Intellektuellen und Bourgeois, die sich unbehaust, wie Sommergäste in einer Welt fühlen, deren Untergang sich aber längst ankündigt am Horizont, in diesen Menschen erkannte das Theaterpublikum der siebziger Jahre sich sehr gut wieder. Man betrachtete die eigene Machtlosigkeit, erkannte die eigenen Lebenslügen – und hatte doch den allerhöchsten ästhetischen Genuss dabei. Regina Ziegler, die Produzentin des Filmes, wollte keine abgefilmte Bühnenaufführung; sie wollte hinaus mit Steins Inszenierung, in die Welt, an die frische Luft. Stein hatte zusammen mit Botho Strauß ein Drehbuch geschrieben, er hatte ein anständiges Budget, er hatte wunderbare Schauspieler, Jutta Lampe und Edith Clever, Bruno Ganz und Michael König, Ilse Ritter, Otto Sander. Und dann stand er da draußen und wusste nicht so recht, wie es geht.

Er war es gewohnt, den Raum der Bühne zu überblicken und zu beherrschen; im Theater saß der Zuschauer auf seinem Platz, und Stein wusste, was man ihm bieten oder zumuten konnte. Dass im Film, zumal wenn man an Originalschauplätzen dreht, die Kamera und die Inszenierung den Raum erst etablieren und definieren müssen; dass der Zuschauer das sieht, was die Kamera sieht, weshalb die Entscheidung, wo die Kamera steht und wann sie sich bewegt, die allererste ist: Das sind, einerseits, triviale Erkenntnisse. Aber es ist eben für den Theaterregisseur ein fundamentaler Unterschied und eine enorme Herausforderung für sein Vorstellungsvermögen:

Denk dir einen Zuschauer, der nicht brav in der siebten Reihe sitzen bleiben will. Sondern dessen Augen fahren, schwenken, mal dem einen, mal dem anderen Schauspieler über die Schulter schauen.

Mach doch du das, du weißt, wie es geht.

Das war ein Satz, wie ich ihn täglich zu hören bekam. Und dann machte ich. Stein arbeitete mit den Schauspielern, ich machte Vorschläge, wie die Szenen aufzulösen seien, und Stein nahm meine Vorschläge an. Froh war er nicht damit. Er war es gewohnt, der souveräne Herrscher zu sein, und die Erfahrung seiner Ohnmacht, seiner Ratlosigkeit verdarb ihm die Laune. Die Stimmung war nicht gut, auch die Schauspieler kannten Peter Stein nur als den Mann, der immer wusste, was er wollte. Sie fühlten sich nicht wohl, was aber, wie ich fand, dem Film nicht schadete. Denn davon handelt Gorkis Stück: von Menschen, denen es nicht gut geht, ohne dass sie den Grund benennen könnten. Ich merkte bald, dass Peter Stein, wie Fassbinder, eine Art Familie um sich versammelt hatte – nicht ganz so neurotisch und hysterisch, wie es Fassbinders Familie war, was schon daran lag, dass Stein nicht ganz so neurotisch und verrückt wie Fassbinder war. Und die Schauspieler waren, anders als Fassbinders Leute, nicht ganz so abhängig von ihrem Meister. Sie waren die besten Theaterschauspieler im deutschsprachigen Gebiet, sie hätten überall ein Engagement bekommen. Aber je näher ich diesen Menschen kam, desto offensichtlicher wurde, dass auch sie miteinander wetteiferten um die Gunst des Meisters. Dass es Bündnisse und Zerwürfnisse, Affären und Intrigen gab. Und ich war froh, dass ich auch bei dieser Familie nur zu Besuch war.

Als der Film fertig war, gab es eigentlich niemanden, der zufrieden gewesen wäre. Bis auf mich. Es war kein Theater mehr und noch kein Film: Das missfiel Peter Stein, der einen

Spielfilm hatte drehen wollen. Und es gefiel mir ganz gut. Die Bilder, fand ich, waren sehr stimmig, und dass »Sommergäste« ein hybrides, ein unreines Werk geworden war: das war doch das Besondere. Es war Theater, dem die frische Luft da draußen ganz gut bekam. Es war ein Film, bei dem die Schauspieler jeden Ort, ob es eine Wiese oder ein Speisesaal war, in eine Bühne verwandelten.

Die Stimmung zwischen Peter Stein und mir hellte sich wieder auf nach dem Ende der Dreharbeiten. Und als es darum ging, seine wunderbar leichten und präzisen Inszenierungen der Botho-Strauß-Dramen »Trilogie des Wiedersehens« und »Groß und klein« zu verfilmen, blieben wir dort, wo Stein sicheren Boden unter den Füßen hatte. In einem überschaubaren Fernsehstudio, wo die Theaterräume nachgebaut worden waren.

In dieser Zeit, so um das Jahr 1980 herum, machte ich Filme mit Walter Bockmayer und Peer Raben, mit Jeanine Meerapfel, mit der ich mich überhaupt nicht verstand, und mit Hans W. Geißendörfer, den ich mochte. Aber als ich den »Zauberberg« vor einiger Zeit mal wiedergesehen habe, war ich nicht begeistert. Ich hatte Probleme mit dem Film, besonders mit Christoph Eichhorn, dem Hauptdarsteller. Es war damals, in der Zeit nach meinem Abschied von Fassbinder, das größte und ambitionierteste Projekt. Hans W. Geißendörfer führte Regie, und es ging darum, gleich zwei Fassungen zu produzieren, eine fünfeinhalbstündige fürs Fernsehen. Und eine Kinofassung, die fast drei Stunden lang war. Es war, gewissermaßen, ein repräsentatives Projekt. Der Produzent, Franz Seitz, war eigentlich ein Mann des alten Kinos; er hatte schon Schlöndorffs »Verwirrungen des Zöglings Törleß« produziert, sein Geld hatte er aber verdient mit Filmen wie »Hurra, die Schule brennt!« oder »Wir hau'n die Pauker in die Pfanne«. Im Jahr zuvor hatte er für Schlöndorffs »Blechtrommel« einen Oscar gewonnen. Und dass er jetzt den »Zauberberg« für Geißendörfer produzierte, jenen Geißendörfer, der noch fünfzehn Jahre zuvor einer der allerwildesten Jungfilmer gewesen war, das war auch als Statement gemeint. Es gab keinen alten Film mehr, es gab keinen jungen Film mehr, es gab nur noch einen deutschen Film, dessen beste Kräfte jetzt eben Leute wie Schlöndorff und Geißendörfer waren. Thomas Mann, vertrieben aus dem Deutschland der Nazis und fremdelnd im kalifornischen Exil, hatte einmal geschrieben: »Wo ich bin, ist die deutsche Kultur.« Jetzt war die deutsche Kultur, wo der Junge Deutsche Film war, und wenn sich jetzt die Alten und die Jungen zusammentaten, um den allerheiligsten deutschen Roman des 20. Jahrhunderts zu verfilmen, dann zeigte das auch an, wohin die Reise gegangen war. Angefangen hatten die Jungfilmer, die immer sehr literaturhörig waren, mit Verfilmungen von Heinrich Böll und Robert Musil. Und dass es spanische und französische Koproduzenten gab; dass die Französin Marie-France Pisier die Madame Chauchat spielte, der Amerikaner Rod Steiger den Mynheer Peeperkorn und Charles Aznavour den Naphta: das nannte man damals noch nicht geringschätzig »Europudding«. Das deutete man noch als Zeichen für die neue Weltgeltung des deutschen Films.

Ich verstand mich gut mit Geißendörfer, der auch beim Drehen ein ruhiger, fast schon gemütlicher Mann war, der mir vertraute. Es blieb ihm allerdings auch nichts anderes übrig. Er hatte angefangen mit Robby Müller zu drehen, dem Kameramann von Wim Wenders, mit dem Geißendörfer auch schon »Die gläserne Zelle« gedreht hatte. Die Produktion war nicht zufrieden mit Müller, ein englischer Kameramann wurde engagiert; aber mit dem verstand sich Geißendörfer nicht. Ich war gewissermaßen der dritte Versuch, und der durfte, aus Sicht des Regisseurs und der Produktion, auf keinen Fall scheitern, was mir gewisse Freiheiten gab. Ich hatte aber kaum Zeit, mich vorzubereiten. Den »Zauberberg« hatte ich nicht gelesen, ich war nie neugierig auf Thomas Mann gewesen. Ich hatte vier Tage, in dieser kurzen Zeit schafft auch der schnellste Leser nicht den ganzen »Zauberberg«; ich tat also, was man wohl hineinschauen nennt, ich blieb an einer Stelle hängen, blätterte bei einer anderen weiter. Und versuchte vor allem ein Gefühl für die Stimmung, den Ton, die Atmosphäre zu bekommen. Die Aufgabe, so kam es mir damals vor, war es, Sprache in Licht zu übersetzen. Und die Herausforderung bestand darin, dass da oben, in Davos, die Luft sehr klar sein musste, deshalb waren die Leute ja im Sanatorium. Und dass alles hier Rückblick war und nichts Präsenz; dass die Sprache also wusste, was die Personen zumindest ahnen konnten: dass diese feine, aber zugleich müde und erschöpfte Lebensform untergehen würde im Ersten Weltkrieg.

Es waren angenehme Dreharbeiten, Geißendörfer wusste, was er wollte und war gut vorbereitet, und mir kam zugute, was ich bei Fassbinder gelernt hatte: Ich arbeitete schnell, und wenn es nach uns gegangen wäre, hätten wir die Drehzeit um drei Wochen verkürzen können. Es ging nicht, wegen der Schauspieler, die für bestimmte Tage gebucht waren und nicht einfach ihre Terminkalender umschreiben konnten. Es sind uns, glaube ich, ein paar Szenen gelungen, in denen das Licht, die Schauplätze, die Blicke der Kamera und der ganze Stil das Thema des »Zauberbergs« ganz schön benennen. Trotzdem kommt es mir heute so vor, als ob der Film zu viel Pathos und zu wenig Leben hätte. Die Schauspieler, dieses Ensemble internationaler Stars, mussten nachsynchronisiert werden, und so klingt vieles, was da gesagt wird, falsch und künstlich, geschraubt und gestelzt.

Wir haben, Geißendörfer und ich, noch einen Film zusammen gemacht, ein paar Jahre später, da war ich fast schon in

Amerika. Es war ein Psychothriller, »Ediths Tagebuch« nach dem Roman von Patricia Highsmith, und alles, woran ich mich erinnern kann, ist der merkwürdige Umstand, dass wir uns plötzlich gar nicht mehr verstanden. Es lief nicht gut mit diesem Film, und vermutlich hatte das alles schon damit begonnen, dass Geißendörfer nicht die Hauptdarstellerin bekam, die er wollte. »Ediths Tagebuch« erzählte, kurz gesagt, von einer Frau, die langsam in den Irrsinn rutscht, und Geißendörfer fand, dass die Rolle mit Cornelia Froboess perfekt besetzt wäre. Er bekam aber Angela Winkler, die eine wunderbare Schauspielerin ist. Nur ist sie halt schon immer der Typ gewesen, der von vornherein einen Hang zum Verrückten hat, weshalb das allmähliche Abgleiten dieser Frau in den Irrsinn keine Überraschung war.

Mir war Angela Winkler als verwirrte Frau insofern bekannt, als ich kurz zuvor einen Film fotografiert hatte, in dem Angela Winkler eine leicht verwirrte Frau spielte. Es war »Heller Wahn«, ein Film von Margarethe von Trotta, in welchem es, wenn ich mich richtig erinnere, um zwei Frauen ging, Angela Winkler und Hanna Schygulla, und um deren Freundschaft, welche die Männer misstrauisch macht. Es gibt nicht viel, woran ich mich erinnere, der Film spielte unter Berliner Akademikern, die in den entsprechenden Altbauwohnungen lebten, und machte, was ein Segen war, ein paar Abstecher in den Süden. Ich erinnere mich daran, dass wir in Ägypten drehten, eines Morgens, in der Dämmerung, wollte ich mit Hanna Schygulla auf eine Pyramide steigen, um von dort oben der Sonne beim Aufgehen zuzuschauen. Kurz bevor wir oben waren, verlor Hanna Schygulla den Halt und rutschte zwei Stockwerke hinunter. Die Sonne ging auf, Hanna Schygulla lag da und rührte sich nicht, und es sah aus, als hätte sie den Sturz nicht überlebt. Ich war schockiert, für einen kurzen Moment. Dann stand sie auf und sagte, sie sei unverletzt.

Ich erinnere mich daran, dass ich mit Margarethe von Trotta nicht so gut zurechtkam, so wie ich, kurz vorher, auch mit der Regisseurin Jeanine Meerapfel nicht so gut zurechtgekommen war. Damals nahm ich das einfach hin und dachte mir höchstens, das liegt mir nicht, beim nächsten Film arbeite ich halt wieder mit einem Mann. Heute weiß ich, dass ich einfach nur arrogant war. Ich stand am Set, ich war erfahrener, ich dachte, ich wüsste genau, wie es geht. Und dann kam so ein junges Huhn und wollte mir etwas erzählen. Bei einem Mann hätte ich vermutlich gesagt: Ich hätte da auch eine Idee, was meinst du, sollen wir die mal ausprobieren?

Bei den Frauen dachte ich nur, egal, sie können es halt nicht. Was natürlich eine dumme und unreife Haltung war. Andererseits gab es, ohne dass wir das jemals ausgesprochen hätten, bei dem Film »Heller Wahn« eine grundsätzliche Differenz, die nicht zu überwinden war. Es ist ein Film, in dem eine Frau davon erzählt, wie zwei Frauen aufeinander schauen, wie sie einander ohne viele Worte näherkommen. Und wie lästig ihnen ihre Männer sind. Ich war aber ein Mann, ich warf einen männlichen Blick auf die Frauen, und es war ja noch nicht so lange her, dass ich Hanna Schygulla beleuchtet und fotografiert hatte, als wäre sie die schönste und begehrenswerteste Frau der Welt. Was hier definitiv der falsche Zugang gewesen wäre. Es war mir aber der sympathischere.

Ich habe an diese Zeit, die drei, vier Jahre dauerte, die Jahre, in denen ich nicht mehr mit Fassbinder arbeitete und noch nicht in Amerika, nicht so viele und schon gar nicht besonders intensive Erinnerungen. In der Erinnerung ist die Zeit ja kein Filmstreifen, der in derselben Geschwindigkeit immer weiterläuft. Sie dehnt sich aus, zieht sich zusammen, und sehr oft läuft sie in umgekehrter Richtung. Ich weiß also nicht, ob es die amerikanischen Erfahrungen waren, die dann, weil alles so neu und unverhofft war, diese Zeit überstrahlen. Ob es, aus der anderen Richtung sozusagen, die Intensität Fassbinders war, die all die deutschen Filme, die danach kamen, ein bisschen blass und routiniert wirken lässt im Rückblick.

Vielleicht lag es aber auch am deutschen Film, der ein Jahrzehnt lang jung gewesen war, und als er nicht mehr jung war, da war er nicht mehr viel. In den sechziger Jahren hatte der Junge Deutsche Film seinen Machtanspruch formuliert, in den Siebzigern hatte er diese Macht tatsächlich erobert. Fassbinder hatte einen Bundesfilmpreis nach dem anderen gewonnen, Wim Wenders auch, und Volker Schlöndorff hatte einen Oscar. Inzwischen hatten aber die achtziger Jahre begonnen, und dass diese Zeitansage vom deutschen Film nicht so recht verstanden worden war, das konnte man zum Beispiel im »Hellen Wahn« sehen oder auch in »Ediths Tagebuch«, wo das halbschicke linke Milieu längst die kulturelle Hegemonie erobert hat und darüber alt geworden ist, ohne es selbst zu bemerken. Die Jugend taucht vor allem als Problem auf.

Es war längst Zeit geworden, andere Filme zu drehen. Oder eben: woanders.

9

Amerika

*Eine andere Art des
Filmemachens*

Joan Didion hat einmal geschrieben, es sei einfacher, sich daran zu erinnern, wie eine Geschichte begonnen habe, als dass man so genau sagen könnte, wie sie später zu Ende gegangen sei. Aber meine Liebesgeschichte mit Amerika hat sich langsam und sehr zögernd entwickelt, ich musste ein paar Umwege gehen – und dass ich angekommen war, das wurde mir auch erst im Rückblick bewusst.

Zum ersten Mal war ich mit Rainer Werner Fassbinder in Amerika, es war 1977, kurz bevor die Dreharbeiten zu »Despair« begannen. Ein Kino am Broadway, das The New Yorker hieß, veranstaltete eine Retrospektive seiner Filme, und dass ich von New York nicht so besonders viel sah und mitbekam, lag an Fassbinder, der neben sich keine andere Sehenswürdigkeit duldete. Er nahm mich mehrmals täglich mit ins Kino, und dann ging es nicht darum, die Filme noch einmal genau anzuschauen. Es ging darum, den Zuschauern beim Zuschauen zuzuschauen. Fassbinder war beseelt, ich war es auch, wir liebten das amerikanische Publikum, das uns irgendwie schneller, aktiver, empathischer zu sein schien. Ein Filmkritiker der »New York Times« schrieb eine ganze Seite voll; an den Titel seiner Hymne erinnere ich mich ganz genau. »Rainer Werner Fassbinder – The Most Original Talent since Godard«. Fassbinder war glücklich und benahm sich erträglich, und so behielt ich unsere Reise nach New York in einer freundlichen Erinnerung.

Ich weiß nicht, ob es Zufall war; vielleicht teilte es sich der Welt da draußen auch mit, dass, nachdem der allesverschlingende Fassbinder sich entfernt hatte, es wieder mehr Platz für andere gab, in meinem Leben und in meinem Kopf. Jedenfalls meldete sich mein alter Freund Peter Lilienthal wieder. Und nur ein paar Wochen nachdem der Aufstand der Sandinisten in Nicaragua mit deren Sieg geendet hatte, waren auch wir in Nicaragua und drehten den halbdokumentarischen Film »Der Aufstand«. Es war ein kleiner, billiger, schneller Film, die meisten Szenen fotografierte ich mit der Handkamera, und wenn ich mich richtig erinnere, ging es darum, dass ein paar Menschen noch einmal ihre eigenen Geschichten nachspielen. Warum sie den Aufstand begonnen und wie sie ihn gewonnen haben. Das war kein Historienfilm, das war die reinste Gegenwart, und dass das alles, die Konflikte, die Emotionen, noch so ungeheuer präsent war, das offenbarte sich ganz besonders drastisch, als wir eine Szene drehten, in der eine Schießerei nachgespielt werden sollte. Unsere Darsteller hatten ihre Waffen mit echter Munition statt mit Schreckschusspatronen geladen, und die Ersten schossen schon; es war ein Wunder, dass niemand verletzt wurde. Wir mussten dauernd improvisieren, und einmal, als wir eine Nachtszene auf der Straße drehen wollten, gab es nicht genug Strom, nicht genug Lampen, wir mussten uns anders helfen. Wir haben alte Reifen eingesammelt und gestapelt und mit Benzin übergossen. Das Licht reichte aus, die Straße war gut beleuchtet, und das Feuer, das da brannte, war das Feuer der Revolution. Genauso hatten es während des Aufstands die Sandinisten auch gemacht.

Es war dann etwas weiter nördlich, in New York und New Jersey, wo wir unseren nächsten Film zusammen drehten, mit amerikanischen Schauspielern, einer amerikanischen Geschichte, und wie Lilienthal das geschafft hatte, kann ich heute nicht mehr sagen. Er erzählte mir, er habe das Drehbuch an Joe Pesci geschickt, und Pesci habe es nicht nur gelesen, es habe ihm auch gefallen. Pesci war nicht unbedingt ein Superstar zu dieser Zeit, aber er, der gar kein gelernter Schauspieler war, sondern ein Kneipenwirt aus der Bronx, hatte in Martin Scorseses »Raging Bull« den Bruder Robert De Niros mit so viel Charme, Inspiration und Brutalität gespielt, dass er für diese Rolle eine Oscarnominierung bekommen hatte. Zumindest unter Italoamerikanern war Joe Pesci schon damals weltberühmt. Er wollte also die Hauptrolle spielen in diesem Film, »Dear Mr. Wonderful«, der eine kleine Geschichte von kleinen Leuten erzählen sollte; die Geschichte des Barsängers und Bowlingbahn-Besitzers Ruby Dennis, der eines Tages groß rauskommen will. Seinen Kumpel Frank Vincent, der auch schon in »Raging Bull« dabei war (und später in vielen Scorsese-Filmen), brachte Pesci mit. Und noch ein paar Männer, die genau das Talent hatten, wovon Joe Pesci ganz besonders viel besaß: Sie waren eigentlich keine Schauspieler. Aber sie konnten ganz wunderbar sich selber darstellen, wenn die Kamera lief.

Es war ja eigentlich nur ein Fernsehfilm, Low Budget, von Joachim von Vietinghoff produziert. Ich drehte mit meiner eigenen Sechzehn-Millimeter-Kamera, und dass Pesci da mitspielte, war ein ungeheures Glück. Wie groß dieses Glück war, wurde uns bewusst, als wir ein paar Tage in New Jersey drehten. Da standen eines Tages zwei Männer am Set, zwei große, breite Männer in glänzenden Anzügen, die sich genau da ausbeulten, wo sich der kleine Unterschied zwischen bewaffneten und unbewaffneten Männern zeigt, und fragten nach Arbeitserlaubnis und Drehgenehmigung. Wir hatten, was wir

Mit Peter Lilienthal

brauchten, dachten wir. Der bürokratische Wahnsinn mit den Gewerkschaften, der das Filmen in Amerika oft so beschwerlich macht, hatte mit uns nichts zu tun, dachten wir, weil wir ja für eine deutsche Produktionsfirma arbeiteten.

Ihr seid hier in New Jersey, sagten die Männer, die sich als Teamsters, Abgesandte der Transportarbeitergewerkschaft, vorstellten, und ohne Teamsters wird hier kein Film gedreht.

Ein Film, wie wir ihn machten, brauche zwei Trucks und zwei Männer, die diese Trucks fahren.

Die Produktion konnte sich weder Lastwagen noch Lastwagenfahrer leisten, und als Joe Pesci mitbekam, was unser Problem war, versprach er, sich darum zu kümmern. Er rief einen Mann an, der im Gefängnis saß, einen Freund mit sehr guten Verbindungen, wie Pesci erläuterte. Eine halbe Stunde später waren noch zwei kräftige Männer mit Ausbeulungen in den Anzügen am Set, die sprachen kurz mit den Teamsters, und dann zogen die Teamsters ab, und die beiden Männer sagten, sie würden bei uns bleiben und aufpassen, dass uns niemand mehr belästigte.

So hat Pesci unseren Film gerettet, und einmal lud er uns zum Essen ein, im Kreis seiner Freunde, wie er das nannte, und dann saßen wir zwischen lauter Italoamerikanern, die sündhaft teure Anzüge trugen, und fragten uns, wie der Film hieß, in den wir uns hier verirrt haben mussten.

Ich hielt meine Augen offen und freute mich darüber, dass ich Menschen traf und Erfahrungen machte und Bilder sah, an die ich mich noch lange erinnern würde, wenn ich zurück wäre und meine nächsten deutschen Filme drehte, in München oder Berlin. Und dass es dann aber anders kam, lag an Jeffrey Townsend, unserem Production Designer. Der war ein junger Mann und hatte bis dahin nur als Assistent gearbeitet, und dass Lilienthal und Vietinghoff ihm diesen Job angeboten hatten, in dem er zum ersten Mal verantwortlich war, das stachelte seinen Ehrgeiz an und machte ihm gute Laune. Ich mochte ihn, wir plauderten, wir freundeten uns an, und auch ihm schien zu gefallen, wie ich arbeitete. Jedenfalls erzählte er mir irgendwann, dass er schon über sein nächstes Engagement verhandle; er werde wohl einen Film machen mit John Sayles, einem sehr interessanten Regisseur.

Ich hatte nie von Sayles gehört.

Er sucht noch einen Kameramann, sagte Townsend, und dass er Sayles von mir erzählt habe. Und dann erzählte er mir von Sayles, der in Townsends Kreisen ein Held war. Sayles hatte nach dem Studium, statt sich einen gutbezahlten Job zu suchen, in den Fabriken der Ostküste gearbeitet und darüber Kurzgeschichten und Reportagen geschrieben. Er hatte einen Roman mit dem seltsamen Titel »Pride of the Bimbos« veröffentlicht und dafür viel Lob bekommen. Und in den späten

Siebzigern hatte er für Roger Corman, den großen Tycoon der Billigfilme, Drehbücher geschrieben; »Piranha«, »Alligator« oder »Battle Beyond the Stars« hießen die Filme. Für dreißigtausend Dollar hatte Sayles seinen ersten eigenen Film gedreht, mit ein paar Freunden, die sich selber spielten, »Return of the Secaucus 7«. Aber alle Angebote der großen Studios, für sie größere, teurere Filme zu inszenieren hatte Sayles abgelehnt, weil sie ihm nicht den final cut gewährten. Jetzt sollte er aber einen Film für die Paramount drehen, eine zarte Liebesgeschichte zwischen einer bürgerlichen Collegestudentin und einem Italoamerikaner aus der Arbeiterklasse.

Aha, sagte ich, klingt interessant.

Und dann kam das Drehbuch, sein Titel war »Baby It's You«, und ich habe es gelesen, und ich weiß heute nicht mehr, was mir die größere Freude war: das Buch, das mir sehr gut gefiel, oder die Aussicht, bei einem echten amerikanischen Film der Kameramann zu sein. Ich glaube, es war das Buch, das ich schön fand, lustig, amüsant. Und es hatte Kraft, Schwung und keine Angst vor harten Konflikten.

Ich traf mich mit Sayles, der ein großer, stolzer Mann war, mit einem klaren, kantigen Gesicht; er sah fast wie ein Filmstar aus. Wir sprachen höflich und distanziert miteinander. Die Gage war nicht hoch, aber es war ein amerikanischer Film, und so nahm ich sein Angebot an.

Die Aussicht auf den Film hatte mich euphorisch werden lassen; aber als ich in New York ankam und wir damit anfingen, die Dreharbeiten vorzubereiten, da wurde mir doch bange. Ich war der einzige Deutsche im Team, alle anderen waren Amerikaner. Eine andere Sprache, eine andere Kultur, eine andere Art, Filme zu machen womöglich. Klar, wir hatten auch »Despair« auf Englisch gedreht, und am Set von »Dear Mr. Wonderful« war die Arbeitssprache Englisch. Aber das waren deutsche Produktionen gewesen, mit deutschen Regisseuren; auch wenn Lilienthal englisch sprach, wusste ich, was er meinte. Sich über Bilder und Einstellungen, über das Licht oder eine Stimmung zu verständigen ist schon schwer genug, wenn man dieselbe Sprache spricht, das hatte ich ja oft genug erfahren.

Eines Morgens, wir waren noch bei den Vorbereitungen, wachte ich auf und konnte meinen rechten Arm nicht mehr bewegen. Es fühlte sich an, als ob da etwas kaputtgegangen sei, und so rannte ich ein paar Tage lang von einem Chiropraktiker zum nächsten, und alle sagten: Da ist nichts kaputt. Irgendwann, die Erinnerung ist ein bisschen getrübt durch den dummen Schmerz, der alles überstrahlte, irgendwann fand ich mich in einem Krankenhaus wieder. Ein Arzt gab mir eine Spritze, und danach fing es an, sich zu bessern.

Ich hatte offensichtlich Angst gehabt, und es dauerte nicht mehr als zwei Wochen, da war dieses Gefühl in sein Gegenteil umgeschlagen. Nein, es gab kein Verständigungsproblem. Nein, es war nicht eine völlig andere Art, Filme zu machen. Nein, es gab keinen tiefen kulturellen Graben. Im Gegenteil, mit Sayles, der anfangs so kühl gewesen war, verstand ich mich besser von Tag zu Tag, es war, nach einer gewissen Gewöhnungszeit so, als ob wir uns seit Jahren kannten. Ich verstand, was er wollte, bevor er seinen Satz zu Ende gesprochen hatte. Ich schaffte es, meine Ideen so zu artikulieren, dass Sayles und der Rest des Teams mir folgen konnten. Ich begriff, dass ich mich, über all die Sprach- und Kulturgrenzen hinweg, mit Amerikanern sehr gut künstlerisch einigen konnte – und vermutlich gab es mitten während der Dreharbeiten zu »Baby It's You« den Moment, da begann ich, mir von Amerika mehr zu wünschen als nur die Aussicht auf ein, zwei Filme mehr.

Es war eine andere Art des Filmemachens. Sayles, der ja vom Schreiben kam, wollte klare, verständliche Einstellungen und einen geraden Rhythmus, ohne alle Extravaganzen. Die Schauspieler kamen zum Set, kannten ihren Text und hatten eine genaue Vorstellung, wie eine Rolle zu spielen sei. Ein großes Psychodrama mit dem Regisseur war nicht notwendig und auch nicht erwünscht. Der junge Italoamerikaner war Vincent Spano, der später bei Coppola und den Brüdern Taviani spielte und doch nicht so groß wurde, wie er damals zu werden versprach. Das Mädchen war eine hübsche, zarte Person; sie hieß Rosanna Arquette, und ich sollte sie bald wiedersehen. Es war eine andere Art des Filmemachens, aber ich verstand sie, sie gefiel mir, und besonders gut gefiel es mir, dass die Amerikaner nichts dagegen hatten, dass ich in mancher Hinsicht ein wenig anders war. Ich wollte dabei sein, als sie den Drehplan schrieben, ich fand, dass der Kameramann vielleicht auch etwas zu sagen hat, wenn die Produktion plant, wie viel Zeit und Aufwand für eine Szene nötig ist. Ich hatte das in Deutschland immer so gemacht, und die Amerikaner hatten nichts dagegen, dass ich so arbeitete, auch wenn es im amerikanischen Film eigentlich nicht üblich war.

Es liegt der Zauber des Anfangs auf dieser Erinnerung; Helga war dabei, die Jungs bekamen ein Praktikum und durften für Jeffrey Townsend kleine Hilfsarbeiten erledigen, und mit dem klugen, eigensinnigen John Sayles wollte ich bald wieder zusammenarbeiten. So kam es auch – und dann doch wieder nicht. Wir drehten, ein paar Monate später, zusammen zwei Videoclips für Bruce Springsteen, »I'm on Fire« und »Glory Days«. Aber dass wir noch einmal einen Film zusammen drehten, dagegen schienen sich unsere Terminkalender verschworen zu haben.

Wir flogen zurück nach Deutschland, und obwohl »Baby It's You« eine Studioproduktion gewesen war, hatte ich nicht das Gefühl, ich wäre jetzt angekommen im Hollywoodgeschäft. Ich wollte Kameramann sein, ich wollte möglichst gute Filme machen, aber ich hatte keinen Karriereplan, und ich wäre niemals auf die Idee gekommen, mich auszustrecken nach dem nächsten Hollywoodfilm.

Stattdessen fuhr ich mit Peter Lilienthal nach Portugal, wo wir »Das Autogramm« drehten, einen Film, der in einem fiktiven südamerikanischen Land spielte und um Lilienthals wichtigste Themen kreiste, um Anpassung und Widerstand, um Diktatur und Willkür und die Frage, ob sich einer aus der Politik wirklich heraushalten und trotzdem seine Integrität bewahren kann. Ich glaube, es ging um einen Boxer und einen Bandoneonspieler, die sich raushalten wollen und von der Diktatur erst gebraucht und dann zerstört werden. Ich glaube, es ging beim Drehen vor allem darum, dass Portugal nicht allzu portugiesisch aussah, aber auch darum, die Schönheit des Ortes strahlen zu lassen, diese fiktive südamerikanische Welt, die wohl vor allem für Chile und Argentinien stand, vielleicht auch für Uruguay, wo Lilienthal aufgewachsen war. Ich glaube, so war es, genau weiß ich es nicht mehr, was daran lag, dass mal wieder das Telefon klingelte in einem Hotel.

Martin Scorsese war dran, das musste ich, als er wieder aufgelegt hatte, erst einmal verkraften. Ich hatte ihn ein paar Jahre zuvor aus der Ferne gesehen, auf der Berlinale, wo er seinen »Raging Bull« vorgestellt hatte, und als der Film lief, hatte ich Helga ins Ohr geflüstert: Mit Scorsese würde ich auch gern mal drehen. Damit hatte ich einen Wunschtraum beschrieben, keinen Plan. Mit Scorsese zu drehen, das fand ich als Zukunftsaussicht so realistisch wie zum Mond zu fliegen. Ich fand seine Filme genial. Ich liebte »Mean Streets« und »Boxcar Bertha«, ich bewunderte »Taxi Driver«. Und »Raging Bull« hatte mich fast umgehauen.

Er sprach, ich hörte zu und war aufgeregt. Er sprach von einem Film, den er als Nächstes drehen wollte: »The Last Temptation of Christ«. Ein großer Film über ein großes Thema. Der Sohn Gottes und sein Leben als Mensch. Er könne sich vorstellen, diesen Film mit mir zu drehen.

Als Nächstes sehe ich mich in Los Angeles vor dem Haus von Martin Scorsese stehen. Ich hatte eine Blume in der Hand, es war sein Geburtstag, es muss also der 17. November gewesen sein, ein Herbsttag, wenn es so etwas wie Jahreszeiten gäbe in Los Angeles. Er erzählte mir von Nikos Kazantzakis' Roman »Die letzte Versuchung Christi«, den ihm die Schauspielerin Barbara Hershey vor mehr als zehn Jahren beim Dreh von »Boxcar Bertha« gegeben habe. Es sei ein unglaublicher Roman, so faszinierend, dass er, Scorsese, es jahrelang hinausgezögert habe, ihn zu Ende zu lesen. Er war klein, er sprach schnell, ich wunderte mich, dass ich jedes Wort verstand, obwohl ich noch nicht so viel Übung hatte.

Er habe das Buch inzwischen nicht nur fertig gelesen, es gäbe auch ein Drehbuch, das sehr gut sei. Paul Schrader, der schon die Bücher zu »Taxi Driver« und »Raging Bull« geschrieben hatte und seit seinem Film »American Gigolo« selbst ein weltberühmter Regisseur war, Paul Schrader habe schon zwei Fassungen geschrieben, und demnächst könne es losgehen. Er habe ein Budget von achtzehn Millionen, was damals, Anfang der Achtziger, unglaublich viel Geld war. Und die Besetzung sei auch schon perfekt. Aidan Quinn werde Jesus spielen, Sting den Pontius Pilatus, und die Kanadierin Vanity, die damals als Sängerin, Model und Sexsymbol sehr populär war, werde die Maria Magdalena spielen.

Ich hörte zu, ich war erstaunt, wie ruhig und konzentriert Scorsese sprach, ich hatte ihn mir, wohl wegen der kleinen Rollen, die er selbst immer wieder in seinen Filmen spielte, viel zappeliger, nervöser, aufgeregter vorgestellt. Und als er mich nach meinen Vorstellungen fragte, versuchte ich ein paar Ideen zu formulieren, die naturgemäß sehr vage waren; ich kannte ja das Buch nicht, und worum es Scorsese ging, hatte er mir eben erst erzählt. Es ging ihm um Jesus, den Menschen, nicht den Gottessohn. Es ging ihm um einen Mann, der die eigene Passionsgeschichte überlebt. Und dann weiterleben will, mit Maria Magdalena, der ehemaligen Prostituierten, als seiner Frau. Was auch immer ich damals so sagte, muss Scorsese gut genug gefallen haben. Er bot mir den Job des Kameramannes an, und dann war ich auch schon auf dem Weg nach Israel, wo die Vorbereitungen schon begonnen hatten. Natürlich hatte es zwischendurch den einen oder anderen Moment gegeben, da fürchtete ich, dass ich mir das alles eingebildet hätte: Der reine Wahnsinn, ich diskutiere mit Martin Scorsese über seinen neuen Film. Aber dann kam der Vertrag, und dann stand ich in Israel und war überwältigt. Die Motive waren riesig. Ein gigantischer Kamerakran, der sogenannte Chapman-Kran, von dem es, glaube ich, nicht mehr als zwanzig gab auf der ganzen Welt, stand schon für mich bereit. Man plane, mit fünftausend Statisten zu drehen, erzählten mir die Leute von der Produktion, und die Kostüme seien schon geschneidert. Das Kamerateam, mit allen Beleuchtern und Oberbeleuchtern und Bühnenleuten, war so groß, wie beim frühen Fassbinder das ganze Filmteam gewesen war. Ich dachte erst: Was für ein ungeheurer Reichtum, und ich glaubte immer, Jesus sei ein Mann aus dem Volk gewesen, kein reicher Mann, und die, zu denen er gesprochen habe, seien die Armen gewesen.

Und dann dachte ich: Oh Gott! Und nochmal. Oh Gott! Wie schaffe ich das, wie werde ich all diese Leute dirigieren und kommandieren? Und wann werden sie merken, dass mir das alles eine Nummer zu groß vorkommt?

10

Scorsese

After Hours

Es war kurz vor Weihnachten, als ich die Nachricht bekam, dass »The Last Temptation« abgesagt sei, und ich glaube nicht, dass ich damals erleichtert war. Ich hatte den Schock, den mir die pure Größe des Projekts erst einmal versetzt hatte, bald überwunden. Ich hatte darüber nachgedacht, und natürlich hatte ich mit Helga gesprochen, und das Ergebnis war, dass ich allen Grund hatte zur Euphorie. Mit solchen Mitteln, solchen Budgets und natürlich mit diesem Regisseur zu arbeiten: das war nicht denkbar in Deutschland. Und das war es doch, wofür ich Kameramann geworden war. Das war, wovon ich träumte, als ich in der Studiohalle der Bavaria stand und Max Ophüls beim Inszenieren und Christian Matras beim Fotografieren zuschaute.

Ich war enttäuscht, ich war traurig, und eine Zeit lang dachte ich: Es war ein schöner Traum. Ich war naiv, dass ich glaubte, das wäre die Wirklichkeit.

Sie waren nervös geworden bei der Paramount, nicht nur wegen des riesigen Budgets. Es hatte sich herumgesprochen, dass dies die Geschichte sei, in der Jesus heirate und Kinder zeuge mit Maria Magdalena, und es gab eine Menge Leute, die dagegen etwas hatten. Bei den Katholiken stand Kazantzakis' Buch auf dem Index. Bei den Orthodoxen galt es als Blasphemie. Und die fundamentalistischen Protestanten, die sich in der »Moral Majority« organisiert hatten, protestierten laut und aggressiv. Sie schickten ihre Protestbriefe an die Paramount, sie wandten sich an Gulf and Western, den Konzern, dem Paramount gehörte. Gulf and Western hatte einen neuen Vorsitzenden, der absolut keinen Ärger wollte. Und als sich Scorsese an die Verleihfirma United Artists wandte, erzählten die ihm nur, dass es überhaupt nicht möglich sei, keinen Ärger zu bekommen mit religiösen Filmen. Selbst gegen George Stevens' »The Greatest Story Ever Told« hatte es Proteste gegeben, und als Anthony Quinn in »Messenger of God«, einem Film über den Propheten Mohammed, spielte, gab es Bombendrohungen.

Es wurde also nichts mit mir und Scorsese, und dass die Geschichte mit mir und Amerika nicht vorbei war, nur weil wir jetzt die größte aller Geschichten doch nicht erzählen durften, dafür gab es ein paar Hoffnungszeichen. Es war, glaube ich, noch einmal Jeffrey Townsend, der mir den nächsten Job in Amerika beschaffte, es war der nächste Teenagerfilm, und es war wieder ein Vergnügen und eine Herausforderung. »Reckless« hieß der Film, und wenn ich später mit Freunden und Kollegen über die Dreharbeiten sprach, meinten die meisten, das sei anscheinend mein erster richtig teurer amerikanischer Film gewesen, so sehe er jedenfalls aus. Mag sein, dass das an der Besetzung liegt, Daryl Hannah und Aidan Quinn wurden Stars mit ihren nächsten Filmen, aber damals kannte kaum einer Aidan Quinn, und Daryl Hannah hatte in »Blade Runner« bloß eine Nebenrolle gespielt, eine neurotische Replikantin, wenn ich mich richtig erinnere.

Es lag wohl an James Foley, dem Regisseur, der extrem ambitioniert war und sich gut auskannte mit Filmen und der Filmgeschichte und der anscheinend die meisten meiner Filme mit Fassbinder gesehen hatte. Es war eigentlich ein Low-Budget-Film, aber Foley gab sich mit nichts, was bloß Routine und ganz gut war, zufrieden. Ständig fragte er, ob das, was wir da inszenierten, schon das Allerbeste sei. Es standen Nachtszenen im Drehbuch, aber das Geld, sie perfekt auszuleuchten, stand nicht im Budget, und so haben wir uns eben etwas einfallen lassen. »Reckless« war die Liebesgeschichte zwischen einem Mädchen mit reichen Eltern und einem Jungen aus der Arbeiterklasse; sie spielte in einer kleinen Industriestadt mit einem großen Stahlwerk, irgendwo in Pennsylvania, und um diese Fabrik groß und bedrohlich erscheinen zu lassen, besorgten wir uns zwei Nebelmaschinen, strahlten den Nebel von hinten an und hatten einen Effekt, viel stärker, als wenn wir das Gelände ausgeleuchtet hätten. Das Stahlwerk im Gegenlicht sah gigantisch aus. Das sind so die Tricks, mit denen man einen Vier-Millionen-Dollar-Film wie einen Zehn-Millionen-Dollar-Film aussehen lässt. Es gab, viele Jahre später, immer wieder Momente, da fragte ich mich, was das größere Abenteuer sei: einen Vier-Millionen-Film wie zehn Millionen aussehen zu lassen – oder einen Hundert-Millionen-Film wie hundert Millionen. Und dann spürte ich große Lust, wieder kleinere Filme zu machen.

Es standen auch zwei Liebesszenen im Drehbuch; Daryl Hannah sollte nackt sein, und so stand es auch im Vertrag, den sie unterschrieben hatte. Als es aber so weit war, wollte sie nicht, James Foley musste lange auf sie einreden, schließlich machte sie es doch. Bei der zweiten Szene blieb sie hartnäckiger. Foley drohte ihr, dass es teuer werde, wenn sie ihren Vertrag breche, und das war der Moment, da brachte Daryl Hannah ihren reichen Onkel ins Spiel. Der übernahm für seine Nichte die Verhandlungen und wollte wissen, was so ein Vertragsbruch maximal kosten würde.

Vier Millionen, sagte Foley, womit er natürlich übertrieb.

Das wäre okay, sagte der Onkel, der anscheinend ein sehr reicher Onkel war.

Die beiden, Foley und Hannah, einigten sich dann aber noch; die Liebesszene wurde gedreht, Daryl Hannah war nackt, aber man sah nur Schultern und Beine, und alle waren zufrieden. In ihrem nächsten Film, der »Splash« hieß und sie berühmt machte, spielte Daryl Hannah eine Seejungfrau; da hatte sie die meiste Zeit oben herum gar nichts an. Und unten trug sie so eine Art Fischkostüm.

Mit Foley erging es mir wie mit Sayles, ich mochte ihn, ich mochte die Arbeit, und trotzdem haben wir es nicht geschafft, zusammen noch einen Film zu drehen. Nur das Video zu Madonnas »Papa Don't Preach«, Jahre später; vermutlich haben diesen kleinen Clip mehr Menschen gesehen als alle meine Kinofilme zusammen.

So war mein Leben in den frühen Achtzigern, und ich fand es ganz gut. Ich drehte in Deutschland, ich drehte in Amerika, und in Amerika gefiel es mir besser, was nicht nur an Margarethe von Trotta und Hans W. Geißendörfer lag; an denen lag es aber auch. Ich freute mich, nach Hause zu kommen, ich dachte nicht daran, ganz nach Amerika zu ziehen, schon wegen Helga, die sich unter Menschen, die Deutsch sprachen, wohler fühlte. Ich hörte aus der Ferne vom Tod Rainer Werner Fassbinders und war bestürzt und sehr traurig. Überrascht war ich nicht, er hatte es ja vorausgesagt. Es war 1982, am Fronleichnamstag, und obwohl es vier Jahre her war, dass wir zuletzt zusammengearbeitet hatten; und obwohl ich, wenn ich überhaupt zwischendurch an ihn dachte, meistens froh war, dass ich dem Monster entkommen war, so änderte dieser Tod doch alles. Oder zumindest sehr viel. Was war denn das deutsche Kino ohne Fassbinder? Wim Wenders drehte in Amerika, Volker Schlöndorff drehte in Amerika. Es war nicht sehr reizvoll, in einem Deutschland zu bleiben, in dem Rainer Werner Fassbinder keine Filme mehr drehte, und ich war froh über jedes Angebot aus Amerika. In Kalifornien drehte ich mit Bobby Roth, der damals als sehr begabter Regisseur galt (und dann doch ein Mann der Fernsehserien wurde), einen Film über Kunst, Freundschaft und Liebe, der »Heartbreakers« hieß und zur Berlinale eingeladen wurde. Und als ich gerade dabei war, mich an den Gedanken zu gewöhnen, dass ich eben in den nächsten Jahren kleine amerikanische Filme drehen würde, was ich auf jeden Fall reizvoller und spannender fand als die Aussicht, solch große deutsche Filme wie den »Zauberberg« zu drehen, kam der nächste Anruf von Scorsese.

Nein, Scorsese war diesmal nicht selber am Apparat. Es war Amy Robinson, eine Produzentin, die ich kannte; sie hatte »Baby It's You« produziert. Amy Robinson war eine schöne, dunkelhaarige Frau, die in Scorseses »Mean Streets« die weibliche Hauptrolle gespielt und dann doch auf eine Karriere als Schauspielerin verzichtet hatte. Lieber produzierte sie Filme, zusammen mit Griffin Dunne, der auch beides war, Schauspieler und Produzent. Sie hätten ein Projekt mit Scorsese, ob ich Zeit hätte, es läge auch an mir, ob es überhaupt etwas werde.

Es war nicht gut gelaufen für Martin Scorsese seit unserer letzten Begegnung. Er hatte fast ein Jahr an der Vorbereitung für »The Last Temptation« gearbeitet, und dann stand er da und hatte nichts. Keinen Film, kein Projekt, keinen Plan. Seine letzten Filme waren nicht gut gelaufen. »The King of Comedy« war ein Totalflop an den Kinokassen, »Raging Bull«, der heute als Klassiker gilt, war auch kein Hit gewesen. Und davor hatte Scorsese »New York, New York« gedreht, mit dem die Produzenten enorm viel Geld verloren hatten.

Martin Scorsese brauchte dringend einen Film, aber es gab zu dieser Zeit niemanden, der ihm einen großen Film, ein großes Budget anvertraut hätte. Die Leute von Paramount sprachen mit ihm über »Beverly Hills Cop« und über »Witness«, und Scorsese fühlte sich verhöhnt, weil beide Projekte so offensichtlich nicht zu ihm passten. Sein Anwalt, Jay Julien (der in »The King of Comedy« ein paar unvergessliche Auftritte als Anwalt hatte), gab ihm das Skript eines Filmstudenten von der Columbia University. Der Student hieß Joe Minion, das Buch hieß »A Night in SoHo«, und Scorsese war nach drei, vier Seiten überzeugt. Es sei kein richtiges Drehbuch gewesen, hat Scorsese später erzählt, eher eine Story, aber eben eine sehr gute Story mit Dialogen, die ihm gefielen.

Die Rechte hatten Amy Robinson und Griffin Dunne, das war das Gute daran, und es war das Problem. Es würde kein Hollywoodfilm werden, es war eine unabhängige Produktion, es ging um einen Low-Budget-Film, und angesichts der Story war das Budget very low. Sie hatten vier Millionen Dollar, für einen Film, der ausschließlich nachts spielen sollte, auf den Straßen von SoHo, in Downtown Manhattan.

Scorsese, der so besessen wie Fassbinder sein konnte, hatte, zusammen mit Minion, Dunne und Robinson, das Buch zum Drehbuch umgeschrieben, und dann hatte er sich hingesetzt und eine sogenannte Shotlist angefertigt. Das heißt, er hatte den Film im Kopf schon mal inszeniert und dann Einstellung für Einstellung kurz skizziert. Als Scorsese mir diese Shotlist zeigte, war ich überwältigt. Er hatte den Film eben nicht nur im Kopf. Er war da beschrieben, so klar und präzise und zugleich so voll von einem visuellen Reichtum, einer visuellen Kraft, dass ich den Film genau vor mir sah.

Das Problem, sagte Scorsese, ist, dass wir hier fünfhundert Einstellungen haben. Und dass das heißt, dass wir vierzehn bis sechzehn Einstellungen pro Drehtag schaffen müssen. Normalerweise schaffe ich fünf. Und das hier sind keine Drehtage, es sind Nächte, was die Sache nicht einfacher macht.

Ich sagte, das sei zu schaffen.

Scorsese schaute, staunte, und wenn er mir damals nicht geglaubt hat, dann konnte er das gut verbergen. Es blieb ihm ja nichts anderes übrig, als mir zu vertrauen. Er wollte diesen Film drehen, und den amerikanischen Kameramann, der sich auf diese Bedingungen einließ, den hätte er lange suchen können.

In diesem Moment wurde mir bewusst, was für ein Glück ich hatte, dass »The Last Temptation« erst einmal gescheitert war. Das wäre ein vollkommen fremdes Terrain gewesen, das riesige Budget, die riesigen Drehorte, die Massen von Statisten. Das hier war mein Terrain. Ich hatte das, was Scorsese von mir wollte, neun Jahre lang geübt. Für Fassbinder waren solche Drehpläne normal. Ich drehte also den nächsten kleinen Film, aber ich drehte ihn mit Martin Scorsese, und ich fühlte mich unverhofft sicher dabei.

Martin Scorsese hat mir später erzählt, dass er sich so jung gefühlt habe wie seit Jahren nicht mehr. Er hatte »Taxi Driver« mit einem ähnlich knappen Budget, in ähnlich kurzer Zeit gedreht, aber das war acht Jahre her, und seither waren seine Produktionen größer und viel schwerfälliger geworden.

»After Hours«, wie der Film jetzt hieß, war die kleine, seltsame, manchmal absurde Geschichte von einem Mann, der eigentlich nur ein Mädchen in SoHo besuchen will, spätabends, weil er glaubt, er könne bei ihr landen. Es ist das SoHo der frühen Achtziger, noch nicht gentrifiziert, das Viertel der Künstler, der Bohème, der Homosexuellen, der Bars, die erst im Morgengrauen schließen. Der Held, ein netter, braver Angestellter, geht fast verloren auf dieser Reise durch die New Yorker Nacht. Griffin Dunne, der Produzent, spielte diesen Mann, das Mädchen war Rosanna Arquette, die ich kannte seit »Baby It's You«, und unter den eigenwilligen Gestalten, die diese Nacht bevölkern, waren John Heard und Linda Fiorentino, Teri Garr, Verna Bloom und die Komiker Cheech und Chong. Es gab praktisch niemanden, der nicht froh war, in einem Scorsese-Film mitzuspielen, es gab kaum jemanden im Team, für den es nicht eine Frage der Ehre gewesen wäre, dass wir unser Pensum schafften. Und Scorsese, der die ersten paar Nächte noch durch den Sucher der Kamera geschaut hatte, so als ob er mir doch nicht ganz traue, Scorsese fing an, mir zu vertrauen, und wir blieben im Plan.

Bis auf eine, allerdings wichtige Szene. Der Film hatte kein Ende, keines jedenfalls, das irgendwen überzeugt hätte. Am Schluss ist halb SoHo hinter Griffin Dunne her, weil die Leute ihn für einen lange gesuchten Verbrecher halten, und Verna Bloom, die eine Künstlerin spielt, versteckt ihn in ihrem Atelier. Die erste Drehbuchfassung endet damit, dass

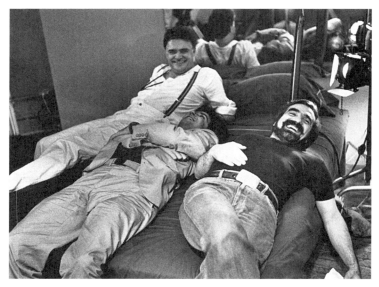

Mit Martin Scorsese und Griffin Dunne am Set von »After Hours«

Dunne ihr, als der Morgen graut, ein Eis kauft. Die zweite Fassung lief darauf hinaus, dass Verna Bloom, die Skulpturen aus Pappmaché formt, Griffin Dunne als Skulptur tarnt, und dann kommen Cheech und Chong und stehlen ihn und fahren mit ihm davon. Zwischendurch gab es noch die Idee, Verna Bloom zur Riesin wachsen zu lassen, und Griffin Dunne, winzig geworden, verschwindet zwischen ihren Beinen, nachdem sie ihn gewarnt hat: Nimm deine Uhr ab, wenn sie nicht wasserdicht ist.

Dies wurde, zum Glück, schnell verworfen.

Es war schließlich Michael Powell, der legendäre englische Regisseur, der Mann, der »The Red Shoes« und »Peeping Tom« inszeniert hatte und damals mit Scorseses Cutterin Thelma Schoonmaker in New York zusammenlebte, der Scorsese zum besten Ende inspirierte. Cheech und Chong klauen die Skulptur. Aber dann fällt sie aus dem Lieferwagen, genau vor Griffin Dunnes Büro. Es ist Morgen, die Türen werden gerade geöffnet. Und er setzt sich an seinen Arbeitsplatz, wie immer. Nur dass er ein anderer geworden ist.

Martin Scorsese hatte sein Comeback mit diesem Film. »After Hours« war kein Blockbuster, verdiente aber Geld, und Scorsese, was ihm eigentlich wichtiger war, gewann eine Goldene Palme bei den Filmfestspielen in Cannes.

Und ich merkte, wie sich allmählich herumsprach, dass Scorsese diesen schnellen und effizienten Kameramann aus Deutschland hatte.

11
Die Kugeln rollen
Schlöndorff, Scorsese und die Farben Amerikas

Die Erinnerung ist kein Film, der rückwärts abgespielt wird; die Bilder im Gedächtnis laufen vorwärts, und manchmal bleiben sie stehen, und man sieht, was einem damals, als es passiert ist, gar nicht aufgefallen ist, weil der Moment so schnell vorüber war. Es gibt Doppelbelichtungen, es gibt Zeitlupen und Zeitraffer, und es gibt Winkel im Gedächtnis, die nur sehr schlecht ausgeleuchtet sind.

Ich erwähne das nur, weil es, von heute aus betrachtet, so logisch und so folgerichtig erscheint, dass Martin Scorsese und ich noch viele Filme miteinander drehten. Wir waren, fanden wir selbst und auch die meisten, die mit uns arbeiteten, ein ziemlich gutes Paar. Ich mochte ihn, wofür man ja keine Gründe braucht, und ich schätzte und verehrte ihn für seine Kraft, seine Energie, seine wunderbar produktive Nervosität. Er war besessen von seinen Ideen, seinen Figuren, seinen Geschichten, er hatte einen katholischen Kopf und ein amerikanisches Herz, und wenn es darum ging, die Versuchungen, die Verlockungen und Verführungen zu inszenieren, waren wir uns eigentlich immer einig darin, dass man dazu die Kamera entfesseln musste. Er war besessen, und ich wusste seit Fassbinder, dass ein besessener Filmemacher vielleicht schwieriger ist, aber eben auch viel reizvoller und interessanter als all jene, die brav herunterkurbeln, was in ihren Drehbüchern steht.

Ich glaube, Scorsese mochte mich dafür, dass ich ganz anders war. Ich hatte nie ein Talent dafür, mich aufzuregen, herumzutoben, meine Nervosität, wenn ich sie spürte, nach außen zu kehren. Ich blieb ruhig, es war die Kamera, die sich bewegte, und ich glaube, dass das eine meistens die Voraussetzung für das andere war.

Ich wusste, als wir fertig waren mit »After Hours«, nicht unbedingt, wie es weitergehen würde mit Scorsese. Ich ahnte, dass es nicht unser letzter Film war. Es gab Leute, die sagten, ich hätte ihm die Karriere gerettet. Ich selber sagte lieber, dass wir zusammen bewiesen hatten, dass man einen sehr guten Film relativ schnell und billig drehen konnte, wenn man nur inspiriert und diszipliniert war. Ich wünschte mir, mit Scorsese weiter zu arbeiten. Ich wusste aus meiner Zeit mit Fassbinder, dass es zwar gut ist, mit einem inspirierten Regisseur zu arbeiten, es aber noch besser ist, wenn der inspirierte Regisseur und sein Kameramann gut aufeinander eingespielt sind.

Ich weiß nicht mehr genau, wann ich erfuhr, dass Scorsese auch seinen nächsten Film mit mir drehen wollte; ich glaube, er ließ mich nicht lange warten. Aber für einen Regisseur ist es aufwendiger, und es dauert länger, den nächsten Film vorzubereiten. Und so kam es, dass ich, bevor wir uns an »The Color of Money« machten, zwei Filme drehte, die unterschiedlicher gar nicht hätten sein können.

Es ist ja eines der ältesten Klischees, dass man als Deutscher nicht die Fifth Avenue entlanggehen kann, ohne einen anderen Deutschen zu treffen, den man kennt, und dass der Mann, den ich dort traf, Volker Schlöndorff war, das lag daran, dass ich eben solche Leute kannte.

Er erzählte mir, dass er das Angebot habe, die Broadway-Inszenierung von »Death of a Salesman« fürs Kino zu adaptieren.

Toll, sagte ich, das musst du machen.

Ja, sagte Schlöndorff, das sei ein Angebot, das man nicht ablehnen könne. Trotzdem wisse er nicht, ob er zusagen solle. Arthur Miller, der Autor, wolle bei den Dreharbeiten dabei sein, was bestimmt kein Vergnügen werde. Dustin Hoffman spiele die Hauptrolle, und man sage ihm nach, dass er schwierig sei. Außerdem hatte Hoffman die Rolle ungezählte Male am Broadway gespielt, das Team war eingespielt, so dass es nicht viele Möglichkeiten für eine eigene Filmfassung gab. Er wisse wirklich nicht, ob er sich darauf einlassen solle.

Ich habe das Stück mindestens dreißig Mal gesehen, sagte ich, es ist ein tolles Stück.

Was, dreißig Mal, warum das denn, fragte Schlöndorff.

Willy Loman, der Handlungsreisende: das war die Paraderolle meines Vaters.

Wir gingen noch ein paar Blocks zusammen weiter, unterhielten uns über das Stück. Und am Schluss des gemeinsamen Wegs fragte Schlöndorff, ob ich das machen wolle mit ihm. Ich sagte ja, wir besiegelten unseren mündlichen Vertrag per Handschlag.

Es war dann beides, einfach und schwierig zugleich. Einfach, weil Dustin Hoffman und ich sofort einen guten Draht zueinander hatten. Wir mochten einander und sind im Lauf der Jahre richtig gute Freunde geworden. Und dass er mich damals mochte, bedeutete vor allem: Er vertraute mir. Er war offen, was meine Vorschläge anging.

Und genau aus dem Grund war es auch schwierig: Dustin Hoffman und seine Mitspieler, Kate Reid als seine Frau, John Malkovich und Stephen Lang als seine Söhne, sie alle hatten ihre Rollen seit Monaten am Broadway gespielt. Es war eine Inszenierung von Michael Rudman, am Broadhurst Theatre, und niemand erwartete von Schlöndorff, dass er einfach nur das, was auf der Bühne geschah, abfilmen würde. Dafür hätte man keinen Oscarpreisträger gebraucht. Aber als Schlöndorff die Handlung von der Bühne holte, stand er vor der Herausforderung, dass es die Inszenierung schon gab; dass also Hoffman und die anderen längst ihre Rollen definiert, ihre Beziehungen geklärt hatten. Und Arthur Miller schaute bei den Dreharbeiten zu, was insofern dann doch nicht so anstrengend wurde, als Schlöndorff und Miller sich schnell anfreundeten. Und Miller gut fand, was Schlöndorff aus der Broadway-Inszenierung machte. Hoffman, der täglich stundenlang in der Maske saß, weil er fast zwanzig Jahre zu jung für die Rolle war, er war Mitte vierzig, und Willy Loman ist im Stück Anfang sechzig – Dustin Hoffman war im Wesentlichen auch einverstanden, er war so einverstanden, dass er viel später in einem Interview einmal gesagt hat, diese Rolle in diesem Film (der eigentlich ein Fernsehmehrteiler für CBS war und nur im Ausland ins Kino kam) sei die beste schauspielerische Erfahrung seines Lebens gewesen. Wenn Dustin Hoffman aber mit den Mustern nicht einverstanden war, musste nachgedreht werden. Das war zwar nicht besonders nett dem Regisseur gegenüber, aber es war eben vor allem Dustin Hoffmans Film, und Schlöndorff nahm das sehr gelassen. Es gibt Filme, in denen sucht der Regisseur nach neuen Bildern, nach ungeahnten Ausdrucksformen, und was er auf die Leinwand bringt, sind die Dämonen, die ihn plagen. Dieser Film gehörte definitiv nicht dazu. Es ging vor allem darum, sich zurückzuhalten. Dustin Hoffman und John Malkovich, der Vater, der ein Verlierer ist, und der Sohn, der das nicht glauben will: das ist der zentrale Konflikt des Stücks, das war der zentrale Konflikt des Films – und vielleicht lag es daran, dass ich dieses Stück mochte und fast auswendig kannte. Jedenfalls hatte ich ein ganz gutes Gespür dafür, wie gut, wie perfekt, wie brillant Hoffman und Malkovich aufeinander eingespielt waren. Es konnte also gar nicht darum gehen, diese

Szenen gewissermaßen aufzubrechen und neu zu inszenieren, nur damit die Kamera alles gut im Blick behielt. Es ging darum, das, was sie spielten, genau so zu filmen, und so schlug ich immer wieder vor, einfach die Handkamera zu nehmen und mich mit den Schauspielern über den Set zu bewegen. Es entwickelte sich daraus ein Spiel, das uns allen ungeheure Freude machte. Manchmal, im Überschwang, bestand Malkovich darauf, dass er das Licht maß und mir die richtige Blendenöffnung vorschlug. Manchmal sagte Hoffman, das Ganze sei jetzt eine Choreographie für drei Schauspieler geworden, für Malkovich, für ihn und für mich und meine Kamera. »Der Tod des Handlungsreisenden« ist ein sehr guter Film geworden, gerade weil keiner genau sagen kann, wessen Film das letztendlich sei. Klar, fürs Publikum war es ein Dustin-Hoffman-Film. Für die Kritiker, zumal die deutschen, war es ein typischer Volker-Schlöndorff-Film: eine Literaturverfilmung mit sehr guten Schauspielern und wenig eigener Ambition. Und in Wirklichkeit war genau das die Stärke dieses Films: dass keiner so genau sagen konnte, wessen Film das wirklich war, weil so viel Talent von so vielen Menschen daran beteiligt war.

Wir hatten, seit ich nur noch in Amerika arbeitete, unser Leben neu organisiert. Wir verbrachten so viel Zeit wie nur möglich in Berlin, wir hatten inzwischen eine schöne große Wohnung in Zehlendorf, nahe dem Mexikoplatz – und für uns beide war es eine Erholung und eine Kraftquelle, in Berlin zu sein. Helga hatte, so viel Mühe sie sich auch gab, kein großes Talent für die englische Sprache, sie konnte sich natürlich verständigen, sie verstand, was die Leute zu ihr sagten. Aber ein Buch auf Englisch zu lesen, womöglich englisch zu denken für ein paar Tage oder Wochen, das machte ihr keine große Freude. Und so war sie umso glücklicher, wenn sie nach Hause kam. Ich hatte nichts dagegen, so zu leben, im Gegenteil. Es war richtig, in Amerika zu arbeiten, es war für einen Kameramann die bessere Art, Filme zu drehen. Es wurde visuell gedacht, es war, selbst wenn das Geld knapp wurde, leichter, einen Kran oder eine Steadycam zu bekommen, weil das Bewusstsein von der Kraft und der Wichtigkeit der Bilder viel größer war. Und die Wertschätzung für die Arbeit drückte sich schon in den Bezeichnungen aus. In Deutschland war ich ein Kameramann, in Amerika sagten sie: Director of Photography, was nicht nur anders klang, sondern etwas anderes bedeutete. Ich habe, wovon noch zu erzählen sein wird, in Amerika mit Regisseuren gearbeitet, die waren sehr gut, die konnten alles Mögliche. Aber wie man eine Szene auflöst, wie man sie beleuchtet, das wussten sie nicht. Und im Gegensatz zu vielen ihrer deutschen Kollegen war ihnen das auch bewusst. Es machte nichts, sie hatten ja einen Director of Photography, auf den sie sich verlassen konnten.

Es war also richtig, in Amerika zu arbeiten – und genauso richtig war es, die freie Zeit in Deutschland zu verbringen; die paar tausend Kilometer, die dann zwischen mir und meinem Arbeitsplatz lagen, taten dem Geist und der Seele sehr gut. Selbst der schlimmste Ärger und die größten Probleme werden kleiner, wenn die Ferne, aus der man sie betrachtet, nur groß genug ist.

Und trotzdem war es Zeit, eine Wohnung in New York zu suchen. Irgendwer aus Scorseses Team kannte irgendjemanden, der hatte eine Wohnung in Greenwich Village und wohnte da aber nicht mehr und wollte auch die Miete nicht mehr zahlen, und der hat uns seine Wohnung untervermietet, ein charmantes Appartement in einer Art Reihenhaus in der Carmine Street, gleich um die Ecke bei dem kleinen dreieckigen Platz, den sie dort Father Demo Square nennen, nach dem italienischstämmigen Pfarrer der Kirche Our Lady of Pompeii, der dort wohl sehr populär gewesen war, Anfang des 20. Jahrhunderts. Als wir die Wohnung gemietet haben, war das Viertel nicht mehr italienisch, so schick und teuer, wie es später wurde, war es aber noch nicht. Es gab Künstler, Studenten, Bohemiens. Und es gab noch die normalen Menschen, die inzwischen fast ganz aus Manhattan verschwunden sind.

Helga war fast immer dabei in Amerika. Sie hatte, weil die Karriere eher stagnierte, als dass viel vorangegangen wäre, ihre deutsche Schauspielerinnenlaufbahn abgeschlossen, und in Amerika versuchte sie es nicht einmal, was nicht Verzagtheit, sondern Realismus war. Sie sprach Englisch mit Akzent, und sie war zu erwachsen, als dass sie sich als das neue Gesicht aus Europa hätte präsentieren können. Sie organisierte die Familie, wenn wir in New York waren und die beiden Jungs in Berlin. Sie war und blieb meine Beraterin, was jetzt schwieriger war,

Mit der Familie in New York

weil die Drehbücher englisch waren, weshalb es länger dauerte, bis wir uns zusammen klargemacht hatten, was für ein Film daraus werden könnte und ob es der richtige Film für mich sei.

Ob Helga mir zugeraten hatte, mit Prince zu arbeiten, weiß ich nicht mehr. Abgeraten hatte sie jedenfalls nicht, und anfangs sah ja alles sehr verführerisch aus. Prince, der vermutlich der unruhigste, der produktivste und der musikalisch ambitionierteste Popstar der achtziger Jahre war, hatte ja ein paar Jahre zuvor schon einen Film gemacht, nicht als Regisseur, aber das Konzept, der Look, die Story des wundervoll überdrehten Popmelodrams »Purple Rain« hatte er sich ausgedacht, und weil der Film ein Hit geworden war, hatte Warner Brothers ihm einen neuen Vertrag gegeben. »Under the Cherry Moon« sollte der neue Film heißen, und was Prince vorschwebte, war ein dekadenter Film über zwei Jungs, die an der Côte d'Azur reiche Frauen ausnehmen, mit Prince als androgynem Herzensbrecher, schwarz-weiß gefilmt und absolut unrealistisch. Ich mochte Prince, den ich immer für einen sehr ernsthaften Künstler hielt. Ich mochte es, in seiner Limousine mitzufahren, wo er eigentlich immer Schostakowitsch hörte, laut und sehr intensiv. Ich mochte es, mit ihm zu arbeiten, wenn er morgens, eine Baguette in der Hand und sehr gut gelaunt und freundlich, am Drehort erschien. Er war fair zu den Leuten im Team, und auf mich war er ohnehin angewiesen, schon weil er früh die Regisseurin gefeuert hatte.

Es war Mary Lambert, die ein paar der besten Videoclips für Madonna gedreht hatte, »Like a Virgin« und »Material Girl«. »Under the Cherry Moon« sollte ihr erster Spielfilm werden, und mit der Arbeitsteilung, wie Prince sie sich vorstellte, war sie absolut nicht einverstanden. Prince wollte, dass das sein Film würde, er hatte Bilder und Szenen im Kopf und brauchte jemanden, der das nur ins Handwerk des Inszenierens übersetzte. Mary Lambert dachte, dass das ihr Film würde, und entsprechend trat sie auf. Und nach nur zehn Tagen war die Zusammenarbeit beendet. Mary Lambert bekam einen Credit als Beraterin. Prince fragte mich, ob ich denn mit den Dreharbeiten zufrieden sei. Ich verneinte.

Und er sagte: Ich auch nicht. Können wir das nicht zusammen machen? Du kriegst einen Credit als Co-Regisseur und wir können viel Spaß miteinander haben.

Prince war jetzt also selber der Regisseur, die Stimmung am Set war gut. Aber Prince war etwas überfordert von der Doppelbelastung als Regisseur und Hauptdarsteller, und das Drehbuch, das von Anfang an nicht besonders schlüssig gewesen war, taugte gar nichts mehr, als Warner Brothers auf einem happy end bestand. Eigentlich musste die ganze Handlung doch darauf hinauslaufen, dass Prince zum Schluss mit dem Tod für seine Sünden büßt.

»Under the Cherry Moon« hat schöne, musikalische Momente, subtile Bilder und Szenen und war doch kein großer Erfolg, und wenn ich mich heute daran erinnere, dann sind es eher die Dreharbeiten als der Film, die mir vor Augen stehen. Wir drehten in Nizza, und Prince fand, dass das ein Auftrag und eine Herausforderung war. Das Leben an der Côte d'Azur musste auch nach Drehschluss genossen werden, Prince und das Team testeten die örtlichen Nachtclubs. Es war wohl auch eine logistische Meisterleistung, wenn die verschieden Affären, die Prince dort unten hatte, einander nicht in die Quere kamen.

Es war nicht schlecht, solange es dauerte, und doch war ich froh, als es vorüber war. Dann war es endlich so weit, dass ich meinen zweiten Film mit Scorsese drehen konnte, und diesmal, glaube ich, war das knappe Budget nicht der einzige Grund, warum er mich haben wollte. Das Budget war knapp, auch wenn dieser Film, »The Color of Money«, viel größer und viel teurer als »After Hours« war. Zwei Stars spielten mit, der große Paul Newman, der damals Anfang sechzig war, und dieser junge, unverschämt begabte Tom Cruise, dem man schon aus der Ferne ansah, dass er groß werden wollte und dass ihm das gelingen würde. »Top Gun«, der Film, der ihn dann weltberühmt machte, war abgedreht, aber noch nicht angelaufen; was er allerdings vorzuweisen hatte, war die Komödie »Risky Business«, die ein großer Hit gewesen war.

Anscheinend waren diese beiden Stars so teuer, dass am Rest des Films gespart werden musste – ich erinnere mich, dass einer der Sätze, die ich am häufigsten zu hören bekam, so ging: Das ist nicht im Budget vorgesehen. Dummerweise war es Barbara do Fina, die diese Sätze sagte, und die war nicht nur die Produzentin des Films, sie war auch, seit kurzem, Scorseses Frau, was es schwerer machte, mit ihr zu streiten. Ich weiß noch, dass Martin Scorsese ein Funktelefon am Set haben wollte, und sie genehmigte diese Ausgabe nicht, und vermutlich hätte Scorsese jedem anderen Produzenten dafür Ärger gemacht. Aber mit seiner eigenen Frau wollte auch Scorsese sich nicht anlegen, und als wir während der Dreharbeiten Silvester feierten, gab es Champagner aus Plastikbechern, und keiner beschwerte sich.

Der Film war eigentlich Paul Newmans Projekt, eine Art Fortsetzung, nach fünfundzwanzig Jahren. Anfang der Sechziger hatte Newman mit dem Regisseur Robert Rossen »The Hustler« gedreht, einen schönen, dunklen schwarz-weiß fotografierten Film über einen jungen Billardspieler, der an seinem Hochmut scheitert. Es war einer der Filme, die Newmans Image begründet hatten, er war darin ein Rebell, aber zugleich war er sensibel, nachdenklich, voller Zweifel und Skepsis. Es war einer jener Filme, die wir, als junge Kinogänger in Baden-Baden, gar nicht richtig beachtet hatten, weil wir so gebannt auf die Filmkunst aus Europa schauten, dabei war »The Hustler« ein großer, moderner Film, absolut zeitgemäß inszeniert und subtil fotografiert von Eugen Schüfftan, dem deutschen Kameramann.

Es war Newman, der sich an Scorsese gewandt hatte, es gab ein Drehbuch, das Scorsese aber nicht überzeugte, und dann hatte sich Scorsese zusammen mit Richard Price, dem wunderbaren Romancier und Drehbuchautor, zusammengesetzt und das Drehbuch geschrieben, das wir schließlich verfilmten. Es ist die Geschichte von Fast Eddie Felson, der ein Vierteljahrhundert später einen Großhandel für Schnaps betreibt, mit einer Barfrau liiert ist und manchmal Billardwetten organisiert. Er ist cool und zynisch, bis er Vincent Lauria trifft, einen jungen Spieler, der so begabt und kaltblütig ist, wie Eddie es vor fünfundzwanzig Jahren war.

Sie hatten schon drei Wochen geprobt, bevor wir endlich zu drehen begannen, es war Paul Newmans Wunsch gewesen; er wollte sicher sein, er hasste es, zu improvisieren. Newman hatte, was seine Rolle anging, ein gewisses Mitspracherecht, und Martin Scorsese war ein wenig unsicher, wie er umgehen sollte mit diesem großen Star. Kann sein, dass das im Rückblick ein bisschen seltsam wirkt, wo doch Scorsese selber einer der größten Stars unter den Regisseuren ist. Aber damals war Scorsese Anfang vierzig, und die Stars, mit denen er gearbeitet hatte, Robert De Niro und Harvey Keitel, das waren gewissermaßen die Jungs, mit denen er groß geworden war. Scorsese hatte großen Respekt und konnte zu Newman nicht einfach im Befehlston sagen: Paul, mach dies, Paul, mach das!

Und das war der Moment, in dem ich ins Spiel kam. Ich verstand mich auf Anhieb gut mit Newman, und ich glaube, er merkte sehr schnell, dass ich, mit meiner ganzen Theatererziehung, ganz gut verstand, worum es den Schauspielern ging. Es war also nicht Scorsese, der sagte: Nein, das war Mist! Es war meistens ich, der Newman fragte, ob er es womöglich anders versuchen könne, wegen des Lichts, weil die Kamera dann besser heranfahren könnte, mit solchen Begründungen. Es funktionierte perfekt, Scorsese und ich setzten uns fast immer durch, ohne dass Paul Newman Einwände gehabt hätte.

Es war ein Film, nicht unbedingt über Billard, aber über zwei Billardspieler, und der Billardtisch war gewissermaßen der Schauplatz, auf dem die beiden Männer miteinander kommunizierten, gegeneinander kämpften, schließlich den Showdown entschieden. Sie hatten beide viel geübt, sie machten die meisten Stöße selbst – das war gut für den Kameramann. Wir mussten nicht erst Cruise oder Newman filmen, dann schneiden und jemand anderen der Stoß machen lassen; wir hatten die Freiheit, zwei Männer, die wirklich spielten, beim Spielen zu zeigen. Ich weiß nicht, ob wirklich viele Kinogänger darauf achteten, ob ein Schnitt kommt oder eben nicht. Aber ich weiß, dass, wenn wir dauernd geschnitten hätten, die Inszenierung künstlicher, steriler geworden wäre. Man sieht Tom Cruise, wie er sich quasi aufpumpt, wie er neben dem Tisch seine Show veranstaltet, und wir sehen, ohne Schnitt, denselben Mann, dieselben Hände beim Stoß, auf den es ankommt.

Schwieriger war es schon, das Spiel selbst so zu zeigen, dass es spannend blieb. Der Reiz eines Sports lässt sich eben nicht so einfach in eine Kinohandlung übersetzen, der Reiz des Sports besteht darin, dass echt ist, was passiert – und der Zuschauer hat ein ganz gutes Gespür dafür, dass, wenn der Ausgang eines sportlichen Duells im Drehbuch steht, der größte Reiz verloren gegangen ist. Die Konsequenz für unseren Billardfilm war, dass es, erstens, so schnell gehen musste am Billardtisch, dass der Zuschauer gar nicht auf die Idee kam, sich zu langweilen oder sich die Frage nach dem Drehbuch zu stellen. Zweitens musste diese Schnelligkeit sehr gut aussehen. Und drittens, was am allerwichtigsten war, drittens musste das Spiel der Kugeln eine Bedeutung bekommen, die über die Frage, wer gewann und wer verlor, weit hinausging. Im Stil des Spielers, in der Art, wie er die weiße Kugel stieß und die anderen Kugeln traf, über die Banden spielte und schließlich versenkte, musste zum Vorschein kommen, wie der Spieler war, was er wollte, worum es ihm ging.

Es war die Art von Arbeit, wie ich sie liebe, eine ungeheure Herausforderung – und zugleich die Gelegenheit, mit allen Möglichkeiten der Kamera zu spielen. Direkt von oben betrachtet, gab es nur den grünen Tisch und die bunten Kugeln, und wenn alles in Bewegung kam, sah es fast aus wie ein abstraktes Ballett. Dann war die Kamera wieder auf Augenhöhe mit den Kugeln. Wenn sie auf die Linse zurollten, konnten die Kugeln so bedrohlich aussehen, als wären sie aus einer Waffe abgefeuert. Und einmal wollten wir Paul Newmans Kopf im Bild haben und zugleich den Tisch und die Kugeln, welche er betrachtet, und dabei sollte die Kamera auf Newman zufahren, ihm immer näher kommen. Das sieht im Film ganz folgerichtig aus – und war doch nur zu schaffen, indem wir den Billardtisch auf einen hydraulischen Dolly stellten und alles stufenlos anhoben, je näher die Kamera Newmans Gesicht kam. Mag sein, dass sich das liest, als ob die Arbeit nur aus Tricks und technischen Finessen bestanden hätte. Aber das war eben das Thema des Films, sein Kern geradezu: das Spiel der Billardkugeln. Und das Spiel der Blicke, der Gefühle und der Taten zwischen den Menschen, das nach denselben Regeln funktionierte. Newman und Cruise spielten auch jenseits des Billardtisches gern über die Banden – und die Kamera verstärkte das, indem sie ganz entfesselt durch den Raum raste, schwenkte, fuhr, was den Regisseur Tom Tykwer einmal zu dem Satz inspirierte, Scorsese und Ballhaus, das sei ein Team gewesen wie Queue und Billardkugel.

Wir drehten in Chicago, wo der Winter mild war in jenem Jahr. Es war mir eine Freude, dort zu sein, in der amerikanischsten aller amerikanischen Großstädte, ich ging, wann immer der Drehplan es erlaubte, mit Helga ins Theater, ich lernte Amerika noch ein bisschen besser kennen. Und ich mochte es immer mehr. Selbst Tom Cruise, den das Publikum so gerne für eines dieser Großmäuler hält, die er ja tatsächlich so oft und so gern gespielt hat, selbst Tom Cruise, der in »Color of Money« ja ein besonders lautes Großmaul spielt, war, wenn die Kamera gerade nicht lief, ein höflicher und disziplinierter junger Mann, der klug genug war zu wissen, dass der Angeber, das Großmaul, diese Riesenpackung aus Adrenalin und Testosteron, dass das seine Rolle vor der Kamera war. Wenn die Kamera nicht lief,

Mit Paul Newman, Martin Scorsese und Crew am Set von »The Color of Money«

musste er, gerade weil er groß herauskommen wollte, sich zurückhalten, er musste höflich sein und bescheiden gegenüber dem weitaus größeren Paul Newman. Und so benahm sich Cruise damals auch.

Dass »The Color of Money« ein sehr guter Film geworden ist, das fand wohl auch Paul Newman, und dass er die Arbeit angenehm fand, das hatte er ja immer wieder zu erkennen gegeben, und so kam es wohl, dass er mich fragte, ob ich mit ihm zusammenarbeiten wollte, als er wenig später als Regisseur das Tennessee-Williams-Stück »The Glass Menagerie« fürs Kino inszenierte. Es gibt nicht viel zu erzählen, was nicht heißt, dass der Film uninteressant geworden wäre. Im Gegenteil. Aber dass ich mich mit Paul Newman auch weiterhin gut verstand, dass er cool und präzise und zurückhaltend inszenierte, und dass ich mich freute, wieder mit John Malkovich zu arbeiten, das ist halt noch keine Story.

Dass ich mich mit Kelly McGillis nicht so gut verstand, ist schon eher eine, auch wenn das keine besonders exklusive Sache war. So richtig gut verstand sich keiner mit ihr auf dem Set von »The House on Carroll Street«, diesem schönen altmodischen Thriller, der von der Hexenjagd und der Paranoia im Amerika der fünfziger Jahre erzählte. Mir war es ein Vergnügen, mit dem Thrillerspezialisten Peter Yates zu drehen, der ein Könner war und kein großes Drama daraus machte. Mir machte es Freude, dass dieser Film nicht nur von den Fünfzigern erzählte, sondern gewissermaßen auch im Stil jener Zeit inszeniert war, klassisch, eher elliptisch als direkt und voller Anspielungen auf die Hitchcock-Filme jener Jahre. Aber die Hauptrolle, eine Journalistin, die in eine Verschwörung hineingezogen wird, spielte Kelly McGillis, und die schien ein Problem zu haben. Sie war dreißig, sie sah sehr gut aus, und sie hatte mindestens zwei große Kinoerfolge vorzuweisen.

Sie hatte in Peter Weirs »Witness« die weibliche Hauptrolle gespielt, neben Harrison Ford, und beide, der Film und seine Hauptdarstellerin, hatten sehr gute Kritiken bekommen. Und sie hatte in »Top Gun« gespielt, neben Tom Cruise, dessen Film es mehr als ihrer war, aber eben ein gigantischer Hit, und sie hatte auch hier die weibliche Hauptrolle gespielt.

Ich wusste nicht, warum sie trotzdem so unausstehlich war. Ich wusste nur, dass sie mich nicht mochte, und ich mochte sie auch nicht, und für meine Arbeit spielte das insofern eine Rolle, weil es der Auftrag des Kameramanns ist, die Hauptdarstellerin so zu zeigen, dass sie schön, sympathisch und begehrenswert wirkt. Sie mochte auch ihren Filmpartner Jeff Daniels nicht; die beiden konnten einander geradezu nicht ausstehen, und, einmal abgesehen davon, dass das der Crew nicht gerade gute Laune machte: es erschwerte das Inszenieren von Liebesszenen ganz enorm, und es war wohl Peter Yates' Genie, dass das Publikum diese Paarung als kompliziert und delikat empfand, aber eben nicht als falsch. Es war vermutlich ein bisschen zynisch, dass die Produktion auf einer Nacktszene mit Kelly McGillis bestand, zumal die einzige Begründung darauf hinauslief, dass sie auch in »Witness« eine gehabt habe; und dass die sehr gut angekommen sei beim Publikum. Zum klassischen Stil von »The House on Carroll Street« passte so eine Szene nicht unbedingt, und dass Kelly McGillis sich wehrte, war erst einmal verständlich. Aber wie sie sich wehrte, das war extrem zickig und divenhaft, und zynisch, fürchte ich, war es auch. Denn als sie die Szene dann doch gespielt hatte, konnte sie gar nicht damit aufhören, sich nackt zu zeigen, womit sie mir auch auf den Wecker ging.

Der Film gefiel uns trotzdem sehr, als er fertig war, und Peter Yates drückte seinen Respekt vor meiner Arbeit ganz handfest aus: Er gab mir einen Teil seiner Gewinnbeteiligung ab. Was wirklich sehr großzügig war, allerdings spielte der Film noch nicht einmal seine Produktionskosten ein, und wo es keine Gewinne gibt, da gibt es auch keine Gewinnbeteiligung.

Ich dachte damals eigentlich, ich sei inzwischen einigermaßen angekommen in jener Welt, die wir hier in Europa gern Hollywood nennen, obwohl sie viel komplizierter strukturiert ist, als das der Name suggeriert. Dass ich immer noch relativ wenig Ahnung hatte, merkte ich, als ich die Bekanntschaft von James L. Brooks machte. Natürlich hatte ich den Namen schon gehört, natürlich wusste ich, dass er, ein paar Jahre zuvor, mit seinem Film »Terms of Endearment« drei Oscars gewonnen hatte, für Drehbuch, Regie und den für den besten Film. Aber sonst wusste ich nicht viel über ihn, er war eben ein Regisseur und Produzent, freundlich, professionell und sehr, sehr kalifornisch, der mir einen Job als Director of Photography anbot.

Der Film sollte »Broadcast News« heißen, das Budget war hoch, meine Gage war sehr anständig, und als ich sagte, dass ich meinen Sohn Florian dabeihaben wollte, als Zweiten Assistenten oder so etwas, sagte Brooks nur, kein Problem, das schreiben wir mit hinein in den Vertrag.

Als der Drehbeginn näher kam, hatte ich noch einmal eine Besprechung mit der Produzentin, ich glaube, sie hieß Penney Finkelman, sah sanft aus und war doch ziemlich zäh. Das mit Florian, sagte sie, das werde nichts, denn »Broadcast News« sei ein Film, in dem nur Gewerkschaftsmitglieder beschäftigt sein dürften. Und Florian sei eben nicht drin in der Gewerkschaft.

Es steht aber in meinem Vertrag, sagte ich.

Ja und, sagte sie.

Ich will, dass der Vertrag erfüllt wird. Wenn in meinem Vertrag steht, dass Florian mitarbeitet, dann will ich, dass das auch geschieht.

Und wenn nicht?

Ich muss diesen Film nicht machen.

Und das war der Moment, da schaute sie mich an, als hätte sie nicht richtig gehört, als hätte sie so einen dummen Satz überhaupt noch nie gehört. Sie sah aus, als würde sie vor Fassungslosigkeit gleich vom Stuhl fallen.

Wie bitte, fragte sie schließlich, kann es sein, dass Sie nicht wissen, wer Jim Brooks ist? Kann es sein, dass Sie keine Ahnung haben, was passiert, wenn Jim Brooks davon hört? Er wird nie wieder mit Ihnen sprechen. Und das bedeutet, dass sehr viele Leute nie wieder mit Ihnen sprechen werden. Es sind aber Leute, von denen Sie sich dringend wünschen werden, dass die auch weiterhin für Sie zu sprechen sind.

Ist mir egal, ich möchte, dass Florian dabei ist.

Es ging dann irgendwie doch, und Brooks hat weiterhin mit mir gesprochen, sehr freundlich sogar, weil wir sonst den Film gar nicht hätten machen können. Und ich brauchte eine ganze Weile, ich musste mit vielen Leuten sprechen, bis ich begriff, wie reich und mächtig James L. Brooks, den alle Jim nannten, wirklich war. Er hatte einige der erfolgreichsten Fernsehserien erfunden und produziert, die »Mary Tyler Moore Show«, »Lou Grant«, »Taxi«, er war beteiligt, als die »Simpsons« erfunden wurden. Und es gab Leute, die meinten, die moderne amerikanische Sitcom sei letztlich seine Erfindung gewesen. Er war reich damit geworden, sehr reich, er kannte jeden, und es gab wenige Menschen im Film- und Fernsehbusiness, die ihm keinen Gefallen schuldeten. Er war, wie mir endlich klar wurde, einer der mächtigsten Männer Hollywoods.

Dafür, fand ich, handelte er ganz schön vorsichtig. Er hatte ein Drehbuch geschrieben, einhundertfünfzig Seiten, es war gut, sehr gut sogar, aber der Film würde ungefähr drei Stunden dauern. Ich sagte, das Drehbuch sei wunderbar, aber sehr lang. Glaubst du denn, dass du alle Szenen drehen willst? Brooks fragte, auf welche Szenen wir verzichten könnten. Und immer, wenn ich sagte, diese oder jene Szene, sagte er, das geht nicht, bedenke, wie viel andere Szenen an dieser einen Szene hängen.

Und genau so inszenierte er auch. Wenn es eine Szene gab, in der zwei Personen miteinander sprechen, dann mussten erst mal beide im Profil gezeigt werden, aber so, dass man alle vier Augen sah. »All four eyes«, so hieß diese Einstellung. Dann: über die Schulter. Dann halbnah, ich habe mich manchmal sehr gelangweilt, weil doch klar war, wie der Film am Schluss geschnitten würde. Und dass die meisten Einstellungen für den Abfalleimer waren. Einmal, ich hatte die Szene, die gedreht werden sollte, sehr gut im Kopf, und ich dachte, dass das die ideale Szene für eine schöne Kamerafahrt sein könnte und hatte schon einmal Schienen aufbauen lassen. Dann kam Brooks an den Set, schaute mich völlig entgeistert an und rief: Baut das sofort wieder ab!

Einmal drehten wir eine Szene, da kommen zwei Menschen ins Bild, haben einen Dialog, und dann gehen sie eine Treppe hinauf und verschwinden aus dem Bild.

Mit Jim Brooks

Sie waren weg, und ich stellte die Kamera ab. Brooks stand vor mir und wollte wissen: Hast du die Kamera abgestellt? Klar, sagte ich, die beiden waren weg. Vielleicht kommen sie ja wieder. Es steht nichts im Drehbuch davon, dass sie wiederkommen. Egal. Erst wenn ich »Cut!« sage, wird die Kamera abgeschaltet. Natürlich hatten wir am Schluss genug Material für einen Fünfstundenfilm. Es ging in »Broadcast News« um eine Frau zwischen zwei Männern, und der Schauplatz war ein Nachrichtensender, in dem sie alle Karriere machen wollen, mit ihrem Aussehen, ihrem Können, ihrer Schnelligkeit, und alle versuchen, trotzdem einigermaßen integer zu bleiben. Ich glaube, Brooks hat im Schneideraum ganze Handlungsstränge gekappt, er hat Schauspieler enttäuscht, deren ganze Hoffnung es gewesen war, in diesem Film eine kleine Rolle zu haben. Und er hat das alles sehr gut gemacht – ich war, als ich ihn dann sehen konnte, selbst fast überrascht davon, was für ein intensiver, schneller und kluger Film »Broadcast News« dann geworden ist. Ein Film, in dem auch die Arbeit des Kameramanns reflektiert wird. Es spielt darin nämlich William Hurt einen aufstrebenden Reporter, der viel Aufmerksamkeit und großes Lob bekommt für ein Interview mit einem Vergewaltigungsopfer. Die Pointe dabei ist, dass man sieht, wie William Hurt, angesichts der drastischen Schilderungen, eine Träne nicht zurückhalten kann. Später muss er zugeben, dass er nur eine Kamera dabeihatte, dass er den Gegenschuss, von der Frau auf sich, also nachgedreht hat und die Träne eine falsche Träne war.

Ich war in Berlin, bei den Filmfestspielen, als Brooks mich anrief und mir erzählte, ich sei für einen Oscar nominiert. Wie schön, dachte ich, und dann erfuhr ich, dass »Broadcast

News« für insgesamt sieben Oscars nominiert war. Bester Film, bestes Drehbuch, bester Schnitt, beste Kamera. Außerdem Holly Hunter als beste Schauspielerin, William Hurt als bester Schauspieler, Albert Brooks als bester Nebendarsteller. Es war seltsam. Ich mochte den Film, ich fand ihn wirklich sehr gut, und doch wurde ich den Verdacht nicht los, dass diese vielen Nominierungen mehr mit Jim Brooks zu tun hatten, mit seiner unglaublichen Macht, seinem Einfluss. Und weniger damit, wie gut der Film wirklich war.

Ich bin nicht hingefahren zur Oscarverleihung. Ich wusste, die Nominierung war Ehre genug, ich würde den Oscar nicht gewinnen. Und wenn doch, dann wäre es mir falsch und widersinnig erschienen. »The Color of Money«, da war ich über mich selbst hinausgewachsen, da hatte ich alles gegeben. Ich brauchte keinen Oscar als Anerkennung dafür, aber wenn ich eine Nominierung bekommen hätte, dann hätte ich mich nicht beschwert.

Es war ein gutes Jahr für die Oscars. Es war das Jahr von »Moonstruck« und »Wall Street«, das Jahr von »Empire of the Sun« und »The Last Emperor«, das Jahr von »Hope and Glory« und »Good Morning, Vietnam«. Es war das Jahr, in dem Bernardo Bertolucci die beiden wichtigsten Oscars für »The Last Emperor« bekam, und Cher nahm ihren Oscar für die beste Hauptrolle in »Moonstruck« in einem Nichts von einem Kleid entgegen. Es war Paul Newman, der ihn überreichte, und das Publikum tobte vor Begeisterung, was nicht nur daran lag, dass Cher sehr, sehr wenig anhatte.

»Broadcast News« bekam keinen Oscar, womit ich ganz gut leben konnte.

12

Das größte aller Wunder
The Last Temptation

Ich bin kein religiöser Mensch, meine Eltern hatten vor dem Krieg, als ich ein kleiner Junge war, an den Kommunismus geglaubt und danach nur noch ans Theater und vielleicht, in ihren glücklicheren Momenten, daran, dass der Mensch zum Guten fähig sei – und wer so aufwächst, der wird, wenn ihm nicht ein Engel erscheint oder ein unglaubliches Wunder widerfährt, auch als Erwachsener einer sein, dem die Religion nicht viel zu sagen hat. So also war ich, bevor wir endlich »The Last Temptation of Christ« drehten, so war ich danach und bin es bis heute. Aber dazwischen, während der Arbeit an diesem Film, gab es Momente, in denen ich an meinem Unglauben zu zweifeln begann.

Wundersame Dinge ereigneten sich, unwahrscheinliche Szenen spielten sich ab – und das allergrößte Wunder war es, dass dieser Film, nach so vielen Jahren, dann doch zustande kam. 1972, bei den Dreharbeiten zu »Boxcar Bertha«, hatte Barbara Hershey Martin Scorsese ja das Buch »Die letzte Versuchung Christi« von Nikos Kazantzakis gegeben, und was dann mit ihm geschah, darüber hat er so oft und so viel gesprochen – nicht nur mit mir, mit mir aber, weil wir den Film dann ja zusammen machten, besonders häufig und intensiv –, dass es mir vorkommt, als wäre ich dabei gewesen. Er war ein katholischer Junge, und er war der Sohn einfacher Leute – und beides war die Ursache dafür, dass es weniger die Bücher waren und mehr die Bilder, die Rituale und Zeremonien, die ihn, seit er Filme machte, geprägt und beeinflusst hatten. Er kannte alle Verfilmungen des Neuen Testaments, er konnte Einstellung für Einstellung beschreiben. Er war Ministrant gewesen, und er fand, dass ihm niemand, kein Film und kein Priester, eine befriedigende Antwort geben konnte auf die Frage, wie man sich das vorstellen könne, dass Jesus wahrer Mensch und wahrer Gott zugleich gewesen sei. Kazantzakis suchte die Antwort, indem er Jesus als den Menschen beschrieb, der an den Stimmen und Visionen, die ihn heimsuchen, leidet und immer wieder verzweifelt. Er will einfach nur Mensch sein, und manchmal weiß er nicht, ob es Gott oder nicht doch der Teufel ist, der ihm einzureden versucht, dass er eine höhere Bestimmung habe.

In den frühen Achtzigern, als es, wie ich erzählt habe, schon einmal so ausgesehen hatte, als könnte etwas werden aus dem Film, hatte Scorsese auf die Frage der Produzenten, wozu er diesen Film denn machen wolle, geantwortet: Weil ich mehr über Jesus wissen möchte.

Die Produzenten fanden nicht, dass das die richtige Antwort war, zumal es damals noch um monumentale Summen ging.

Dass jetzt, Jahre später, doch etwas wurde aus dem Filmprojekt, hatte nicht zuletzt damit zu tun, dass Scorsese sich von seinem Agenten getrennt hatte und zur CAA gewechselt war. Diese Agentur, die Creative Artists Agency, war damals einer der mächtigsten Akteure im Filmgeschäft, vielleicht sogar der mächtigste. Die CAA (deren Chef Michael Ovitz absolut nichts dagegen hatte, dass diese Buchstabenkombination an die CIA erinnerte) hatte die großen Stars unter Vertrag, viele Regisseure, Drehbuchautoren, Kameraleute, und wenn ein Produzent einen Schauspieler buchen wollte, bekam er von der Agentur zu hören: Du kannst den Star bekommen – aber nur, wenn du als Filmpartner einen bestimmten anderen Star buchst, außerdem hätten wir da noch einen passenden Regisseur. Häufig waren es Ovitz und seine Leute, die eigentlich den kompletten Film konzipierten, das Drehbuch entwickelten, einen Regisseur engagierten, die Hauptrollen besetzten und dann den Studios das ganze Paket anboten. Widerspruch war keine Option; wer sich mit der CAA anlegte, musste auf die größten Stars verzichten. Dass, anders als ursprünglich geplant, nicht Aidan Quinn, sondern Willem Dafoe den Jesus spielte, lag einerseits daran, dass Quinn einfach nicht wusste, ob er sich die Rolle zutraute und Scorsese irgendwann einen neuen Jesus brauchte. Es lag aber auch daran, dass Dafoe auch bei der CAA unter Vertrag war.

Wenig später war auch ich bei der CAA, was aber zum Glück eine Episode blieb. Ich weiß nicht mehr genau, wo es war, aber irgendwo kam ich mit Michael Ovitz ins Gespräch, und weil Ovitz einerseits ein mächtiger Mann war, vielleicht der mächtigste im ganzen Filmgeschäft; und weil er, andererseits, sehr angenehm sein konnte, bescheiden, sympathisch, überzeugend, deshalb hörte ich ihm zu und nahm ernst, was er mir erzählte. Er sagte, dass, wenn ich zur CAA käme, meine Karriere noch einmal einen Schub bekommen würde. Mehr Geld, größere Filme, ganz sicher auch die ersten Angebote, Regie zu führen. Und obwohl ich fand, dass meine Karriere keinen Schub brauchte, obwohl ich mit meinen Gagen ganz zufrieden war und obwohl ich gar keine Ambition hatte, Regie zu führen, unterzeichnete ich einen Vertrag mit der CAA. Ich hatte einen persönlichen Betreuer, ich bekam zehn Prozent mehr Gage, ich war froh über das Engagement und nahm nur am Rand wahr, dass die CAA immer unbeliebter wurde bei den Studios. Die Studioleute fühlten sich erpresst, ausgeplündert, sie hatten die Kontrolle über ihre Filme verloren, und Ovitz war vermutlich der meistgehasste Mann in Hollywood.

Eine Tages rief mich ein Produzent an, Michael Nozik hieß er; ich hatte mit ihm bei »After Hours« und »Death of a Salesman« zusammengearbeitet. Er sagte: Es ist schade, sehr schade, dass du diesen Film von Robert Redford nicht machen kannst. Welchen Film? Ich weiß nichts von diesem Film.

Es ging um »Quiz Show«, und mein Agent hatte dem Produzenten gesagt, ich stünde nicht zur Verfügung, ich hätte ein anderes Projekt zu der Zeit, in der »Quiz Show« gedreht werden sollte.

Ich hatte aber kein anderes Projekt, ich wusste nur, dass mein Mann bei der CAA mich engagieren wollte für einen anderen Film, mit einem Regisseur, mit dem er befreundet war.

Ich machte einen Vertrag mit der Produktion hinter dem Rücken der CAA, und das war das Ende unserer Zusammenarbeit. Ich kehrte zurück zu Gene Parseghian, der vorher mein Agent gewesen war und es wieder wurde und mir verzieh, dass ich zwei Jahre lang fremdgegangen war. Parseghian war keine kleine Nummer, ganz im Gegenteil, er vertrat und vertritt zum Teil noch immer Daniel Day-Lewis und Emma Thompson, Christopher Walken und Judi Dench, Harvey Keitel und Joseph Fiennes; aber er war eben nicht die übermächtige CAA, und wenn ich mit ihm sprach darüber, welche Angebote ich annehmen sollte, dann schaute er, der viel kleiner ist als ich es bin, von unten nach oben und lächelte und empfahl mir den Film, den er für den reizvollsten, den interessantesten hielt. Er hat mir von ein paar Filmen abgeraten, die mir dann fast die liebsten wurden. Man konnte wunderbar mit ihm diskutieren, wir sind Freunde geblieben, auch als ich ausgestiegen war aus dem Geschäft.

Robert Redford, als er von der Geschichte mit der Absage hörte, konnte es nicht fassen. Er tobte, er rief Ovitz an, und

Ovitz versprach, den Agenten zur Sau zu machen. Viel geändert, glaube ich, hat sich nicht am Stil der CAA.

Willem Dafoe war bei der CAA, aber man kann nicht sagen, dass die CAA uns ihn geschickt hatte. Es war schon eher das Schicksal, ein günstiges Schicksal – und ich muss zugeben, dass ich, als ich zum ersten Mal von diesem Jesus hörte, eher skeptisch war. Aidan Quinn hatte ja ursprünglich die Rolle spielen sollen, und der Jesus, den ich vor Augen hatte, wäre noch weicher, jugendlicher, sanfter gewesen. Dafoe hatte bis dahin nur harte Jungs gespielt, Verbrecher, Soldaten, er war Anfang dreißig, hatte also genau das richtige Alter für die Rolle, aber alles in allem hatte er, wie ich ihn aus dem Kino kannte, den Habitus eines Mannes, dem man eher jede Sünde zutraut als deren Vergebung.

Er war dann so gut, so richtig als Jesus, dass Scorsese mir manchmal gestand, dass er seine Probleme damit hatte, zwischen dem Schauspieler und der Rolle zu trennen. Er sagte, es sei fast schon eine therapeutische Erfahrung gewesen, wenn er mit diesem Jesus in der Drehpause am Tisch saß, seinen Lunch nahm und ein wenig diskutierte.

Und genau das war ja die Frage, die Scorsese beschäftigte: Was denn daraus folge, wenn dieser Jesus nicht nur ganzer Gott, sondern auch ganzer Mensch ist, ein Mensch mit einem verwundbaren und verführbaren Körper, ein Mensch mit einem Kopf voller Zweifel und Unsicherheit, ein Mensch, der sich erst einmal fürchtet und lieber seine Ruhe hätte, wenn er Stimmen hört, die er nicht einordnen kann. Ein Mensch, der in einer Zeit lebt, die der unseren nicht fremder sein könnte. Und dessen Probleme man auch als sehr moderne deuten kann: Ständig fragt er sich und zweifelt, ob er noch der Herr ist in seinem eigenen Kopf. Scorsese stellte diese Frage so, dass man sie eben nicht mit klugen theologischen Lehrbuchsätzen beantworten konnte. Er glaubte, dass man dazu einen Jesus brauchte, einen Menschen aus Fleisch und Blut, und dann Szenen, Bilder, die eine vermeintliche Wahrheit nicht bloß illustrieren, sondern diese Wahrheit erst zutage fördern. Und genau deshalb, weil Martin Scorsese, der Katholik, so extrem involviert war, kann man vielleicht an »The Last Temptation« besonders gut sehen, wie diese Kunst, das Kino, funktioniert.

Zweifellos war es Scorseses Besessenheit, die am Anfang des ganzen Filmprojekts stand, und am Ende war es Scorseses Film. Es war aber auch der Film des Willem Dafoe; sein Jesus war zwar auch Scorseses Jesus und Kazantzakis' Jesus, aber mehr als alles andere war es Dafoes Jesus, und mit einem anderen Schauspieler wäre es ein komplett anderer Film geworden. Es war eine Geschichte des orthodoxen Dissidenten Kazantzakis, aus welcher der Calvinist Paul Schrader ein Drehbuch destilliert hatte, welches der Katholik Martin Scorsese dann umschrieb, und auch von dieser religiösen Heterogenität lebte der Film. Und es war der Film, der so aussah, wie er eben aussah, weil die Kamera ständig in Bewegung war, nicht tanzend, wie in anderen Filmen, die wir zusammen drehten, eher tastend, sich vorsichtig dem Geschehen und den Figuren nähernd, auch die Kamera, so könnte man es beschreiben, stellt lieber Fragen, als dass sie Antworten gäbe – und besonders deutlich wird das, weil wir an bestimmten Stellen das genaue Gegenteil betrieben. Es kommt in »The Last Temptation« immer wieder ein Blickwinkel vor, den Scorsese »God's point of view« nannte; da schaut der Film fast direkt von oben auf Jesus und das Geschehen um ihn herum, was schöne, übersichtliche, aber auch sehr abstrakte Bilder ergibt. Man sieht Muster, Strukturen. Der Kopf eines Menschen schaut von ganz oben betrachtet, klein und rund und eher haarig als ausdrucksvoll aus. Man musste wieder hinuntersteigen, auf die Augenhöhe des Menschen, wenn man etwas über ihn erfahren wollte. Womit sich in diesem Film die theologische mit der kinematographischen Notwendigkeit verband.

Wir drehten in Marokko, ein paar tausend Kilometer vom Land der Bibel entfernt – und doch kam es uns manchmal so vor, als wären wir am richtigen Ort. Und in einer anderen Zeit. Wir erlebten die Sintflut, als unser Drehort buchstäblich davongeschwemmt wurde nach einem heftigen Regen. Wir kamen zu einem Fluss, einem schönen, breiten Fluss, an dem wir die Szenen mit Johannes dem Täufer drehen wollten. Und dann war da kein Fluss mehr, nur ein trockenes Bett. Wir fuhren durch die Gegend, der Regieassistent und ich, auf der Suche nach dem Hügel, der unser Golgatha sein sollte und wo wir die Kreuzigung drehen wollten, und wir fanden nichts. Es gab Stunden und Tage, da dachte ich, der Ungläubige, dass Gott uns auf die Probe stellen wolle. Es gab Momente, da

Bei den Dreharbeiten von »The Last Temptation«

dachte ich fast, der Himmel lasse Martin Scorsese und uns alle mit ihm büßen für diesen Film, der womöglich doch ein ketzerischer war. Aber das Wunder dieser Dreharbeiten war es, dass immer, wenn wir dachten, dass wir scheitern würden, sich auf einmal ganz neue Aussichten eröffneten. Wir fanden einen besseren Fluss für die Taufszenen. Wir standen, im allerletzten Moment, vor einem Hügel und sahen, dass wir ein besseres Golgatha nicht finden würden.

Es kommt mir heute so vor, als wäre dieser Film vom Heiligen Geist, an den ich nicht glaube, inspiriert gewesen, als hätte ein Schutzengel, an den ich auch nicht glaube, die Dreharbeiten überwacht – und noch heute möchte ich diesem Engel, oder wer auch immer zuständig war, dafür danken, dass mein Sohn Florian die Dreharbeiten überlebt hat. Florian war, wie in so vielen Filmen, mein Assistent, er zog die Schärfe. Seine Frau Pam war Zweite Assistentin, und mein Sohn Sebastian war Second Assistant Director Der Rest des Kamerateams waren Italiener, die billigste Crew, die zu haben war, lauter ältere Herren, denen man deutlich anmerkte, dass sie schon lange keine Lust mehr auf ihre Arbeit hatten. Einmal saß Florian auf dem Kran, und die Italiener hatten den nicht richtig abgesichert. Der Kran stürzte um, und wie Florian sich abrollte und in Sicherheit brachte, das war natürlich erst einmal seine Geschicklichkeit. Der Kran hätte ihn auch erschlagen können. Dass ihm überhaupt nichts passiert ist dabei, empfand ich trotzdem als ein Wunder.

Und so kommt es, dass, je länger diese Dreharbeiten vergangen sind, meine Erinnerung daran immer heiterer wird. Auf den Film bin ich heute noch stolz, die Freude daran ist geblieben – und das, was ich damals als Strafe Gottes empfand, tut ja heute nicht mehr weh. Heute amüsiert es mich, wenn ich mir noch einmal vorzustellen versuche, wie Martin Scorsese aussah, wie er sich aufregte und schimpfte, weil er sich von der Produzentin gegängelt fühlte. Er halte das nicht mehr aus, sagte er, jedes Mal, wenn er mit der Produzentin spreche, werfe die ihm vor, dass er schon wieder das Budget um zwanzig Dollar überzogen habe. So kann doch kein Mensch arbeiten, schimpfte Scorsese. Die Produzentin, die uns damals, wie wir das alle empfanden, das Leben schwer und die Dreharbeiten

Bei den Dreharbeiten von »The Last Temptation«

zu karg machte, war auch bei diesem Film Barbara De Fina, Martin Scorseses Frau.

Und auch die schwerste Prüfung, die Gott (oder das Schicksal) mir während der Dreharbeiten auferlegte, habe ich, von heute aus betrachtet, sehr gut überstanden. Es war die Szene, in der Jesus die Händler und Geldwechsler aus dem Tempel verjagt, und ich glaube, Willem Dafoe war sehr inspiriert in dieser Szene, so inspiriert, dass er nicht mehr spielte, sondern wirklich die Sachen packte, die da herumstanden und -lagen, die Münzen, die Waren, den ganzen Plunder, und durch die Gegend warf. Die Schüssel, die mich am Kopf traf, war aus Holz und ziemlich schwer, ich blutete heftig, und wir haben uns beeilt, die Szene zu Ende zu drehen. Abgebrochen haben wir nicht.

Im Krankenhaus in Marrakesch rasierten sie mir den Schädel rund um die Wunde, was höllisch wehtat, und dann kam ein Arzt und nähte die Wunde mit sieben Stichen, ohne Betäubung, was noch ein bisschen heftiger schmerzte. Damals dachte ich: Verdammte Dreharbeiten. Heute scheint es mir, irgendwie, ganz verständlich zu sein, dass bei einem solchen Film, einem Film voller Blut und Wunden, auch der den Schmerz zu spüren bekam, der diese blutigen Bilder machte.

13

Auf der Höhe der Zeit

Die fabelhaften Achtziger

Es gibt Zeiten, da steht man draußen und fragt sich, ob man überhaupt hineinmöchte. Es gibt Zeiten, da steht man am Rande und will dringend hinein, in die Mitte, ins Zentrum des Geschehens. Es gibt Zeiten, da ist man mittendrin und fragt sich, ob man nicht schon viel zu lange da drinnen ist, im System, in diesem Rhythmus, dem Leben eines Kameramannes, das, einerseits, abwechslungsreich ist, weil mit fast jedem Film etwas ganz Neues beginnt. Und manchmal ist es eintönig, aus dem gleichen Grund.

Es gibt aber auch Zeiten, da fühlt man, dass man am richtigen Ort ist, mit dem richtigen Projekt beschäftigt; da glaubt man, gewissermaßen in tune zu sein, auf der Höhe der eigenen Geistesgegenwart – und wenn ich glaube, dass es diese Zeiten zweimal gab in meinem Leben, dann heißt das nicht, dass es mir heute vorkäme, als hätte ich zwei Leben gehabt, ein deutsches und ein amerikanisches. Es ist noch nicht einmal so, dass es einmal um mich als jungen Mann ginge und einmal um den Erwachsenen – denn im Vergleich zu den Menschen um mich herum war ich auch beim ersten Mal schon einigermaßen erwachsen, ich war Ende dreißig, als wir »Welt am Draht« drehten. Dass ich damals glaubte, absolut modern zu sein, hing vielleicht auch damit zusammen, dass das zwar ein Fassbinder-Film war, aber eben keine Geschichte, keine

Inszenierung, die von Fassbinders Obsessionen und Gefühlen handelte. Vielmehr war es der Versuch, die Gegenwart so genau zu fixieren, dass darin die Zukunft schon sichtbar wurde. Wie gut dieser Versuch gelungen ist, offenbarte sich zum Beispiel fünfundzwanzig Jahre später, als »The Matrix« mit fast der gleichen Story zum Welterfolg wurde.

Vielleicht hatten wir aber einfach nur eine sehr gute Zeit in Paris, vielleicht kommen mir jene Monate so gut vor, weil während des Drehens die Freude an der Arbeit mit Fassbinder den Verdruss an seinen Macken und Obsessionen so deutlich überwog.

Es war ums Jahr 1988 herum, es war nach den Dreharbeiten zu »The Last Temptation«, die ja eine Reise in eine ganz andere Zeit gewesen waren, es war in Amerika, als ich mich wieder in tune mit der Zeit und auf der Höhe meiner Gegenwart fühlte, und dass es keine Filme von und mit Martin Scorsese waren, die mir dieses Gefühl, diese Gewissheit verschafften, das kommt mir, wenn ich von heute auf jene Jahre schaue, auch einigermaßen stimmig vor.

Ich hatte nichts dagegen, als Scorseses Kameramann zu gelten. Ich glaube, ich muss nicht auf jeder Seite dieses Buchs noch einmal davon schwärmen, wie inspirierend die gemeinsame Arbeit war. Ich mochte diesen Mann. Aber Scorsese, wenn er schrieb und inszenierte und im Schneideraum saß, verwandelte alles, was er bekam, in Scorsese-Filme, Scorsese-Geschichten, Scorsese-Bilder, Scorsese-Obsessionen. Es war gut, wenn man zwischendurch einmal Abstand gewann.

Es war während der Dreharbeiten zu »The Last Temptation«, als ich einen Anruf aus New York bekam. Der Herr am anderen Ende der Leitung sprach deutsch, mit leicht englischem Akzent zwar, aber gut genug, dass ich merkte, Deutsch war seine Muttersprache. Er stellte sich als Mike Nichols vor, Filmregisseur, und natürlich wusste ich, wer Mike Nichols war. Er hatte »Who's Afraid of Virginia Woolf?« gedreht, »The Graduate«, »Silkwood«, lauter weltberühmte, weltweit erfolgreiche Filme. Und trotzdem war er ein ganz anderer Fall als Scorsese. Es waren Elizabeth-Taylor-Filme, Dustin-Hoffman-Filme, Meryl-Streep-Filme, er war ein Regisseur, der kein großes Drama machte aus seinem Stil, seinem Thema, seinen Obsessionen, er war, in mancher Hinsicht, Martin Scorseses Gegenteil.

Wir haben uns, als ich aus Marokko zurück war und in New York mit ihm arbeitete, schnell angefreundet, wir haben uns, natürlich ohne die Antwort jemals herauszufinden, immer wieder gefragt, ob unsere Eltern einander damals begegnet sind in der Berliner Bohème der Vorkriegszeit, vielleicht sogar wir beide, in einem U-Bahnhof oder beim Spaziergang über den Kurfürstendamm.

Mike Nichols war vier Jahre älter als ich, 1931 in Berlin geboren als Michael Igor Peschkowsky, seine jüdische Familie war Ende der Dreißiger vor den Nazis aus Deutschland geflohen, nach New York, wo Nichols ein richtiger Amerikaner wurde und ein richtiger Europäer blieb, Enkel des anarchistischen Schriftstellers Gustav Landauer, Cousin dritten Grades von Albert Einstein, ein Mann, der Wert auf Bildung und Manieren legte, häufig ins Theater und in die Oper ging. Und zugleich der perfekte Regisseur für typisch amerikanische Geschichten.

»Working Girl« hieß der Film, für welchen Nichols mich engagierte, und mit einem Kameraflug rund um die Freiheitsstatue ging es los, maximal amerikanisch, und dann flog die Kamera hinunter, fast aufs Wasser, es gab eine Überblendung, hinein in die Staten Island Ferry, wo, im Zwielicht eines frühen Herbstmorgens, die Heldin der Geschichte saß, Tess McGill, eine junge Frau mit einer Vorstadtfrisur, Vorstadtkleidern, einer Vorstadtsprache.

»Working Girl« ist nicht nur einer der schönsten Filme der achtziger Jahre, er ist gewissermaßen auch einer der definitiven – und vielleicht liegt es daran (und nicht nur am Umstand, dass es, von dem merkwürdigen Projekt »Broadcast News« einmal abgesehen, der erste richtig große, teure Mainstreamfilm ohne Scorsese war), dass es mir so vorkam, als wäre ich genau auf der Höhe meiner Zeit.

Es war die Zeit, als, wer alle Verhältnisse umstürzen wollte, nicht mehr auf die Straße ging oder in den Underground, die Subkultur, sondern die entgegengesetzte Richtung einschlug: mit dem Fahrstuhl hinauf, in die Chefetagen der Investmentbanken. Es ging um Tess McGill (für die Melanie Griffith die goldrichtige Besetzung war), die an der Abenduniversität studiert hat und trotzdem immer wieder nur Jobs als Sekretärin bei den Investmentbanken bekommt, und immerhin ermutigt ihre neue Chefin sie, mit eigenen Ideen und Vorschlägen zu kommen. Die beste Idee klaut ihr die Chefin, und als die sich dann beim Skifahren ein Bein bricht und nicht zurück nach New York kommen kann, klaut Tess der Chefin das ganze Leben.

Es ist die Geschichte eines unfriendly takeover, die Geschichte einer Verwandlung – wie das prollige Mädchen aus Staten Island ziemlich schnell lernt, die große Dame zu sein. Und wir, die Filmemacher, waren nicht nur die Schöpfer dieser Verwandlung, wir waren gewissermaßen auch die Zeugen. Melanie Griffith, so war mein Eindruck, lebte gern in der Nacht, und anscheinend nahm sie gern Sachen zu sich, die sehr ungesund waren. Es schien ihr oft nicht besonders gut zu gehen. Sie sah oft fürchterlich aus, wenn sie morgens zum Drehen kam, aber immerhin kam sie – und dann war es faszinierend zu sehen, wie sie aus der Garderobe kam. Erst als hübsche, gesunde, ein bisschen vulgäre junge Frau von Staten Island. Und dann, immer mehr, als elegante Lady, die einen halben Meter toupierter Haare eintauscht gegen eine diskrete Frisur und die gigantischen Schulterpolster gegen das knapp geschnittene Businesskostüm. Ich habe versucht, mich um sie zu kümmern, ich habe ihr immer signalisiert, dass ich sie schon richtig ausleuchten und fotografieren würde, aber was es war, das sie so plagte, hat sie mir nicht erzählt. Manchmal reicht die Dauer eines Filmdrehs nicht aus, jemandem wirklich näherzukommen. Und dabei habe ich doch Sigourney Weaver und Harrison Ford, die anderen beiden Stars des Films, fast schon sträflich vernachlässigt. Sigourney Weaver, die unglaublich gut war als böse Chefin, hatte nicht so viele Szenen, und was ich filmte, gefiel ihr anscheinend gut. Harrison Ford fand damals, dass er eine zu große Nase habe, und einmal, nachdem er die Muster gesehen hatte, war er nicht zufrieden, weil die Brennweite zu kurz war, das Weitwinkelobjektiv, achtzehn Millimeter Brennweite, hatte, wie er fand, seine Nase noch größer erscheinen lassen. Als wir uns nach Jahren wiedertrafen beim Dreh zu »Air Force One«, sagte er: Versprich mir, dass du nie wieder eine Brennweite verwendest, die kürzer als mein Alter ist.

Ich versprach es ihm. Ob ich mich daran gehalten habe, weiß ich nicht mehr genau.

Es gab in »Working Girl« ein paar spektakuläre Kameraflüge, auf die Skyline von Manhattan zu; die waren Mike Nichols' Idee gewesen, und mir war es eine Freude, dass Geld da war, dass wir einen Hubschrauber mieten und die Kamera entfesseln konnten. Aber eigentlich war »Working Girl«, wie fast jede Romantic Comedy, ein Film der Innenräume, ein Film, in dem es nicht um Landschaften oder Explosionen geht, sondern um Menschen, die in ihren Wohnungen und Büros, in Taxis oder Bars miteinander sprechen oder streiten, es gab keine schwindelerregenden Blickwinkel, keine atemberaubenden Kamerafahrten – und ich freute mich, dass Nichols, kaum waren wir aufeinander eingespielt, mir die Entscheidung überließ, wie eine Szene aufzulösen sei; und ob, sobald sich Räume dafür öffneten, die Kamera fahren, kreisen, tanzen dürfe. Mike Nichols ist ja, was die Filmleute einen Schauspielerregisseur nennen, und dass das keine Floskel ist, lässt sich zum Beispiel daran erkennen, dass es kaum einen Regisseur gibt im amerikanischen Kino, dessen Schauspieler mehr Oscars und Oscarnominierungen bekommen haben. Für »Working Girl« war Melanie Griffith als beste Hauptdarstellerin nominiert; Sigourney Weaver und Joan Cusack (die wundervoll nervöse aufgekratzte Schauspielerin, die Melanie Griffith' beste Freundin spielt) waren beide für die beste Nebenrolle nominiert, und dass die Oscars an andere gingen (auch Nichols war als Regisseur nominiert), an Jodie Foster und Geena Davis, war dann halb so schlimm. 1988 war ein sehr gutes Jahr fürs Kino, es war das Jahr von »Rain Man« und »Bird«, von »The Accused« und »Liaisons Dangereuses«, »A Fish Called Wanda«, »The Accidental Tourist«, »Married to the Mob«, um nur von den Titeln zu sprechen, die bei der Oscarverleihung eine Rolle spielten. Es war eines der besten Jahre fürs Kino der Achtziger, jenes Kino, das sich, nach den Exzessen und Experimenten der Siebziger, wieder auf die klassischeren Formen besonnen hatte. Was nicht Ausdruck von Spießigkeit und reaktionärer Gesinnung war, sondern die Einsicht, dass diese Formen, wenn man sie ein wenig modernisierte und das Tempo des Erzählens steigerte, sehr gut dafür taugten, von der Gegenwart und für die Gegenwart zu erzählen.

    Es gibt Regisseure, die beanspruchen für sich, Schauspielerregisseure zu sein. Fassbinder, ein Wahnsinniger in seinem Verhalten seinem Team gegenüber, war für seine Schauspieler eine große Autorität, die knappe und präzise Ansagen machte, die auch befolgt wurden. Mike Nichols war das Gegenteil. Er war ruhig, höflich, fast zurückhaltend. Er gab seinen Schauspielern das Gefühl der Sicherheit, er brachte sie dazu, dass sie sich öffneten, dass sie alles gaben – und zugleich suggerierte er, dass gar nichts Schlimmes passieren könne. Er verstand ihr Zögern, ihre Hemmungen, schließlich hatte er selbst als Schauspieler angefangen. Und er war der Mann, dessen Urteil die Schauspieler, eigentlich alle im Filmteam vertrauten. Er war keiner, der, nur um sicherzugehen, eine Einstellung zehnmal oder öfter drehte. Er wusste genau, was er wollte, und wenn er es bekam, war er mit zwei, drei Takes zufrieden.

Naturgemäß erzählt es sich von Konflikten spannender als vom Einverständnis, von harten Kämpfen besser als von freundlichen Gesprächen – aber dass es von Mike Nichols nur Gutes zu erzählen gibt, darf trotzdem kein Grund sein, nicht davon zu erzählen. Es war nämlich auch Mike Nichols, der Freund und

Mit Mike Nichols

Gesprächspartner, der mir das Gefühl gab, auf der Höhe meiner Zeit zu sein. Es war der Lebensstil, so zwischen Bildungsbürgertum und Filmbohème, es war ein Gustav-Mahler-Konzert in der Carnegie Hall, zu dem er Helga und mich mitnahm, es war Diane Sawyer, Nichols' Frau, die schon damals eine der besten und mächtigsten Fernsehjournalistinnen war (sie ist es immer noch); ein paar Jahre lang war das Gerücht umhergegangen, dass sie, die in den frühen Siebzigern als Pressesekretärin im Weißen Haus unter Richard Nixon gearbeitet hatte, dann »Deep Throat« gewesen sei, der geheimnisvolle und bis heute nicht enttarnte Informant, welcher die Reporter Bob Woodward und Carl Bernstein mit dem Material zur Watergate-Affäre versorgt hatte. Es war wohl nur ein Gerücht, Bob Woodward hat es heftig dementiert, aber es machte die kluge, attraktive und sehr eloquente Diane Sawyer noch interessanter. Die Liebe war sehr frisch und neu damals; Diane Sawyer und Mike Nichols hatten sich auf einem Transatlantikflug kennengelernt und ineinander verliebt, und wenn man sich das vorzustellen versucht, Mike Nichols, mit seiner Intellektuellenbrille und den distinguierten Manieren, und Diane Sawyer, elegant und selbstbewusst, in der ersten Klasse eines Jumbo-Jets zwischen Paris und New York, dann wird fast schon wieder eine romantische Komödie daraus, ein typischer Achtziger-Jahre-Film, sehr stilsicher auf eine altmodische Art. Nur dass ich von den Komplikationen, die, nach einem solchen Kennenlernen, im Drehbuch stehen müssten, nichts mitbekam. Die beiden wirkten glücklich und schienen einander zu inspirieren. Und dann war da auch noch Elaine May, die schon in den Fünfzigern zusammen mit Mike Nichols aufgetreten war; sie waren für ein paar Jahre das erfolgreichste Comedypaar von New York gewesen, und inzwischen war Elaine May eine der besten und begehrtesten Drehbuchautorinnen, eine herrlich komische und kapriziöse Frau.

Ich kann mich nicht erinnern, dass ich jemals großen sozialen Ehrgeiz entwickelt hätte, dass ich also am Rand irgendwelcher gesellschaftlichen Kreise gestanden und gerufen hätte: Ich will da rein! Aber genau das war das Glück dieses Moments in den späten Achtzigern. Ich war da drin, ich war mittendrin in der kulturellen Elite New Yorks. Und hatte mich dafür überhaupt nicht angestrengt. Mike Nichols hat einmal, als ihn jemand nach mir fragte, geantwortet: Mit Michael zu arbeiten, das ist wie im Himmel zu sein. Nur dass du dafür nicht erst sterben musst.

Und genau das, die Leichtigkeit und die Unangestrengtheit, das sind auch die Gründe, weshalb jetzt keine große Abhandlung, sondern nur ein kleiner Eintrag folgt über Frank Oz und seinen Film »Dirty Rotten Scoundrels«, obwohl mir natürlich bewusst ist, dass das ein Versäumnis und eine Ungerechtigkeit ist. Nur leider gab es hier noch weniger Kampf und Konflikte, der heftigste Streit, den ich überhaupt hatte mit diesem wunderbaren Filmemacher, fing damit an, dass er neben mir stand und grinste, und dann sagte er: Michael, kann es sein, dass du vergessen hast, wer der Regisseur dieses Films ist?

Und ich grinste zurück und sagte: Doch, doch, ich kann mich erinnern. Du bist der Regisseur.

Und das war es, und wir machten weiter, wie wir angefangen hatten. Frank Oz war ja eigentlich Puppenspieler, er hatte, zusammen mit Jim Henson, an der »Sesamstraße« gearbeitet und an der »Muppet Show«, seine schönste Erfindung war Miss Piggy, und für »Star Wars« hatte er Yoda, den kleinen Jedimeister mit der grünen Haut und den großen spitzen Ohren, entworfen. Dass Oz einen Sinn haben würde für einen Film wie diesen hier, eine nostalgische Komödie an der Côte d'Azur, das war nicht unbedingt zu erwarten gewesen, und dass ich mich dabei so wohlfühlen würde, eigentlich auch nicht. Es ging um Michael Caine und Steve Martin, zwei Hochstapler, die reiche Damen ausnehmen – und schließlich bei einer reichen Dame landen, die gar nicht reich, sondern selbst eine Hochstaplerin ist. Es waren Dreharbeiten wie große Ferien, wir wohnten in einer Villa und ließen es uns gut gehen, und im Drehbuch war die Möglichkeit einer Fortsetzung angelegt, die Geschichte, hieß es, würde in Venedig weitergehen. Der Film war ein unverhoffter Hit an den Kinokassen. Aus der Fortsetzung ist trotzdem nichts geworden.

Wenn es nach meinem Agenten gegangen wäre, jenem Gene Parseghian, von dem schon die Rede war, dann wäre auch aus meinem nächsten Film nichts geworden. Dabei ist er mir, wenn ich heute zurückzuschauen versuche, einer der allerliebsten und allerwichtigsten, und das gilt für beides: für die Arbeit daran und für das Ergebnis dieser Arbeit. Der Junge, der das Drehbuch geschrieben hatte, war, als wir uns trafen, noch keine dreißig, und er erzählte mir irgendwann, dass er das Skript schon seit ein paar Jahren mit sich herumgetragen und es jedem, der auch nur aus der Ferne so aussah wie ein Produzent, gezeigt und angeboten habe, mit desaströsen Ergebnissen. Vermutlich gab es wenige, die es überhaupt gelesen hatten, und vermutlich gab es unter diesen wenigen aber kaum jemanden, der es nicht gut gefunden hätte. Aber wenn es, in einer jener Sitzungen, in welchen über die Budgets entschieden wird, darum ging, die Handlung in zwei, drei Sätzen zu erzählen, dann hörte sich das so an: Zwei Brüder spielen Klavier in Hotelbars. Erst sind sie erfolglos, dann heuern sie eine Sängerin an und haben ein wenig Erfolg. Und dann zerbricht das Trio.

Oje, stöhnten dann die Studiobosse, das klingt ja grauenhaft, das klingt nach Langeweile und Depression, diesen Film wollen wir auf keinen Fall produzieren.

Dabei war Steve Kloves kein Niemand. Er hatte sich, da war er kaum zwanzig, bei einem Talentagenten in Hollywood als unbezahlter Praktikant angedient, und er hatte das vor allem aus einem Grund getan: Er hatte ein Drehbuch geschrieben, und das wollte er möglichst vielen, möglichst mächtigen Leuten zeigen. Der Film sollte »Swings« heißen und von verzweifelten Frauen in kalifornischen Großstädten erzählen. Aus dem Film wurde nichts, aber immerhin wurden ein paar Leute auf das Wunderkind aufmerksam, und Kloves bekam den Auftrag, »Racing With the Moon« zu schreiben, einen kleinen, sensiblen Film über zwei junge Männer, die wissen, dass sie bald in den Zweiten Weltkrieg ziehen müssen. Die jungen Männer, das waren Sean Penn und Nicholas Cage, die Freundin Penns spielte Elizabeth McGovern; der Film war ganz erfolgreich und taugte gut als Visitenkarte. Aber Kloves war nicht ganz zufrieden mit der Art, wie der Regisseur Richard Benjamin die Story inszeniert hatte. Und beschloss, dass er sein nächstes Buch selber verfilmen wollte.

Steve Kloves, als ich ihn zum ersten Mal traf, war achtundzwanzig, hatte ein kluges Babyface und ein Auftreten, das gleichzeitig bestimmt und sehr zurückhaltend war, fast introvertiert, ein Typ, der nicht ganz zu passen schien in die Rollenbilder der Filmindustrie – und genau das war es wohl auch, was schließlich die Produzenten Mark Rosenberg und Paula Weinstein von seinem Projekt überzeugte. Die beiden waren ein Paar, sie waren selbst sehr jung, und die Frage, ob Typen wie sie zur Filmindustrie passten, bewegte zu dieser Zeit ganz Hollywood. Sie waren Juden von der Ostküste, smarter und schneller als das Hollywood-Establishment, das sich von ihnen herausgefordert fühlte. Sie gehörten zu einer Generation, welche die »New York Times« später »The Baby Moguls« taufte, junge Produzenten, die ihre jugendliche Kraft, ihre Risikobereitschaft, ihre Unbedingtheit einigermaßen skrupellos einsetzten, um die Älteren aus ihren schicken Produzentenbüros zu verdrängen und insgesamt das Tempo, die Intensität und vielleicht auch das Niveau der Hollywoodproduktionen zu steigern. Mark Rosenberg war Produktionschef von Warner Brothers gewesen, da war er gerade dreißig. Und jetzt hatte er seine eigene Firma. Und die wollte Kloves' Film produzieren, mit ihm als Regisseur. Rosenberg war, als wir dann drehten, der Erste, der morgens zum Drehort kam, und der Letzte, der abends ging. Er engagierte sich für diesen Film, als gäbe es nichts anderes, keine Welt, kein Leben außerhalb der Dreharbeiten. Es war für uns im Team herrlich, mit so einem Produzenten zu arbeiten, und zugleich war es beängstigend, weil wir uns immer wieder fragten, ob dieser Mann überhaupt jemals zur Ruhe komme. Fünf Jahre später, bei den Dreharbeiten zu Kloves' nächstem Film »Flesh and Bone«, traf ihn der Schlag, was er nicht überlebte. Bei der Beerdigung, so erzählte man sich, hätten die anderen Baby-Mogule sich geschworen, es in Zukunft ruhiger anzugehen. Oder zumindest mehr Sport zu treiben und öfter mal ein paar Yogaübungen zu machen.

Ich fand das Drehbuch wunderbar. Ich mochte den Titel, »The Fabulous Baker Boys«. Und als ich erfuhr, dass Jeff und Beau Bridges diese Baker Boys spielen sollten und Michelle Pfeiffer die Sängerin, da wusste ich, dass es besser war, auf mich selber zu hören und nicht auf meinen Agenten. Ich sagte zu, und beim ersten Treffen fragte Kloves mich, wie ich diese oder jene Szene auflösen würde. Ich antwortete, weil ich tatsächlich inspiriert war von dem Buch, voller Freude und ausführlich, ich sprach fast so, als wäre ich der Regisseur. Und Kloves schaute mich an aus seinem klugen Gesicht. Und dann sagte er: Genau so machen wir es. Du verstehst davon viel mehr als ich.

Mit Mark Rosenberg

Es wäre eine Anmaßung zu sagen, eigentlich hätte ich diesen Film inszeniert. Es ist nur so, dass die Arbeitsverteilung zwischen Regisseur und Kameramann von Film zu Film neu ausgehandelt wird – und bei den »Baker Boys« hatte ich die größte Freiheit. Kloves wusste ganz genau, welche Stimmung, welche Atmosphäre er wollte, er wusste, welche Gefühle im Spiel sein sollten, welche Blicke wohin zielen sollten, und natürlich ging es um die Musik, um »Feelings«, um »Makin' Whoopee«, um »My Funny Valentine«, lauter restlos ausgeleierte Nummern, tausendmal gehört, deren emotionale Wahrheit der Film wieder ausgraben sollte.

Kloves wusste eigentlich alles sehr genau, nur wo man die Kamera hinstellt, wann man eine Fahrt macht und was daraus für die Inszenierung folgt, das wusste er nicht – und das Schöne an der Arbeit war: Er gab gar nicht vor, es zu wissen. Er fühlte sich nicht angegriffen, als ich ihm vorschlug, die Szene, in der Michelle Pfeiffer in einem roten Kleid »Makin' Whoopee«

singt, in einer Kreisfahrt aufzulösen. Und als sich dann daraus ergab, dass sie auf dem Flügel liegen und, während sie sang, diesen atemberaubenden Flirt anfangen sollte mit Jeff Bridges, der in die Tasten griff, als ob er sie schon in den Händen hielte, da war auch das wieder eine dieser Szenen, die so gut, so genau, so stimmig sind, weil es eben nicht den einen, einzigen Urheber gibt. Es waren Kloves' Geschichte und Personen, es war meine Kamerafahrt, es war Michelle Pfeiffers Gesang und ihr Sexappeal, und es war Jeff Bridges, der so unglaublich cool war, so präsent, dass ich mich immer wieder wunderte, warum dieser unglaubliche Schauspieler nie ein Superstar geworden ist. Vermutlich lag es an ihm, vermutlich war Bridges immer so, wie seine Figur, Jack Baker, in den »Baker Boys« gern wäre: zu integer, als dass er sich verkaufen wollte, zu besessen von seiner Kunst, als dass er an kommerziellen Kompromissen interessiert wäre.

Ich liebe diesen Film, nicht nur, weil die Arbeit eine so herrliche Herausforderung war, ich liebe ihn, weil er so zeitgemäß und so unzeitgemäß zugleich war, damals, 1989, als er in die Kinos kam. Die Hollywoodbosse hatten ja recht gehabt, es gab kaum traurigere und weniger glamouröse Schauplätze als die Bars und Ballsäle großer amerikanischer Hotels – und im Widerstand dagegen offenbarte sich erst der Zauber dieses Films, im Beharren darauf, dass zwei Klavierspieler im Smoking und eine Sängerin im roten Kleid, wenn sie nur wollten, ein ödes Hotel in einen Ort verwandeln könnten, so glänzend und geheimnisvoll wie ein Nachtclub aus Hollywoods großer Zeit; dass, wenn sie nur selber mit Leidenschaft spielten und sängen, sie den alten Songs noch einmal deren längst vergessene Magie entlocken könnten; und dass dann doch ein Leben möglich wäre, zu dem diese Songs als Soundtrack passten. Denn darum geht es in diesem Film wirklich, ums richtige

Leben, darum geht es Frank Baker, der eine Familie ernähren muss und, um nur passabel Geld zu verdienen, beim Auftritt jeden Kompromiss eingeht, darum geht es Jack Baker, der sich dafür verachtet, dass er den Ignoranten in den Hotels das vorspielt, was die hören wollen, statt endlich ernsthaft Jazz zu spielen, und darum geht es Susie Diamond, die, bevor sie zu den Baker Boys stieß, beim »Triple A Escort Service« beschäftigt war, ein Callgirl also, eine Frau, für die es schon eine unglaubliche Wunschtraumerfüllung ist, wenn sie auf einer Bühne stehen und singen darf. Und das Publikum jubelt ihr zu.

Michelle Pfeiffer war Susie Diamond, und neben der Flirt- und Verführungsszene auf dem Flügel zu »Makin' Whoopee« war ihre stärkste Szene vielleicht jene gleich am Anfang, wenn das Vorsingen fast schon vorüber ist und die beiden Brüder darüber schimpfen, dass keine der Sängerinnen einen Ton halten könne. Das ist der Moment da kommt Susie Diamond, und

*Mit Jeff und Beau Bridges
am Set von »The Fabulous Baker Boys«*

sie ist zu spät, und dann erwähnt sie auch noch ihren früheren Arbeitgeber, und die Laune der Brüder wird nicht besser davon. Aber dann singt sie, gut genug für die Baker Boys, mit einer Stimme, die nicht brillant ist, aber so interessant, dass man immer weiter zuhören möchte. Und dass sie selber singt, Michelle Pfeiffer, die ja Schauspielerin und keine Sängerin ist, dass sie sich das traut, das ist eine Entblößung, viel radikaler, als wenn sie einen Striptease zeigte. Und genau so, radikal, einfach, direkt, musste die Szene auch fotografiert werden.

Michelle Pfeiffer hat später immer wieder gesagt, dass dieser Film, dass die Rolle und die Dialoge, die Steve Kloves für sie geschrieben hatte, das Licht, in das ich sie setzte, dass all das ihrer Karriere neuen Schwung und eine andere Richtung gegeben hätte. Dabei ging es ihr nicht schlecht, sie hatte im Jahr davor in ein paar sehr guten Filmen gespielt, in Stephen Frears' »Liaisons Dangereuses«, in Jonathan Demmes »Married to the Mob«, in Robert Townes »Tequila Sunrise«. Aber vermutlich war Susie Diamond bis dahin nicht nur ihre größte, sondern vor allem ihre stärkste Rolle. Das ganze schöne, kluge und emotional so stimmige Drehbuch von Kloves wäre nichts wert gewesen ohne diese Schauspielerin, die es allen zeigen wollte, indem sie eine Frau spielte, die es allen zeigen wollte.

Michelle Pfeiffer war, seit sie, in Brian De Palmas »Scarface«, in einem der unglaublichsten Kleider der Filmgeschichte mehr erschienen als aufgetreten war, unabweisbar sexy und zugleich unfassbar, unerreichbar, mehr Göttin als eine Frau aus Fleisch und Blut – Michelle Pfeiffer war immer gemäß dieser Vorgabe inszeniert worden. Sie war schön, aber zerbrechlich, sie war das Objekt der Begierde und weniger die handelnde Figur. Sie brauchte für die Figur der Susie Diamond mehr Härte und mehr Eigensinn. Und wie das ging, das war natürlich einerseits eine Frage der Inszenierung, des Spielens, des Vertrauens. Und andererseits werfen solche Charakterfragen manchmal ganz schlichte handwerkliche Probleme auf. Fast kann man sagen: chemische Probleme. Wir probierten verschiedene Make-ups, machten Probeaufnahmen bei unterschiedlichen Lichtverhältnissen, wir fanden schließlich einen Look, der Michelle Pfeiffers Schönheit schärfer konturierte, ihr eine größere physische Präsenz und Plastizität gab.

Ein solcher Teamspirit, dass sich ein Maskenbildner, ein Kameramann und ein Star zusammentun, um aus Licht, Makeup und Schauspielkunst gleichsam einen neuen Look zu schaffen, so etwas sollte eigentlich die Regel sein – aber dass das so gut ging bei den »Baker Boys«, lag eher an dem besonderen Geist, der dort herrschte; es war wirklich jeder in dieses Projekt verliebt, es gab jeder alles, was er geben konnte, und vielleicht lag das an Steve Kloves, der kein übermächtiger Regisseur war, was den Rest des Teams nicht etwa verunsicherte, sondern jedem das Gefühl gab, die »Baker Boys«, das sei auch sein Film. Vielleicht lag es auch an Mark Rosenberg, der allen das Gefühl gab, sie arbeiteten am wichtigsten und schönsten Film der Filmgeschichte. Manchmal sprach er mich aufs Inszenieren an, immer wieder meinte er, ich solle selber Regie führen – und vielleicht wäre er der Einzige gewesen, der mich dazu hätte überreden können. Leider starb er bald, und allen anderen, die mir die Regisseurs-Idee einzuflüstern versuchten, habe ich nicht vertraut.

Wie es auch ausgehen kann, wenn Kameramann und Maskenbildner an der Schönheit eines Stars arbeiten, das habe ich im Jahr darauf erlebt, bei den Dreharbeiten zu Mike Nichols' »Postcards from the Edge«, der aus vielen Gründen nicht sein bester Film geworden ist. Einer der Gründe war Meryl Streep, die eine brillante Schauspielerin ist und, wie ich finde, eine sehr schöne Frau. Allerdings war sie einundvierzig, als wir diesen Film drehten, ein Alter, das ihr sehr gut stand – nur dass die Rolle eher für eine Einunddreißigjährige geschrieben war. Der Film basierte auf dem gleichnamigen Buch jener Carrie Fisher, die nicht nur in »Star Wars« die Prinzessin Leia gespielt hatte, sondern auch die Tochter der Schauspielerin Debbie Reynolds und des Sängers Eddie Fisher ist – und davon, vom komplizierten Schicksal, so eine Tochter zu sein, erzählten das Buch und der Film. Und Meryl Streep war nicht bloß zu alt für diese Rolle, sie war vor allem zu erwachsen, zu selbstbewusst, zu autonom. Zu den Menschen, die da komplett anderer Meinung waren, gehörte aber Roy Helland; jener Maskenbildner, der bei den Dreharbeiten zu »Working Girl« die desolate Melanie Griffith fast jeden Morgen wieder zum Leben erweckt hatte. Er war ein Könner, er war fast ein Genie – aber er glaubte, das Urheberrecht an Meryl Streeps Aussehen zu haben, und er leitete daraus das Recht ab, Anweisungen zu geben. Dass er mich darauf hinwies, dass Meryl Streep en face eigentlich am besten aussehe und im Halbprofil besser als im Profil, und wenn doch, dann lieber von rechts als von links, weil sie, von links betrachtet, wirklich eine sehr, sehr große Nase hat: das war hilfreich, auch wenn ich diesen Hinweis nicht nötig hatte; schließlich ist es mein Beruf, so etwas zu bemerken. Dass er uns aber ständig hineinquatschte in die Arbeit, dass er bei einer Szene den Kamerawinkel verhindern wollte und bei der nächsten ein weicheres Licht verlangte: das habe ich mir natürlich verboten. Was aber dazu führte, dass Meryl Streep nach den Mustervorführungen mit Mike Nichols sprach und durchsetzte, dass nur die Einstellungen in den Film kamen, in denen sie sich selber gefiel.

Dass es welche gab, in denen sie sich nicht gefiel, war natürlich meine Schuld. Und wenngleich ich unbedingt darauf bestehen möchte, dass ich sie immer so fotografiert habe, dass sie möglichst gut und attraktiv aussah, zeigt dieser Konflikt doch exemplarisch, wie besonders, wie kompliziert, wie speziell das Verhältnis zwischen dem weiblichen Star und dem Kameramann im Grunde immer ist.

Es ist ein Machtverhältnis, auch da, wo es nicht zum Konflikt kommt. Es ist der Kameramann, der die Augen zum Leuchten, das Gesicht zum Strahlen bringen kann, und die meisten Schauspielerinnen wissen das. Es empfiehlt sich also, sich gut zu stellen mit dem Kameramann, und die Kollegen, die das ausnutzen, will ich hier gar nicht beschimpfen. Verführung gehört zum Wesen des Kinos. Es gibt allerdings auch Kollegen, die sagen offen, dass ihnen Puppen lieber als die Schauspieler wären, weil Puppen wenigstens das tun, was man von ihnen will. Der ganze Eigensinn, das Unkontrollierbare in den Blicken, den Gesten und der Mimik ist ihnen ein Graus. Und dass ich das ganz anders sehe, liegt vermutlich daran, dass ich im Theater meiner Eltern schon mit Schauspielern zu tun hatte, lange bevor ich wusste, was ein Kameramann macht. Das war ja schon mein Auftrag, als ich meinen ersten Fotoapparat bekam und die Aushangfotos fürs Fränkische Theater schoss: auch das einzufangen, was spontan und nicht geplant war, den unverhofften Augenblick, den geglückten Moment. Und als Kameramann fürs Kino ging es erst recht darum, diese Momente nicht zu verpassen.

Der Kameramann ist ja der Erste, der die Blicke, das Lächeln, das Staunen im Gesicht der Schauspieler sieht, er ist dabei, wenn es geschieht, das unterscheidet ihn vom Kinozuschauer. Und gleichzeitig liegt zwischen ihm und dem Lächeln diese Grenze, die für den Kinozuschauer unüberwindlich ist. Die Grenze zwischen Spiel und Wirklichkeit. Die Grenze zwischen den Projektionen aus Licht und dem Leben dessen, der sie betrachtet.

Nur dass der Kameramann beides ist: Er ist der Adressat der Blicke und der Gesten, und zugleich ist er der, der die Blicke, die Gesten, das Lächeln erst richtig zur Geltung bringt – und das ist der Punkt, wo das Verhältnis der beiden kompliziert wird. Denn im Kino geht es ja nicht zuletzt um Verlockung und Versuchung, ums Begehren und Begehrtwerden, und die Schauspielerin, die mit der Kamera das Spiel der Blicke und Verlockungen spielt, verlockt den unsichtbaren Zuschauer und den sichtbaren Kameramann zugleich. Es ist, als ob Galatea mit Pygmalion flirtete. Und der Kameramann, der die Verlockung miterschaffen hat und zugleich ihr erstes Opfer ist, der Kameramann spürt natürlich die Versuchung, die Grenze zu überschreiten, ohne sich dabei lange mit der Frage aufzuhalten, wer es ist, wen er da begehrt. Ist es die Schauspielerin oder die Rolle? Ist es Susie Diamond oder Michelle Pfeiffer?

Es ist nicht schlecht für einen Film, wenn Schauspielerin und Kameramann dieses Spiel spielen. Es ist aber schlecht für den Kameramann, wenn mehr wird aus dem Spiel – zumal, wenn der Kameramann verheiratet ist, Kinder hat und kein Interesse daran, das eigene Leben noch komplizierter zu machen, als es ohnehin schon ist.

Ich bin nicht unbedingt der Mann, den man einen Träumer nennen würde. Aber ich bin ein Mann des Kinos, und das Kino ist eher die Kunst, Träume zu schaffen, als dass es deren Erfüllung bieten könnte. Ich mag Träume, ich liebe es, mich ihnen hinzugeben, und ich bin mir nicht ganz sicher, ob ich das Kino brauchte, um zu lernen, dass es nicht unbedingt darum geht, dass diese Träume sich erfüllen; denn dann brauchte man ja, um wieder träumen zu können, einen neuen Traum, wo man doch den alten gerade liebgewonnen hat. Ich mag es auch nicht, wenn in Filmen alle Träume des Helden oder der Heldin in Erfüllung gehen. Ich finde das unfair gegenüber dem Publikum, das im Kino doch die Erfahrung macht, dass träumen zu dürfen schon die ganze Erfüllung ist. Der Zuschauer jedenfalls kriegt die Heldin nicht, und im Prinzip bin ich der Meinung, dass der Kameramann, schon weil er der allererste Zuschauer ist, sie auch nicht kriegen sollte, und meistens habe ich mich an dieses Prinzip gehalten. Es wäre, glaube ich, nicht ganz richtig, wenn ich behauptete, nur deshalb sei Helga meistens dabei gewesen, wenn wir drehten. Sie war dabei, weil sie in meiner Nähe sein wollte und ich in ihrer. Sie war dabei, weil es uns beiden half, wenn es neben dem Filmen noch ein Leben gab – und zwar ein gemeinsames. Und dass mein Sohn Florian immer dabei war, als mein Kameraassistent, das lag vor allem daran, dass ich gern mit ihm arbeitete. Und er mit mir. Aber es war auch eine ganz gute Versicherung. Man macht keine Dummheiten, wenn der eigene Sohn einem dabei zusieht.

14

Bilder der Gewalt

Goodfellas und die Farben des Bluts

Die meisten Szenen von »Goodfellas« haben wir in New York und Umgebung gedreht, und wenn wir fertig waren für den Tag, kam ich nach Hause, in unsere Wohnung in Greenwich Village, und nicht in irgendein Hotelzimmer.

Wir war dein Tag?, fragte Helga manchmal.

Und als Antwort bekam sie immer wieder Sätze wie diese hier zu hören: Der Tag war normal. Wir haben einen Mafioso gekillt. Und weil Marty mehr Hirn spritzen lassen wollte, haben wir die Einstellung siebenmal gedreht. Beim siebten Mal spritzte so viel Hirn, wie Marty wollte.

Solche Antworten bekam Helga an den besseren Tagen. An den Tagen, an denen mir noch zum Scherzen zumute war. Es gab auch Abende, da sagte ich gar nichts, da war ich so fertig, als hätte ich richtigen Schlägereien und echten Morden zugesehen.

Es gibt eine Szene in »Goodfellas«, ziemlich am Anfang, da bringt Ray Liotta, der Held, seine neue Braut, Lorraine Bracco, nach Hause, und unterwegs hat sie ihm erzählt, dass der Typ von Gegenüber sie begrabscht und belästigt und dann, als sie sich wehrte, aus dem Auto geworfen habe. Und Ray Liotta geht hinüber, packt den Mann, der gerade an seinem Auto herumschraubt, schlägt ihn zusammen, kalt und wütend zugleich, und dann geht er zurück über die Straße und gibt seiner Braut einen kleinen Revolver, den sie für ihn aufbewahren soll. Und das alles ist eine einzige Einstellung, kein Schnitt dazwischen – und diese Szene, die längst nicht die brutalste ist in diesem Film, hat mich beschäftigt und beunruhigt, gerade weil sie moralisch so ambivalent ist. Der Typ hat die Prügel ja verdient. Aber diese Szene, eine scheinbar friedliche, saubere Straße in einem Mittelklasseviertel, irgendwo in Queens, und dann bricht die Gewalt aus, diese rohe, rein körperliche Gewalt, die so extrem ist, dass auch Ray Liotta, der Angreifer, am Schluss blutige Fingerknöchel hat – die hätte wohl jeder andere Regisseur in acht, neun Einstellungen aufgelöst. Und damit Distanz geschaffen. Das alles in einer Einstellung, das involviert nicht nur die Zuschauer, die ja ganz anders miterleben, dass die Gewalt, die hier ausbricht, nicht das Gegenteil des Vorstadtfriedens ist, sondern dessen radikalste Konsequenz. Es involviert auch ganz ungeheuer den Kameramann, der zugleich Zeuge und Urheber dieser Szene ist.

Man könnte sich die Dreharbeiten für solch einen Film ja auch so vorstellen, dass da Männer so tun, als würden sie einander verprügeln und erschießen, das Kunstblut wird literweise vergossen und verspritzt. Und am Abend, wenn alle Szenen abgedreht sind, denken sich alle im Team: Das war ein schöner Tag heute, keinem ist was passiert, es waren nur Platzpatronen, es waren nur angetäuschte Schläge, und der Mann, der blutig geprügelt und mit zermanschtem Gesicht im Kofferraum einer großen Limousine liegt, der hatte nur insofern einen schweren Tag, als er stundenlang vom Maskenbildner bearbeitet wurde. Und dann genehmigt man sich einen ersten Drink. Und freut sich auf ein blutiges Steak zum Abendessen.

Es gibt solche Dreharbeiten; es sind aber selten die nennenswerten Filme, die dabei entstehen.

Bei »Goodfellas« war alles anders, was schon daran lag, dass dieser Film eine wahre Geschichte erzählte. Es war die

Geschichte von Henry Hill, einem Jungen aus Brooklyn, der, halb irischer und halb sizilianischer Abstammung, von sich selber sagt, er habe ein Gangster sein wollen, solange er denken könne. Henry Hill machte eine schöne Mafiakarriere, als Dieb und Räuber, als Schläger und Mörder, schließlich als Kokaindealer. Und als er verhaftet wurde, stellte er sich als Kronzeuge zur Verfügung, ließ die ganze Gang hochgehen. Und dann, in der Sicherheit des Zeugenschutzprogramms, erzählte er alles, was er erlebt und verbrochen hatte, dem Journalisten Nicholas Pileggi, der daraus ein sehr dickes und lesenswertes Buch machte.

»Wiseguy: Life in a Mafia Family« hieß das Buch – und Martin Scorsese wollte es seit Jahren verfilmen. Er fand darin, auch wenn er selbst nicht in Brooklyn, sondern in Manhattan, in Little Italy, aufgewachsen war, die Erfahrungen seiner Kindheit und Jugend wieder. Er erzählte gern, dass er unter solchen Jungs und Männern aufgewachsen sei; und dass nur sein Asthma ihn davor bewahrt habe, einer von ihnen zu werden. Er erzählte aber auch gern, wie fasziniert er von den Gangstern gewesen sei. Nicht von ihrer Brutalität, sondern von ihren Qualitäten als Entertainer. Es sei herrlich gewesen, den Gangstern zuzuhören, wenn sie von ihren Heldentaten erzählten, es seien Geschichten voller Humor und Menschlichkeit gewesen. Und natürlich erzählte Scorsese, der Filmfan und Kinoverrückte, gern von all den Gangsterfilmen, die er kannte, von »Scarface« und »Public Enemy«, jenen klassischen Gangsterfilmen der Dreißiger, welche den echten Gangstern erst die Vorbilder geliefert hätten dafür, wie man sich so benehme und kleide als Gangster, mit welchen Manierismen man sich interessant mache und welche Sprüche man brauche.

Scorsese sagte, er wolle nicht noch so einen Film drehen. Nicht noch einen Film, in dem die Gangster so gut aussehen und so ein abenteuerliches Leben haben, dass danach jeder Teenager, der den Film gesehen hat, ein Gangster werden will. Scorsese sprach nicht viel über Francis Ford Coppolas »Godfather«-Filme; aber es war offensichtlich, dass er den beiden Filmen (der dritte »Godfather« war in Produktion) eine realistischere, eine weniger heldensagenhafte, eine grausamere und bösere Sicht auf die Mafia entgegensetzen wollte.

Pileggi erzählte gern, dass Scorsese, nachdem er »Wiseguy« gelesen hatte, ihn angerufen und das Gespräch mit den folgenden Worten eröffnet habe: Auf dieses Buch habe ich mein Leben lang gewartet.

Auf diesen Anruf habe ich mein Leben lang gewartet, habe er, Pileggi, geantwortet.

Es gefiel Martin Scorsese zu sagen, dass »Goodfellas« fast ein Dokumentarfilm sei, und konsequenterweise hatte er ein paar Sachverständige engagiert, Mafiaveteranen, die bei dem einen oder anderen Gemetzel dabei gewesen waren. Sie sahen eigentlich nicht gefährlicher als andere Leute aus, ich fand es aber trotzdem furchterregend, wenn sie, wann immer es zu einem der gefürchteten Ausbrüche kam, wenn die Männer von Zorn und Raserei erwischt wurden wie von einer unbeherrschbaren Naturgewalt, ganz ungerührt sagten, in Wirklichkeit sei damals alles noch viel schlimmer gewesen. Und dann wollte Scorsese noch mehr Kunstblut vergießen und verspritzen, und manchmal tat ich, was ich mir sonst meistens versagte. Ich quatschte ihm hinein. Ich sagte: Marty, lass das doch. Wir haben längst genug von dem Zeugs!

Und abends kam ich nach Hause und fühlte mich, als hätte ich den ganzen Tag böse Dinge getan.

Es herrschte am Set nicht die bedrohliche Stimmung, die Scorsese im Film inszenierte, es gab, wie immer bei Scorsese, viel zu lachen, lustige und warmherzige Momente – aber es gab auch, mehr als bei anderen Filmen, Momente der Beklemmung und der Beunruhigung. Robert De Niro war unleidlich, er wirkte verschlossen, am besten, so schaute er einen an, ging man ihm aus dem Weg – und erst ein Jahr später, bei den Dreharbeiten zu Irwin Winklers »Guilty by Suspicion«, begriff ich, was wirklich los mit ihm war. Ein Jahr später war De Niro der liebenswürdigste Mensch, was daran lag, dass er eine liebenswürdige Rolle hatte. In »Goodfellas« dagegen musste er so böse sein, dass er, wenn die Szene abgedreht war, das nicht einfach ablegen konnte wie eine Sonnenbrille.

Die Stimmung war nicht gut zwischen Scorsese und De Niro, auch zwischen Joe Pesci und De Niro, so kam es mir vor, gab es Spannungen – und es war wohl naiv zu meinen, dass diese Männer, die einander seit Ewigkeiten kannten, einfach nur gute Kumpels gewesen wären, ein paar italoamerikanische Jungs, die gemeinsam Spaß beim Drehen hatten und sich danach noch eine große Schüssel voller Pasta gönnten. Sie hatten alle riesengroße Egos, das Ego von Joe Pesci war mindestens doppelt so groß wie sein, eher kleiner, Körper, er war viel zu alt für die Rolle, und als er zu Scorsese gesagt hatte, er müsse diese Rolle unbedingt bekommen, andernfalls würde er ihn, Scorsese, töten – da war sich Scorsese selbst nicht ganz sicher gewesen, ob das nur einer seiner üblichen Scherze war. Oder eine ernstzunehmende Drohung.

Jedenfalls hatte Pesci die Rolle, und wie er sich jünger machte, mit einer Perücke und sogenannten Liftklammern, wie er täglich stundenlang in der Maske saß, das war, einerseits, bitter anzuschauen. Und andererseits war das ja der Kern der Rolle, die er spielte: dass da einer, der klein und hässlich ist und selber nicht so genau weiß, wer er eigentlich sei, seine Fäuste und seine Pistole braucht, um sein Selbstporträt zu zeichnen: Ich bin der, vor dem alle Angst haben.

Wie schwer es war, zwischen Pesci, dem Schauspieler, und Tommy DeVito, dem brutalen Gangster, die Grenze zu ziehen, das offenbarte sich in einer Szene, die zu den härtesten und bedrohlichsten zählt, obwohl hier keiner seine Waffe zieht. Sie spielt in einer Bar, an der Theke, die Szene war kalt und schmutzig beleuchtet, so, wie Scorsese und ich den ganzen Film aussehen ließen: Niemals gab es jenes gedämpfte, milde, indirekte Licht, das die Gesichter sanft und attraktiv aussehen lässt. Wenn wir in Bars und Restaurants drehten, nahm ich das Licht, das es dort ohnehin gab, und platzierte höchstens unter der Theke oder sonst wo im Verborgenen eine kleine Lampe, welche die Gesichter akzentuierte. Es war ein quasi dokumentarisches Licht, es war, drum herum, ohnehin meistens eine große Dunkelheit, und beides, dachten wir, würde schon verhindern, dass unser Film auch nur eine Sekunde lang wie ein Mafiamärchen, eine Mafiaheldensage aussah.

Tommy DeVito stand also an der Theke und erzählte eine Geschichte, die er für lustig hielt. Henry Hill hörte zu. Und um sie herum standen all die anderen kleinen Gangster. Scorsese hatte mit Joe Pesci und Ray Liotta verabredet, dass sie improvisieren würden, die anderen wussten nichts, und als Pesci seine Story zu Ende erzählt hatte, lachten alle, und Liotta sagte: Sehr lustig, du bist wirklich ein lustiger Typ.

Was heißt das, ich bin ein lustiger Typ? Findest du es lustig, wie ich rede?

Na, du bist eben lustig. Es ist die Art, wie du die Geschichte erzählst.

Du findest mich also lustig. Lustig wie einen Clown? Du amüsierst dich über mich?

Na, so ging das hin und her, und weil die Szene nicht im Drehbuch stand, wusste keiner, ob das Spiel war oder Ernst, ob Joe Pesci, der echte, womöglich jeden Moment und ganz ohne so zu tun, als ob, auf den echten Ray Liotta losgehen und ihn verprügeln würde.

Es gab praktisch keinen im Team, der sich nicht gelegentlich vor Pesci gefürchtet hätte. Jeder dachte irgendwann: Der Typ ist unberechenbar, dem trau ich alles zu, und nach der Szene, in der Tommy DeVito den jungen Kellner Spider erst in den Fuß schießt und dann, nachdem der sich gewehrt hat, tötet, nach dieser Szene stand ich, obwohl ich sie ja aus dem Drehbuch kannte, so schockiert und fassungslos am Set, als hätte Joe Pesci mit einer echten Pistole einen echten Menschen erschossen.

Es sind eben nicht nur die Blicke des Begehrens, die erotischen Reize und Verlockungen, welche die Grenze zwischen dem, was gespielt wird, und denen, die dabei zuschauen, überwinden und unsichtbar machen. Es ist genauso die Gewalt, die sich anscheinend nicht so einfach in die Grenzen des Fiktionalen sperren lässt. Dass einer, der im Kino sitzt, Scorseses superrealistisch inszenierte Brutalität als genauso schmerzhaft empfindet, wie wenn er einer echten Gewalttat zugesehen hätte, das ist noch verständlich. Dass es auch uns, die wir doch das Gemachte und Inszenierte deutlich vor Augen hätten haben müssen, so heftig erwischte, das war der Schock dieser Dreharbeiten. Mit Ray Liotta kam ich, als wir anfingen, sehr gut aus, ich mochte seine Art, und ich glaube, auch ihm gefiel es, wie ich die Kamera führte. Aber je länger die Dreharbeiten andauerten, desto gereizter und genervter wurde unser Verhältnis; es war nichts Böses passiert zwischen uns, es war nur so, dass Henry Hill, die Figur, die Liotta spielte, immer unangenehmer wurde. Und anscheinend merkte man das auch dem echten Ray Liotta an.

In dieser Lage war es ein Segen, wenn wir Einstellungen arrangierten, die so schwierig waren, dass mir gar keine Zeit blieb, auf die Psychologie der Leute zu achten. Ziemlich am Schluss kommt es zu einem Treffen zwischen Liotta und De

Niro, in einem Diner mit großen Fenstern, und es ist der Moment, in dem Liotta merkt, dass De Niro ihn nicht nur nach Florida, sondern zu seiner eigenen Ermordung schicken will. Ich schlug Scorsese vor, den berühmten Vertigo-Effekt zu versuchen – einen Trick, den Alfred Hitchcock bei den Dreharbeiten zu »Vertigo« erstmals angewandt hat. Der Trick ist eigentlich ganz einfach, die Kamera fährt zurück, das Objektiv zoomt nach vorn, so dass, was im Zentrum der Einstellung ist, gleich groß bleibt, gleich weit entfernt zu bleiben scheint. Aber alle Perspektiven verschieben sich. Scorsese war skeptisch, ich sagte, komm, lass es uns versuchen, und als wir es abgedreht hatten, war uns allen klar, dass es eine stimmige Szene ist.

Etwas schwieriger war die Szene, die in meine eigenen Erinnerungen als die Copacabana-Einstellung eingegangen ist. Es ist der Abend, an dem Ray Liotta seine neue Freundin (und künftige Frau) Lorraine Bracco zum ersten Mal ausführt, er geht mit ihr in den Nachtclub Copacabana, der auch in der Wirklichkeit genau das war, als was er im Film gezeigt wird, der berühmteste Nachtclub New Yorks – und um sie zu beeindrucken, nimmt Liotta das Mädchen durch den Hintereingang mit hinein, geht mit ihr durch die Küche, wo alle ihn kennen und begrüßen (was wiederum auch insofern realistisch ist, als das Copacabana der Genovese-Familie, einem der fünf großen Mafia-Clans, gehörte), der echte Henry Hill hat einen kurzen Cameo-Auftritt, und dann kommen sie direkt neben der Bühne ins Lokal, wo, extra für Liotta und seine neue Freundin, noch ein Tisch bereitgestellt wird und die beiden den besten Blick haben auf den Komiker Henny Youngman, dessen Show gerade beginnt.

Wir haben diesen ganzen Weg ohne einen einzigen Schnitt gedreht, mit einer Steadicam; es war auch deshalb noch komplizierter, als es ohnehin schon aussieht, weil wir zum selben Eingang, durch den wir hereingekommen waren, wieder hinaus mussten; während wir also durch die Küche gingen, musste der Eingang schnell umdekoriert werden. Es ging trotzdem alles sehr gut, und dann saßen die beiden an ihrem Tisch, und Henny Youngman, der sich selber spielte, hatte seinen Auftritt. Und dann hatte er seinen Text vergessen.

Dabei war der Text ganz einfach. Es war der Witz, mit dem er seit Jahrzehnten seine Show eröffnete, nur ein kurzer Satz, gesprochen zu dem Mann, der ihm die Garderobe abnehmen will: Take my wife, please.

Es war ein Satz, den Millionen von Menschen, die Youngman schon mal gesehen hatten, auswendig kannten.

Aber Youngman hatte ihn vergessen. Und ohne Youngman wäre die Szene nur halb so gut geworden.

Wir drehten die Copacabana-Einstellung siebenmal, und ich glaube, es hat sich gelohnt. Ein Mann und eine Frau, und wie sie einen solchen Raum durchqueren. Danach war klar, wer dieser Mann ist und warum die Frau, die doch eigentlich ein braves, jüdisches Mittelklasse-Mädchen ist, ihn heiraten und bei ihm bleiben wird. Da kann sich einer hinsetzen und hundert Seiten der allerbesten, allerfeinsten Dialoge schreiben und wird es doch nicht hinbekommen, die Verhältnisse so scharf und so genau zu zeichnen. Abgesehen davon war die Szene, alles in allem, ein Vergnügen für uns. Und für den Zuschauer ist sie das wohl auch.

Und das ist der Punkt, an dem man wohl sagen muss, dass Scorsese, seinem großartigen Team und den sagenhaften Schauspielern hier, mit »Goodfellas«, wohl alles gelungen ist, was nur gelingen konnte. Der Film ist realistisch, spannend, aufregend, neu, und stilistisch absolut überzeugend.

Nur dass er der Mafia ihren Mythos und ihren Zauber nehmen wollte, das ist ihm nicht gelungen, das war überhaupt nicht möglich.

Man sah das spätestens knapp zehn Jahre später, als die grandiose Fernsehserie »Die Sopranos« startete. Es ging darin um die Mafia in New Jersey, es waren zum Teil dieselben Schauspieler wie in »Goodfellas«, und weil sie mit ihrem banalen Mafia-Alltag nicht so recht glücklich waren, sprachen sie viel davon, welches Leben sie sich wünschten. Sie wollten leben wie die Gangster im »Godfather«. Und sie wollten so wild und böse sein wie die Gangster in »Goodfellas«.

Scorsese hat den Mythos nicht zerstört. Er hat ihn erneuert.

15

Oben bleiben

*Die frühen Neunziger,
Coppolas Dracula*

Wenn diese Erinnerungen kein Buch wären, sondern ein Film, ein richtig teures Drama aus Hollywood, mit großem Budget, teurer Besetzung, einer entfesselten Kamera und einem Drehbuch, das mindestens dreimal umgeschrieben wurde – dann müsste jetzt, so zum Beginn der neunziger Jahre, etwas Schreckliches geschehen, eine Katastrophe, ein Schicksalsschlag, der Absturz. Oder zumindest ein Konflikt, den ich verlieren müsste. Denn auf den Aufstieg folgt, nach den Gesetzen des populären Erzählens jedenfalls, der Fall – oder zumindest ein Rückschlag, so gewaltig, dass der Held bis zum happy end noch einmal heftig kämpfen muss.

Wir wissen, wie man den Anfang von etwas schildert, wir haben schöne narrative Formen für den Aufstieg. Aber dass es dann einfach weitergehen könnte; dass also einer, der es geschafft hat, dorthin zu kommen, wohin er eben wollte – dass der dort auch bleibt, dabei froh und glücklich ist mit dem, was er tut: das ist in den Erzählbauplänen nicht vorgesehen.

So war es aber mit mir – und dass es mir, während es geschah, nicht öde und langweilig vorkam, lag vor allem daran, dass die Karriere eines Kameramannes nichts ist, was einen irgendwann in eine Vorstandsetage führt, in ein geräumiges Büro im obersten Stock, wo man eine Sekretärin hat und einen

Schreibtischstuhl von Charles Eames und eine Unterschriftenmappe. Und wenn man ein paar falsche Entscheidungen zu viel trifft, fliegt man raus, mit einer Abfindung, von der man noch zehn Jahre leben kann.

Ja, es ist durchaus das, was man eine Karriere nennt, wenn man anfängt als Kameraassistent, wenn man erst fürs deutsche Fernsehen arbeitet, dann für den deutschen Film, und dann ist man in Amerika, arbeitet mit Scorsese und Nichols, hat Michelle Pfeiffer und Dustin Hoffman, Paul Newman und Sigourney Weaver vor der Kamera. Die Gagen steigen, ein wenig Ruhm gibt es mit dazu – auch wenn ich manchmal den Eindruck hatte, dass ein Kameramann mindestens fünfzehn Jahre im Geschäft sein muss, bis sein Name irgendjemandem, der nicht selber im Geschäft ist, endlich mal auffällt. Es ist allerdings eine Karriere, die mit dem Weg, den einer in einer Firma oder der Bürokratie nach oben geht, nichts gemeinsam hat. Was ein Kameramann kann und was nicht, ob er gut und inspiriert ist: Das ist zwar, einerseits, eine Frage des subjektiven Geschmacks. Aber andererseits steht das Können eines Kameramanns deutlich sichtbar vor den Augen aller, die sich eine Kinokarte kaufen wollen. Keiner kann sich in diesem Job nach oben schleimen oder intrigieren.

Und zugleich ist jeder Film ein neuer Anfang, eine neue Herausforderung, ein neues Unternehmen, dessen Gelingen absolut nicht sicher ist. Man kann sich vielleicht darauf verlassen, dass man drei, vier Dinge beherrscht, man kann sich, meistens, auch darauf verlassen, dass der Regisseur und der Produzent, die einen engagieren, sich vorher den einen oder anderen Film dieses Kameramanns schon mal angeschaut haben und wissen, mit wem sie da arbeiten wollen. Aber wenn es dann losgeht mit den ersten Besprechungen über den Look, die Stimmung, das Tempo eines Films, wenn Drehorte gesucht, Storyboards gezeichnet werden, wenn schließlich der erste Drehtag anfängt: dann betritt man gewissermaßen einen völlig neuen Kontinent, wo andere Gesetze gelten.

Ich mochte es, nach einem anstrengenden Dreh und bevor ich den neuen Kontinent des nächsten Films betrat, nach Hause zu fliegen, auf den alten Kontinent, nach Berlin, wo ich Luft holen und den Kopf freibekommen konnte. Und wo ich genau das genoss, was so vielen, die dort immer lebten, auch buchstäblich auf den Wecker ging: das Langsame, das Abgeschiedene, das Aus-der-Welt-gefallene der geteilten Stadt. Großstadttempo und Metropolenstress hatte ich genug in New York und in Los Angeles. Die Dreharbeiten zu »Goodfellas« waren, wie beschrieben, extrem anstrengend gewesen – aber genau in jenem Jahr, dem Jahr 1989, ergab es sich, dass ich total ausgebucht war. Ich konnte nicht nur nicht nach Berlin fliegen vor dem nächsten Film, ich musste sogar eine Woche früher aufhören bei Scorsese, weil ich einen Vertrag hatte für Mike Nichols' nächsten Film. Und so kam es, dass ich, ausgerechnet ich, der überzeugte Berliner, der Liebhaber der Stadt, sehr weit weg war, als die Mauer fiel. Ich sah die Bilder im Fernsehen, ich war, wie so viele, bewegt, gerührt, glücklich, und natürlich wäre ich am liebsten gleich nach Berlin geflogen, um dabei zu sein, um alles zu sehen und aus der Nähe mitzuerleben.

Es ging aber nicht, weil wir »Postcards from the Edge« drehten, in Los Angeles, am anderen Ende der westlichen Welt. Von Meryl Streeps Nase, vom Dauerstreit mit ihrem Maskenbildner war ja schon die Rede, und die Erinnerung an diesen Ärger schiebt sich immer wieder vor, macht sich breit – und lässt kaum einen Spalt frei, durch den man den Rest des Filmes betrachten könnte. Meryl Streep war sehr mächtig damals, sie hatte das Recht, mitzuentscheiden, welcher Take genommen wurde. Und wenn sie sich nicht schön fand, dann war das die Schuld des Kameramanns. Sie fand sich häufig nicht schön – was nicht daran lag, dass sie damals nicht gut ausgesehen hätte. Sie war sehr schön, aber sie war es auf eine erwachsene Art, und die Rolle hätte eigentlich eine mädchenhaftere Schauspielerin verlangt. Sie merkte das, sie war und ist ja eine kluge Frau, es machte sie aber unsicher – und es war, naturgemäß, der souveräne Mike Nichols, der immer wieder daran arbeitete, ihr diese Unsicherheit zu nehmen, und letztlich ist es ihm ja auch gelungen; wir haben diesen Film zusammen fertig gedreht. Aber ich machte bei diesem ganzen Streit die unangenehme Erfahrung, dass auch ich abhängig war von der Stimmung am Set; manchmal hatte ich das Gefühl, dass ich besser, genauer, inspirierter wäre, wenn es keine Probleme gab zwischen den Schauspielern und mir. Eine Hauptdarstellerin und die Kamera: die beiden schauen einander im Lauf eines Filmdrehs eben doch sehr häufig sehr tief in die Augen. Es hilft, wenn dann da ein bisschen mehr ist als nur Ablehnung und Unsicherheit.

Es gibt Menschen, darunter Kritiker, Kollegen, ganz normale Kinogänger, die sagen, dass »Postcards from the Edge« trotz allem ein sehr schöner Film geworden ist, und vermutlich haben sie recht. Aber ein Kameramann, wenn er sich seine eigenen Filme anschaut, sieht halt nicht nur das, was da auf der Leinwand zu sehen ist. Er sieht auch, wie es gemacht wurde, er erinnert sich an die Dreharbeiten – und vermutlich ist das auch der Grund, weshalb es sich mit den Urteilen über meinen nächsten Film gerade umgekehrt verhält. Die Kritiken über »Guilty by Suspicion« waren wohlwollend, wenn auch nicht euphorisch, der Film ist nicht in Vergessenheit geraten, schon weil er bis heute im Geschichtsunterricht gezeigt wird, wenn amerikanische Schüler etwas über die Ära der Hexenjagd in Hollywood und den »Ausschuss gegen unamerikanische Umtriebe« lernen sollen. Genau das ist das Problem, sagen die Kritiker des Films: »Guilty by Suspicion« sei mehr Lehr- als Spielfilm, ein braves, politisch korrektes Werk ohne Abgründe und Ambivalenzen. Mag sein, dass etwas dran ist an der Kritik – mir hat die Arbeit daran gut gefallen. Das lag, wie schon erzählt, an Robert De Niro, der auf einmal der angenehmste Mensch der Filmgeschichte war (oder zumindest einer der angenehmsten). Es lag an Irwin Winkler, der damals sechzig war, einer der besten und erfolgreichsten Produzenten Hollywoods, mit einem Oscar für »Rocky« im Schrank und Credits für »Round Midnight«, »The Right Stuff« und »Raging Bull«. Er hatte auch »Goodfellas« produziert, und bei den Dreharbeiten hatte er mir erzählt, dass er auf seine alten Tage endlich auch Regie führen wolle. Es war eine Story, die ihm am Herzen lag, eine Story aus dem Filmgeschäft. De Niro spielte einen Regisseur, der extrem erfolgreich und jedermanns Liebling in Hollywood ist. Bis er sich weigert, mit dem »Ausschuss für unamerikanische Umtriebe« zusammenzuarbeiten, Namen zu nennen, Freunde zu verraten. Danach bekommt er keinen Job mehr im ganzen Filmgeschäft – und der Film erzählt im Wesentlichen die Geschichte, wie dieser Mann absteigt. Und trotzdem stark bleibt.

Winkler war ein angenehmer Mensch. Er hatte Zeit und Geld, er hatte von beidem genug, so dass wir extrem aufwendig und fast liebevoll an den Details arbeiten konnten. Es war Los Angeles, in den frühen Fünfzigern, ein Abstecher nach New York und einer nach Washington, und Winkler legte großen Wert darauf, dass alles stimmte. Die Kostüme, die Autos, die Häuser, das Licht. Das war es, was die Dreharbeiten so angenehm machte – und vermutlich ist es das, was letztlich gegen diesen Film spricht: Da ist kein Abgrund, keine Verstörung, De Niro ist gut, die Gesinnungsschnüffler vom FBI sind böse, so ist es am Anfang, so bleibt es bis zum Schluss, die Moral der Zuschauer wird in keiner einzigen Einstellung herausgefordert.

Die Dreharbeiten zu »What About Bob!« waren das genaue Gegenteil. Ein Krampf, eine Zumutung, eine große Unerfreulichkeit. Die beiden Hauptdarsteller mochten einander nicht nur nicht, sie konnten einander nicht ausstehen, sie wollten am Schluss nicht einmal mehr gemeinsam vor der Kamera stehen – was einerseits insofern nicht übel war, als sie sich beim Spielen nicht anstrengen mussten. Denn genau davon erzählte dieser Film. Einer ist die größte Nervensäge weit und breit. Und der andere wird darüber fast verrückt. Die beiden, das waren Bill Murray und Richard Dreyfuss, und beide spielten Rollen, die ihnen eigentlich lagen. Bill Murray war der Irre, ein Mann, so voll von Ängsten, Zwangsneurosen, Wahnvorstellungen, dass er sich kaum aus der Wohnung traut. Richard Dreyfuss war der Arzt, der Psychotherapeut, so eitel und besessen vom Glauben an sein eigenes Genie, dass er seinen Sohn Sigmund nennt und seine Tochter, wie Freuds Tochter, Anna. Der Film erzählt, wie Bill Murray, ganz beseelt von seinem ersten Besuch bei diesem Doktor, diesen bis an seinen Ferienort verfolgt, wo er sich Zutritt verschafft zum Haus des Doktors und zu dessen Familie, die den Verrückten liebgewinnt. Das war eindeutig mehr Murrays als Dreyfuss' Film, und anscheinend wusste auch Dreyfuss, dass Frank Oz, der Regisseur, am liebsten Woody Allen für die Rolle gehabt hätte, und umso hartnäckiger bestand Dreyfuss auf seinen Rechten. Er, der in »Jaws« und »Close Encounters« gespielt hatte, in »Always«, in »Tin Men«, in »Stand by Me«, er war der größere Star, und er hatte sich ein sogenanntes script approval in den Vertrag hineinschreiben lassen. Das hieß, dass er ein Einspruchsrecht hatte, bei jeder Szene, in der er war, bei jedem Dialogsatz, den er sprechen musste, und je länger die Dreharbeiten gingen, desto mehr nutzte Dreyfuss das aus. Er fand nicht lustig, was Murray lustig fand, es gab endlose Drehbuchbesprechungen – irgendwann haben Dreyfuss und Murray angefangen, einander mit Gegenständen zu bewerfen. Und wenn es Szenen mit den beiden gab, konnten wir nur noch Schuss- und Gegenschussaufnahmen machen, über die Schulter des jeweiligen Doubles hinweg, weil die beiden auf keinen Fall zusammen am Set sein wollten. Ich versuchte, die beiden zu verstehen, immerhin sind sie geniale Komiker. Und meistens war ich doch genervt, enttäuscht, verdrossen darüber, dass zwei erwachsene Männer, hochbezahlte Profis außerdem, sich nicht miteinander arrangieren konnten. Heute kommt es mir so vor, als habe dieser Verdruss die ganze Stimmung bei den Dreharbeiten getrübt – ich hatte mir die Arbeit an diesem Film so vorgestellt, wie es bei meiner letzten Zusammenarbeit mit Oz gewesen war, eine Art Ferienreise an den wundervollen Smith Mountain Lake in Virginia, mit lässigen Dreharbeiten, quasi nebenbei. Aber der Dauerstreit vergiftete die Atmosphäre, und es dauerte nicht lang, bis auch Frank Oz und ich uns nicht mehr so schnell einig wurden, wie die Szenen aufzulösen und zu fotografieren seien; es war sein Film, ich drehte, im Zweifelsfall, dann eben das, was er wollte. Und ich finde, so sieht der Film auch aus. Visuell ist er uninteressant, unambitioniert. Er hat keine Linie, keinen Stil, sehr erfolgreich wurde er dennoch. Immerhin kann ich mich an diesen Film erinnern – wogegen ich den, den ich danach drehte, fast vollständig vergessen habe, ohne dass ich einen Grund wüsste, weshalb ich ihn hätte verdrängen sollen. Es war »Mambo Kings«, und ich glaube, der Film war gar nicht mal so schlecht, er bekam ganz gute Kritiken, und gehasst haben ihn eigentlich nur jene Leute, die Oscar Hijuelos' Roman »The

Mambo Kings Play Songs of Love« gelesen und geliebt hatten und dessen Reichtum im Film nicht wiederfanden. Ich weiß nicht mehr genau, warum ausgerechnet Arne Glimcher, der damals einer der mächtigsten Kunsthändler und Galeristen New Yorks war, diesen Film inszenieren durfte, und ich weiß auch nicht mehr, ob er es konnte. Kann sein, dass er einen Picasso an Michael Ovitz, der noch immer sehr mächtig war, verkauft hat und dazu sagte: Ich möchte Regie führen und könnte einen kleinen Preisnachlass gewähren. Er war ein angenehmer, gebildeter Mann, und ich glaube, die Dreharbeiten liefen ganz gut – nur dass die beiden Brüder, deren Geschichte der Film erzählt, von Armand Assante und Antonio Banderas gespielt wurden. Keine schlechte Besetzung eigentlich, aber Antonio Banderas (dessen erster amerikanischer Film das war) konnte kaum Englisch, und Armand Assante sprach überhaupt kein Spanisch, was das Inszenieren ein bisschen schwierig machte: zwei Brüder, die mal spanisch, mal englisch miteinander sprechen; sie bekamen ihre Dialoge in der Sprache, die sie jeweils nicht konnten, lautmalerisch geschrieben. Sie machten ihre Sache ganz gut. Aber es war eben doch spürbar, dass Assante kein Wort verstand, wenn Banderas spanisch zu ihm sprach. Und Banderas verstand nicht, was Assante auf Englisch zu ihm sagte.

Vermutlich hat meine etwas unscharfe Erinnerung aber vor allem damit zu tun, dass sich andere Bilder dazwischengeschoben haben – es ist, wenn ich zurückzuschauen versuche, als stünde da, breit und schwer und unübersehbar, der große Filmregisseur Francis Ford Coppola, und der Film, den ich davor gedreht habe, liegt eben in dem großen Schatten, den Coppola wirft.

Es war in einem großen, schönen Büro auf dem Gelände von Sony Pictures, wo wir uns zum ersten Mal trafen. Und es war, was mich angeht, so ähnlich wie meine erste Begegnung mit Martin Scorsese. Ich bewunderte ihn, ich hatte ihn seit langem bewundert, er war der Mann, der die »Godfather«-Filme gedreht hatte und »Apocalypse Now«, er hatte längst seinen Platz in der Filmgeschichte. Er sagte, er kenne meine Filme und er liebe meinen Stil. Und ich wusste doch, dass, selbst wenn das alles stimmte, es noch ein anderes Motiv für ihn gab. Ich hatte, nach wie vor, den Ruf, dass ich nicht teuer war. Ich bekam sehr anständige Gagen, das war es nicht. Aber ich stellte an Technik und Beleuchtung keine maßlosen Forderungen, ich spielte mich nicht auf, ich blieb, was am wichtigsten war, immer im Budget.

Und das Budget war knapp für den Film, den Coppola jetzt drehen wollte. Er hatte die »Godfather«-Filme mit dem Kameramann Gordon Willis gedreht und »Apocalypse Now« mit Vittorio Storaro, und beide standen in dem Ruf, dass sie teuer seien, teurer als ich jedenfalls.

Coppola hatte zwanzig Millionen Dollar, und er hatte die Angewohnheit, jedes Filmbudget um zehn Millionen Dollar zu überziehen. Diesmal aber, so stand es in seinem Vertrag, würde das nicht gehen. Diesmal würde ihm jeder Dollar, den er überzöge, von seiner eigenen Gage abgezogen.

Francis Coppola war ein eindrucksvoller Mann, breit und scheinbar ruhig, mit dunklen Haaren, dunklen Augen, nur sein Bart war schon grau. Er wirkte fast wie das Gegenteil des dünnen, nervösen Scorsese, mit dem er doch die Besessenheit fürs eigene Italienischsein teilte, auch wenn das hier, bei diesem Projekt, keine Rolle spielte. Scorsese, so viel wusste ich von ihm, hatte das Chaos in sich drin, und wenn er es schaffte, ihm eine Form zu geben, war er ein Genie. Coppolas Genie, so schien das jedenfalls Coppola zu denken, entfaltete sich am besten, wenn er, der schwere Mann mit der dunklen Stimme und der

Patenhaftigkeit im ganzen Auftreten, seine Ruhe und Konzentration gegen das Chaos, mit dem er sich umgab, erkämpfen musste. Jeder in der Filmbranche wusste, dass Coppola ein Liebhaber des Chaos war, jeder hatte schon einmal gehört oder gelesen, wie sehr die Dreharbeiten zu »Apocalypse Now« aus dem Ruder gelaufen waren. Jetzt hatten ihm die Produzenten aber ein strenges Chaosverbot erteilt.

Ich habe später mit Leuten gesprochen, die meinten, der Film, Coppolas »Dracula«, sehe nach der dreifachen Summe aus. Ich weiß nicht recht, ob solche Einschätzungen irgendetwas zu bedeuten haben; denn einerseits sind ja auch zwanzig Millionen Dollar sehr viel Geld, von dem man eine Menge Kindergärten bauen könnte. Und andererseits war ich dabei und weiß, warum wir das Budget einigermaßen eingehalten haben.

»Dracula«, der Roman von Bram Stoker, erschien im Jahr 1897, zwei Jahre nach den ersten Filmvorführungen in Paris und Berlin – und ich glaube, das war Coppolas Ausgangspunkt: dass der Vampir und die bewegten Bilder zur selben Zeit aufkommen. Und dass das eine mit dem anderen zu tun haben könnte. Er liebte sehr den Stummfilm »Nosferatu« von Friedrich Wilhelm Murnau, es faszinierte ihn, wie dieser Film mit relativ einfachen Tricks, mit dem Spiel der Schatten, den Schrecken hervorruft. Und weil Coppola fand, dass der Vampir, der seine Gestalt verändern, der sich in einen Nebel oder ein Tier verwandeln kann, und das Kino, das ja von Anfang an eine Sinnestäuschung ist, weil vierundzwanzig Bilder pro Sekunde den Anschein einer fließenden Bewegung erzeugen, wo es, in Wirklichkeit, doch nur starre Einzelbilder gibt – weil Coppola fand, dass beide nicht nur sehr verwandte Phänomene sind, sondern dass die Finsternis, aus welcher der Vampir kommt und in welcher der Vampir seinen eigentlichen Lebensraum hat, die Finsternis eines Kinosaals sei: deshalb einigten wir uns sehr schnell darauf, dass wir möglichst wenig mit computergenerierten Bildern arbeiten wollten. Und, wo immer es ging, mit den alten Tricks, die im Grunde schon in der Frühzeit des Kinos erfunden wurden. Wir spielten mit Stopptricks und Einzelbildaufnahmen. Wir belichteten den Film, spulten die Rolle zurück und belichteten ihn noch einmal. Wir ließen die Darsteller sich rückwärts bewegen, auch der Film lief rückwärts in der Kamera, und wenn man die Bilder dann vorwärts abspielte, sahen die Bewegungen geisterhaft aus, ohne dass man hätte sagen können, warum. Es gibt eine Szene, da macht Draculas Schatten sich selbständig – und diese Szene drehten wir, statt den Computer alles berechnen zu lassen, ganz einfach mit einem Pantomimen, der hinter einer Leinwand sein Schattenspiel inszenierte. Das Ergebnis war, gerade weil wir ja aufs modernste Equipment nicht verzichteten, weil wir mit Steadicam und Kränen und Schienen, mit empfindlichstem Filmmaterial und den neuesten Linsen arbeiteten, gewissermaßen ein Paradoxon. Es waren eben nicht die computergenerierten Zaubertricks, die immer auch ein bisschen steril aussehen. Es waren gewissermaßen realistische Bilder des Unrealistischen und Phantastischen.

Es war, wie alle wussten, die je mit ihm gearbeitet hatten, eigentlich Coppolas Art, seine Drehbücher relativ frei zu interpretieren. Es ging aber nicht, bei diesem Budget, es brauchte radikale Disziplin – und so kam es, dass wir beide, Francis Ford Coppola und ich, uns zehn Wochen lang jeden Tag trafen in seinem Büro, das Drehbuch durchgingen, Szene für Szene, Einstellung für Einstellung. Und dann entwarfen wir ein Storyboard, erstellten eine Shotlist, planten also den ganzen Film akribisch im Voraus. Nur was da drin war, sollte gebaut werden. Nur was da drin war, musste der Requisiteur besorgen. Das hört sich vielleicht ein bisschen banal an. Wie wichtig so eine Planung ist, erschließt sich aber jedem, der sich die andere Variante des Filmens vorzustellen versucht. Die »Lola Montez«-Variante. Die Variante, dass erst mal Sets gebaut, Kostüme geschneidert, ein Maskenbild entwickelt wird. Und dann kommt der Regisseur, das Genie, schaut sich um, denkt nach. Und findet dann, dass das alles noch nicht ganz das war, was er sich vorgestellt hat.

Es war klar, dass wir, wenn wir uns nach dem Storyboard richten und an die Shotlist halten würden, das Budget würden einhalten können. Es fing gut an, wir drehten alles im Studio, was uns unabhängig machte von den Zufälligkeiten der Realität – und dass wir von den Dispositionen der Schauspieler nicht ganz unabhängig waren, das war kein Zufall, das war Notwendigkeit. Die Geschichte, wie Coppola sie erzählte, eigentlich sehr nah an dem, was wirklich drinsteht in Stokers Roman, war weniger die Geschichte vom Wüten des Vampirs und dessen Vernichtung am Schluss. Es war mehr die Geschichte der Frauen, die sich sehnen nach der Sinnlichkeit des Vampirs, nach einer Hingabe über den Tod hinaus. Den Grafen Dracula spielte der englische Schauspieler Gary Oldman, der damals Mitte dreißig und einer der bösesten Männer des Kinos war. Er spielte am liebsten die Irren, die Gefährlichen, die Borderliner, er war gut, sehr gut, und er war doch, so kam es mir damals vor, in seinen eigenen Rollen gefangen. Er hatte sich gerade von Uma Thurman getrennt, oder sie sich von ihm, so genau wusste ich das nicht, und er trank viel und fing zu früh damit an. Er musste, solange er Dracula als uralten Mann spielte, jeden Morgen eine Stunde lang in die Maske, und mir kam es so vor, als hätte er dabei regelmäßig eine Flasche Wein geleert. Er hatte etwas angefangen mit Winona Ryder, die die weibliche Hauptrolle spielte, jene Wilhelmina

Murray, die mit dem guten Jonathan Harker verlobt ist und dem bösen Grafen Dracula verfällt. Eine Weile ging das ganz gut, die Verliebtheit der beiden beseelte die Dreharbeiten. Und dann ging es auseinander, und alles wurde schwieriger. Ich glaube, Oldman hatte herausgefunden, dass Winona Ryders Gage höher als seine war, und das kränkte und demütigte ihn, weil er ja ein Star des britischen Theaters war und ein erwachsener Filmschauspieler. Und sie, fand er, war ein schönes Mädchen von Anfang zwanzig. Aber Winona Ryder war das Gesicht des Moments, der weibliche Star, in dem sich die gleichaltrigen jungen Frauen gespiegelt sahen, sie verlieh jedem Film, in dem sie auftrat, eine Gegenwärtigkeit – ganz egal, ob der Film tatsächlich in den frühen Neunzigern spielte. Oder in London und Transsylvanien, hundert Jahre zuvor.

Ich bin mir nicht sicher, ob mir damals schon bewusst war, wie gut Winona Ryder als Schauspielerin war – und vielleicht ist ja Schauspielkunst auch gar nicht das Wort, mit dem man die Magie bezeichnet, die da ausging von ihrer Präsenz. Ich weiß nur, dass es zwischen ihr und der Kamera sehr intensive Momente gab, Blicke des Begehrens und zum Schluss hin eine Traurigkeit, und ich, der ich durch diese Kamera auf sie schaute, ertappte mich manchmal dabei, dass die Vorahnung einer Träne meine Blicke verwässerte. Ich fand nicht, dass Winona Ryder das Alter einer Frau hatte, mit der ich hätte flirten dürfen. Aber wenn sie sich, halb kindlich und kokett und dann doch alt genug, um begehrenswert zu sein, auf meinen Schoß setzte und mir zuflüsterte, bei ihrem nächsten Film solle bitte ich die Regie führen, dann war ich immer ein wenig verwirrt.

Und dann, nachdem wir zwei Wochen gedreht hatten, wurde alles noch viel schwieriger. Eines Tages rief Coppola das ganze Team zusammen und sagte, zerknirscht und zugleich mit großer, genialischer Geste: Alles, was wir bis dahin gedreht hätten, sei falsch, sei Mist, sei ein Irrweg. Das mit dem Storyboard sei Quatsch, ein lächerliches Konzept, und überhaupt komme, was wir da machten, seiner Vision von diesem Film überhaupt nicht nahe. Er habe eine ganz andere Idee von diesem Film. Er habe überhaupt viel mehr Ideen, als unser Storyboard zulasse. Er werde von vorn anfangen, einen völlig neuen Film drehen. Und im ersten Moment dachte ich, er braucht auch einen völlig neuen Kameramann. Ganz so schlimm war es nicht, we are two sides of one coin, sagte er damals zu mir, und ich glaube nicht, dass ich ihn missverstand, wenn ich das so deutete, dass er das Gesicht war und ich das Wappen. Dass er fürs Schöpferische zuständig sei. Und ich bloß für die Ausführung.

Ich sagte, klar, Francis, wenn du das so siehst, dann drehen wir nur noch das, was du willst. Ich war gekränkt, und die Tage, die folgten, waren chaotisch, ohne produktiv zu sein. Es stimmte schon, Coppola hatte auch jetzt grandiose Ideen. Aber er hatte keine Idee, wie man die hätte verwirklichen können.

Es war, wenn ich mich richtig erinnere, ein depressiver Schub. Menschen, die ihm näherstanden als ich, erzählten mir, dass er manchmal einen Hang ins Manisch-Depressive habe. Dass er dann Tabletten nehmen müsse. Dass er diesmal seine Tabletten aber nicht genommen habe.

Ich weiß nicht, ob er von selbst wieder herausgekommen ist aus seiner Depression, oder ob er dann doch seine Pillen wieder nahm. Nach zwei, drei Tagen jedenfalls verzog sich das Chaos, wir holten unser Storyboard wieder heraus. Und drehten den Film so, wie wir ihn entworfen hatten in zehn konzentrierten Wochen.

Es war nicht ganz einfach, Coppola auszuhalten, es widerstrebte mir, wenn er, weil er sie zu noch größerer Intensität antreiben wollte, Winona Ryder als slut und whore beschimpfte, aber seine Tricks funktionierten, zumal wenn die Schauspieler sich darauf einließen. Es gab eine Szene, in der Oldman, wie er selber fand, als Dracula nicht furchterregend genug war. Coppola bat ihn zu sich, und dann riet er ihm, den anderen Schauspielern etwas ganz Schreckliches ins Ohr zu flüstern. Genau das tat Oldman auch, alle hatten einen schockierten und entsetzten Ausdruck im Gesicht.

Aber was es war, das er ihnen ins Ohr geflüstert hatte, das hat Oldman nie verraten.

Was mich allerdings die ganzen Dreharbeiten über irritierte, war Coppolas Angewohnheit, sich die Muster des Tages alleine anzuschauen, in seinem Trailer, auf Video. Ich war das nicht gewohnt, ich glaubte daran, dass man die Szenen auf einer Leinwand betrachten müsse. Und dann darüber sprechen, was gut und was nicht so gut daran sei. Und so saß ich oft im Vorführraum und hätte gern mit dem Regisseur über die Muster gesprochen. Aber Coppola war nicht da. Coppola hat mit mir so gut wie nie über das gesprochen, was wir schon gedreht hatten. Immer nur über das, was wir drehen würden.

Vielleicht hatte er ja recht. Der Film, so wie er, allen Schwierigkeiten zum Trotz, dann geworden ist, ist, wie ich finde, der letzte richtig gute, große Coppola-Film. Was er danach gemacht hat, ist nicht schlecht. Aber »Dracula« ist der letzte Coppola-Film, den man gesehen haben muss. Mir ist er, unter den Filmen, die ich gemacht habe, einer der allerliebsten.

Und mit Coppola bin ich befreundet geblieben. Und war, wann immer ich in die Nähe kam, zu Gast bei ihm, in Napa Valley in Kalifornien, wo er seinen Wein anbaut. Und hervorragende Pasta kocht.

16
Zufälle? Daran glaube ich nicht
Action – und ihr Gegenteil

Es gibt Scorsese-Filme mit und ohne Ballhaus, es gibt Ballhaus-Filme mit und ohne Scorsese – und aus dem Umstand, dass Scorsese, von »After Hours« bis »Goodfellas« vier Filme mit mir drehte, dann aber »Cape Fear« mit Freddie Francis, »The Age of Innocence« mit mir und »Casino« dann wieder ohne mich, aus diesen Winkelzügen der Filmografien lässt sich eben nicht herauslesen, dass es da erst einen Gleichklang gegeben hätte, dann ein Zerwürfnis und dann wieder eine Versöhnung. Es waren, zuallererst, die Banalitäten der Terminkalender. Ein Kameramann ist zwar auch dabei, wenn der Film geplant und vorbereitet wird, aber dann ist der Film eben abgedreht, und man gönnt sich einen Monat Ferien, oder zieht gleich weiter, zu den nächsten Dreharbeiten. Der Rhythmus der Regisseure ist ein anderer, sie sind nicht fertig, bis der Film Premiere hat – und wenn einer so gut und besessen und eigenwillig wie Scorsese ist, dann ist es jedes Mal schwierig, das Geld aufzutreiben und dem Drehbuch die richtige Form zu geben, was sehr lange dauern kann. Und so kommt es eben vor, dass man eigentlich entschlossen ist, bei Scorseses nächstem Film wieder dabei zu sein. Dann zieht es sich aber, bis der endlich drehen kann, und weil man nicht zwei Jahre zu Hause in Berlin sitzen und um den Schlachtensee herumspazieren will, weil die Arbeit des Kameramanns ja auch ohne Scorsese eine

Freude sein kann, deshalb nimmt man halt ein paar andere Engagements an, und wenn dann Scorsese anruft und sagt, wir drehen von November bis März, kann es passieren, dass man längst gültige Verträge hat für diese Zeit.

So einfach ist es, einerseits. Und andererseits ist es natürlich sehr viel komplizierter. »Cape Fear« war so ein Film, der einfach nicht in meinen Terminkalender passte, und als ich ihn sah, diese unfassbar harte Geschichte über einen Mann, der eine Familie zerstören will und der dann, buchstäblich, zerstört und total vernichtet wird: da war ich ganz froh, dass ich nicht dabei war. Es ging nicht darum, dass ich »Cape Fear« für misslungen gehalten hätte, ganz im Gegenteil. Aber sein harter Stil, seine meist unbewegten und gewissermaßen gnadenlosen Einstellungen, sein Tempo, das vom Schnitt kam und nicht etwa von den Bewegungen der Kamera, das alles lag mir fern. Und als ich Robert De Niro sah, den Mann, der hier so unfassbar böse ist, brillant, fast genial in seiner Rolle als gewalttätiger Psychopath, da war ich nochmal froh, dass ich nicht dabei war bei den Dreharbeiten. So böse war De Niro nicht gewesen in »Goodfellas«. Und doch hatte es mir dort schon gereicht, wie viel von seiner Rolle De Niro im Kopf behielt, wenn seine Szene abgedreht war.

»The Age of Innocence«, der Film, den wir dann wieder zusammen drehten, scheint das genaue Gegenteil zu sein. Zwar hat Martin Scorsese einmal in einem Interview gesagt, dass dieser von allen seinen Filmen der grausamste sei, und vielleicht hatte er ja sogar recht, weil hier gleich drei Menschen ihr Leben opfern und auf das, was ihr Glück sein könnte, verzichten, was ja vielleicht wirklich genauso grausam wie ein schneller Tod ist. Aber es war eben ein Film ohne Schüsse und Messerstechereien, ein Film, für den man kein Kunstblut bereitstellen musste, und mir, der ich zuletzt mit Scorsese »Goodfellas« gedreht hatte, mir kam es manchmal so vor, als ob er damals zeigen wollte, dass er erwachsener geworden war, geläutert, ein anderer und letztlich auch ein besserer Mensch.

Mal abgesehen davon, dass ich Martin Scorsese immer für einen guten Menschen gehalten habe, sehen wir heute, dass er damals der Gewalt nicht abgeschworen hatte; er legte nur eine Pause ein, und vielleicht war ja auch er, nach »Goodfellas« und »Cape Fear«, ermattet von den eigenen Obsessionen und der explizit inszenierten Gewalt.

»Die Zeit der Unschuld«: das waren die siebziger Jahre des 19. Jahrhunderts, der Schauplatz war New York, genauer: die Viertel und die Häuser der besseren Leute, und dass ich diesen Film in so guter Erinnerung habe, dass er mir einer der allerliebsten ist, das hatte auch mit Dante Ferretti, dem Filmarchitekten, zu tun. Ferretti war (und ist) Italiener, er war einst Federico Fellinis Schützling gewesen und der Lieblingsarchitekt von Pier Paolo Pasolini, und es waren zwei Deutsche, Bernd Eichinger, als er den »Namen der Rose« produzierte, und Thomas Schühly, der Produzent der »Abenteuer des Baron Münchhausen«, die Ferretti und das internationale Kino miteinander bekannt gemacht hatten. Martin Scorsese, der ja auch von der Filmgeschichte beseelt und besessen ist, nannte vor ein paar Jahren, als er in einem Interview seine fünfundachtzig liebsten Filme aufzählte, weder einen Film von Fellini noch einen von Pasolini, aber nahezu jeden Film des Neorealisten Roberto Rossellini und gleich drei Filme von Luchino Visconti, darunter »Il Gattopardo« – und das war die italienische Tradition, in welcher er »The Age of Innocence« sah. Ferretti war der Mann, der das nicht nur verstand, sondern es auch perfekt verwirklichen konnte.

Visconti hatte damals, Anfang der Sechziger, als er »Il Gattopardo« drehte, den Fetischismus der Dinge so auf die

Spitze getrieben, dass alles in diesem Film, der in der Zeit des Risorgimento spielte, die Stoffe, das Geschirr und, wie manche erzählten, sogar der Wein, der bei Tisch getrunken wurde, aus jener Zeit stammen musste. Und genau das, diese Akribie, wollte Scorsese für »The Age of Innocence« – und Dante Ferretti baute und entwarf es ihm. Es ging nicht darum, die Schauplätze irgendwie alt und historisch aussehen zu lassen, es ging darum, die Zeit so exakt zu rekonstruieren, dass alles, von den Möbeln, den Teppichen und Tapeten, bis zu den Werten, der Moral, den Gefühlen, vom Geist der Zeit beseelt sein sollte – und anders als sonst in Hollywoodfilmen, ging es nicht darum, die Ähnlichkeit zu heutigen Menschen und Verhältnissen zu suggerieren. Es ging darum, die Differenz zu betonen.

Ich liebte die Schauplätze, die Ferretti und sein Team bauten. Er engagierte einen Koch, der wusste, wie man damals die Speisen zubereitete – und in der Szene, in welcher ein Truthahn serviert wird, gab es tatsächlich einen Truthahn, der nach einem Rezept aus dem 19. Jahrhundert gebraten wurde. Es ist nicht viel zu sehen davon im fertigen Film, ein paar Sekunden nur, aber das war eben der Geist: dass auch die paar Sekunden stimmten. Ferretti fand eine Frau, die wusste, wie man damals die Blumen in den Vasen arrangierte, was wohl niemandem auffällt, der es nicht weiß. Es ging bei dieser Arbeit aber nicht darum, sich in Äußerlichkeiten zu verlieren. Es ging viel eher darum, dass man, wenn man wissen wollte, wie die Menschen damals dachten und empfanden, sich nur die Welt anschauen musste, die sie sich schufen. Und die dann ihrerseits den Rahmen definierte, in dem sie denken, fühlen, handeln konnten.

Und insofern waren die Blicke, die die Kamera in ein Zimmer warf, auf einen gedeckten Tisch, auf Wandtäfelungen und

Teppiche, genauso wichtig wie die, die sie auf die Schauspieler warf, ja manchmal kam es mir vor, als ob die Schauplätze und Dinge einen Credit als Hauptdarsteller verdient hätten.

Wobei man diesen Satz nicht als Geringschätzung der Schauspieler missverstehen darf. »The Age of Innocence« war meine erste Zusammenarbeit mit dem britischen Schauspieler Daniel Day-Lewis, und der nahm seine Rolle, den Anwalt und Upper-Class-Darling Newland Archer, so ernst, dass er zwei Wochen vor Drehbeginn im Plaza-Hotel eincheckte, sich dort als N. Archer eintrug, ausschließlich die Kostüme seiner Rolle trug und sich zwei Wochen lang so benahm und so sprach, als hätte sich Mister Newland Archer aus den Siebzigern des 19. Jahrhunderts in die Neunziger des folgenden Jahrhunderts verirrt. »The Age of Innocence« war die Geschichte von Newland Archer, der verlobt ist mit Miss May Welland, einem sehr schönen und sehr braven Mädchen, einer jungen Frau, die jede Emotion in Konvention kleidet und sich niemals einen Ausbruch gestattet. Es scheint eine Leidenschaft in Archer zu sein, ein starkes Gefühl, welches sich May Welland als Richtung und Ziel eher ausgesucht hat, als dass May Welland dieses Gefühl erzeugt hätte. Und dann kommt Mays Cousine in die Stadt, Ellen Olenska, die einen polnischen Grafen erst geheiratet und dann, weil der Graf kein guter Mensch ist, verlassen hat. Sie ist es, in die Archer sich verliebt – und die ganze Spannung des Films, seine Intensität und das, was Scorsese seine Grausamkeit genannt hat, kommt daher, dass eigentlich nichts passiert. Jeder weiß vom anderen, wie es um dessen Gefühle steht. Keiner wagt den ersten Schritt. So geht ihr Leben an ihnen vorbei.

Michelle Pfeiffer spielte Ellen Olenska, sie war erwartungsgemäß sehr gut, ich hatte ja Erfahrung darin, ihre Blicke aufzufangen mit der Kamera – und dass die Signale hier diskreter sein mussten als in den »Fabulous Baker Boys«, das gelang ihr sehr gut; es lag ihr auch. Aber die eigentliche Überraschung, fast schon die Sensation des Films: das war Winona Ryder. Ich hatte ja gerade eben erst mit ihr gedreht, und sie war sehr gut gewesen – aber die Rolle in »Dracula« hatte ihr längst nicht so viel abverlangt. In »The Age of Innocence« musste sie brav sein und scheinbar naiv, und im Lauf der Handlung wurde immer klarer, dass sie sich über die Gefühle Newland Archers absolut im Klaren war und trotzdem Haltung bewahrte, und das waren Gemütszustände, die nicht so einfach zu spielen sind wie Zorn oder Überschwang, und Winona Ryder verblüffte alle damit, wie gut sie unterdrückte, stillgelegte und kaltgestellte Emotionen spielen konnte.

Es war mein Job, die Stille und die Stärke dieser Figur sichtbar zu machen, es war mir auch hier, wie immer, die schönste Herausforderung, zwischen ihren Blicken und denen der Kamera eine Nähe zu schaffen und jene Intensität, die es braucht, damit auch zwischen ihr und den Zuschauern etwas in Bewegung kommt.

Es gibt Leute, die sagen, dass das mein Stil sei, so wie sie sagen, sie könnten mich an der bewegten Kamera und den Kreisfahrten erkennen. Ich weiß nicht, was mein Stil ist, ich kann mich ja nicht wirklich von außen betrachten – und während der Arbeit, gerade mit Scorsese, ging es mir nie darum, einem Film mein Markenzeichen aufzudrücken. Es ging mir eher ums Gegenteil. »Goodfellas«, unser letzter gemeinsamer Film, hatte, wie ich es ja erzählt habe, ein hartes, fast schmutziges Licht gehabt. Niemals ging es darum, den Körpern und Gesichtern zu schmeicheln, und die Fahrten der Kamera, die angeblich so sensiblen Ballhaus-Fahrten, waren vor allem dazu gut, die Gewalt, die diesen Film in Bewegung hielt, noch deutlicher sichtbar zu machen.

In »The Age of Innocence« wollte ich alles ganz anders machen. Warmes Licht, Fahrten, die sich behutsam den Menschen nähern und die Schönheit der Räume ausmessen. Es gab in diesem Film ja nicht die Guten und die Bösen und einen Showdown, in dem der Konflikt dann endgültig geklärt wurde.

Mit Winona Ryder bei den Dreharbeiten zu »Age of Innocence«

Es gab nur drei Menschen, von denen jeder auf seine Art ein guter Mensch war, und deren Schicksale sich doch so tragisch verwickelten, dass alle am Ende unglücklich wurden. Und genauso mussten diese Menschen fotografiert werden. Es gibt eine Szene, da treffen sich Michelle Pfeiffer und Daniel Day-Lewis in einer Hütte auf dem Land, es war halb Zufall und halb Absicht, und dann sieht Archer, wie Julius Beaufort sich nähert, der Mann, der hinter Ellen Olenska sehr hartnäckig her ist; Archer glaubt, dass die beiden verabredet sein – und das ist der Moment, in dem die Stimmung, die gerade noch zart und warm war, sich extrem abkühlt. Und auch in diesem Film waren uns die einfachsten Tricks gerade gut genug. Wir schoben eine blaue Folie vor die Schweinwerfer, und schon war die Szene sehr viel kälter als zuvor.

Wobei ich der Letzte wäre, der Grund hätte, die moderne Technik abzulehnen. Gerade »The Age of Innocence«, gerade die Szenen am Anfang, die wir in der Music Hall von Philadelphia drehten (und die in der Oper in New York spielten) und in denen die Kamera scheinbar schwerelos durchs Theater gleitet, durch die Gänge in die Logen und zurückfährt, gerade diese Szenen hätten wir niemals inszenieren können ohne Steadicam, ohne den sogenannten Technocrane, einen Teleskopkran, dessen Arm bis zu zehn Meter ausgefahren werden kann. Der Unterschied, um den es mir geht, ist eher der zwischen Bildern, die man tatsächlich aufgenommen hat durch die Kamera, und jenen, die erst am Computer entstehen. Diese computer generated images, kurz cgi genannt, sind immer besser geworden, immer schärfer und genauer, und die Entwicklung geht weiter. Aber jene Bilder, welche die Kamera aufnimmt, haben, auch wenn man eine blaue Folie vor das Licht schiebt, mehr Leben, mehr Glanz, mehr Tiefe. Und wenn sich eine echte Kamera durch einen echten Raum bewegt, wenn sie echte Menschen umkreist oder verfolgt, dann hat diese Bewegung eine andere Kraft. Und manchmal steht man als Filmemacher vor der Entscheidung, ob man diesen Prinzipien treu bleiben will. Oder ob man eine Szene unbedingt im Film haben will, auch wenn man die ohne elektronische Tricks nicht bekommt. Es gibt eine Szene in »The Age of Innocence«, da steht Daniel Day-Lewis auf einem Hügel oder einer Düne über dem Meer. Etwas entfernt steht Michelle Pfeiffer auf einem Steg und schaut hinaus auf die See, die goldgelb leuchtet in der Abendsonne. Ein Schiff fährt an einem Leuchtturm vorbei, und Daniel Day-Lewis sagt zu sich selber, dass er, wenn sie sich umdreht zu ihm, seine Frau verlassen wird. Sie dreht sich nicht um, so weit ist die Szene ganz echt. Aber alles zusammen, den Steg, den Abendglanz auf dem Wasser, das Schiff und den Leuchtturm im richtigen Blickwinkel, das gab es nicht zusammen. Das musste am Computer zusammengebaut werden. Und das war die richtige Entscheidung. Denn erstens schadet es dieser Szene nicht, dass sie sehr künstlich wirkt. Und zweitens ist das Kino die Kunst, solche Szenen zu schaffen – und nicht etwa Prinzipienreiterei.

Wenn Martin Scorsese auf einen Oscar gehofft hatte, dann hatte er sich das falsche Jahr ausgesucht. Er war dreimal für den Regie-Oscar nominiert gewesen, für »Raging Bull«, für »The Last Temptation«, zuletzt für »Goodfellas«. Er war eigentlich an der Reihe – und »The Age of Innocence« hatte alles, was der Oscarjury sonst gefällt. Keine explizite Gewalt, herrliche Schauplätze und Kostüme, eine elegante, aber nicht allzu radikale Inszenierung. Aber genauso dringend wie Martin Scorsese wartete Steven Spielberg auf seinen ersten Oscar, und Spielberg hatte »Schindlers Liste« im Gepäck. Immerhin bekam »The Age of Innocence« einen Oscar für die besten Kostüme. Dass

Martin Scorsese für die beste Regie aber nicht einmal nominiert war, das hat uns beide sehr gekränkt. Auch ich hatte auf eine Nominierung gehofft.

Ich glaube, wir waren uns schon damals einig, dass wir uns wiedersehen würden am Set von »Casino«, Scorseses nächstem Projekt. Es war schon deshalb folgerichtig, weil dieser Film zwar nicht die Fortsetzung von »Goodfellas« werden sollte, aber eine Art Fortschreibung, die Mafia in Las Vegas, mit Robert De Niro und Joe Pesci in den Hauptrollen, und das Drehbuch sollte wieder Nicholas Pileggi schreiben. Es war aber auch klar, dass es dauern würde, bis Scorsese das Geld beisammenhatte und ein Drehbuch, mit dem er zufrieden war. Und damit war Zeit für mich, dazwischen einen Film zu drehen – und dass ich mich für Robert Redford entschied, lag, wie so häufig, einerseits am Terminkalender, in den das perfekt passte. Es lag aber vor allem an Robert Redford. Dieser Mann, der seit den späten Sechzigern, seit »Barefoot in the Park« und »Butch Cassidy and the Sundance Kid«, einer der größten Stars des amerikanischen Kinos war, eine Figur, die man überall auf der Welt erkannte, dieser Robert Redford war zugleich einer der angenehmsten Menschen, ein Mann ohne alle Allüren, frei von allem, was Arroganz auch nur ähnlich sah. Er bewegte sich so auffallend unauffällig und normal durch die Welt, dass ich manchmal dachte: Er ist schon so lange ein Star, er hat sich daran gewöhnt, es ist ihm einfach nicht mehr wichtig.

Und zugleich war dieser Superstar, wie ich fand und immer noch finde, ein sehr guter und ernstzunehmender Regisseur. Ich hatte »The Milagro Beanfield War« und »A River Runs Through It« gesehen, zwei schöne, konzentrierte Filme, und das Projekt, für das er mich gewinnen wollte, interessierte mich sehr. »Quiz Show« beruhte auf einer wahren Geschichte aus der Welt des amerikanischen Fernsehens, die Geschichte des jüdischen Jungen Herbie Stempel, der, in den fünfziger Jahren, die als Duell angelegte Show »Twenty One« so oft gewinnt, dass das Publikum seiner überdrüssig wird. Der Sender baut einen neuen Star auf, einen jungem Mann aus der Upper Class, und damit dieser Charles Van Doren auch wirklich gewinnt, werden seine Fragen und Antworten manipuliert. Was funktioniert, bis Stempel sich mit Hilfe eines Anwalts zu wehren beginnt.

Es war eine spannende Geschichte, es ging um ein paar große Fragen der Moral und der Integrität – aber es war fast ein Kammerspiel, es gab keine spektakulären Szenen, Fahrten, Schwenks, und visuell am interessantesten waren (neben der stimmigen Brooks-Brothers-Garderobe von Charles Van Doren, die vor allem das europäische Publikum inspirierte) vor allem die Gesichter der Stars: John Turturro als Herbie Stempel. Ralph Fiennes als Charles Van Doren. Und Rob Morrow als Anwalt Dick Goodwin, der den Betrug aufdeckt. Wenn Redford überhaupt eine Schwäche hat, dann die, dass er, immer und in jeder Situation, Wert auf absolute Lässigkeit legt. Er kam gern ein bisschen zu spät zum Dreh, er sprach gern ein bisschen länger, als das sonst üblich ist, mit den Schauspielern, und am Ende eines Drehtages war er doch im Plan und im Budget geblieben. Ich mag den Film, den wir da gedreht haben, sehr gern – und allen, denen in solchen Filmen das Spektakuläre fehlt, die unverwechselbare Handschrift, die künstlerische Grenzüberschreitung, denen möchte ich nur sagen, dass Redfords Handschrift sich in der Zurückhaltung offenbart; und dass die hohe Integrität einer solchen Inszenierung es absolut nicht nötig hat, mit spektakulären Tricks und Einstellungen auf sich aufmerksam zu machen.

Und dann hatten wir den Film abgedreht, und ich freute mich, dass ich freihatte, ich freute mich sehr lange – und irgendwann kam der Moment, in dem ich mich nicht mehr freute. Robert Redford bot mir an, mit ihm sein nächstes Projekt, »Der Pferdeflüsterer«, zu machen. Ich bekam einen Pay-or-Play-Deal – die festgelegte Gage würde auf jeden Fall bezahlt, egal ob der Film produziert wird oder nicht –, aber die Vorbereitungen zogen sich sehr in die Länge. Aber auch das Projekt »Casino« kam nicht voran, und solange die Finanzierung nicht geklärt war, bekam ich keinen Vertrag. Dann fiel Redford auf, dass er weder das Buch noch die Besetzung des »Pferdeflüsterers« stimmig fand. Und das war der Moment, als mein Schüler Wolfgang Petersen auf mich zukam. Ich hatte ihn ja unterrichtet, damals in Berlin, an der dffb. Er war links gewesen, wie alle Studenten, auch er hatte protestiert und vom russischen Revolutionskino geschwärmt. Aber er war nicht so links, dass er sich ganz verabschiedet

Mit Robert Redford am Set von »Quiz Show«

hätte aus dem System. Im Nachhinein konnte es vielleicht so aussehen, als hätte Petersen seine Karriere ganz konsequent geplant, vom deutschen Fernsehen nach Hollywood. Mit dem Tatort »Reifezeugnis«, in dem die junge Nastassja Kinski eine frühreife Schülerin spielte und der einer der wenigen Tatorte war, bei denen man sich den Namen des Regisseurs einprägte. Mit dem Homosexuellen-Drama »Die Konsequenz«, den das Bayerische Fernsehen nicht zeigen wollte, worauf der Film mit großem Erfolg in den Kinos lief und Petersen den Ruf eines Gesellschaftskritikers verschaffte. Mit dem »Boot«, das damals, in den Achtzigern, der erfolgreichste fremdsprachige Film in Amerika war.

In Wirklichkeit hatte Petersen, solange er in Deutschland arbeitete, die Filme gemacht, die ihm wichtig waren. Und als er sich dann entschloss, nach Amerika zu gehen, half es ihm wenig, dass er den einzigen deutschen Welthit der jüngeren Kinogeschichte vorzuweisen hatte. Er bekam Jobs, aber er lernte schnell, dass man in Hollywood immer nur so gut ist wie der letzte Film, den man gemacht hat. Als wir wieder zusammenkamen, war das »In the Line of Fire«; ein schöner, dunkler Thriller mit Clint Eastwood in der Hauptrolle, ein Film, über den manche Spötter sagten, dass er mehr Eastwood als Petersen sei, mit seinem knappen, reduzierten Stil, den dunklen Bildern und dem Jazz im Hintergrund.

Ich mochte ihn als Student, weil er begabt war, ohne sich allzu viel darauf einzubilden. Und ich mochte ihn, als wir zusammenarbeiteten, weil er das Gegenteil eines Zynikers und Karrieristen war (und ist). Er kam jeden Morgen zum Dreh, bestens gelaunt, und als Erstes forderte er die Leute im Team dazu auf, sich gefälligst auch zu freuen, darüber, dass sie beim Film arbeiteten, darüber, dass sie so großartige Jobs hätten. Und darüber, dass es jetzt weitergehe mit den Dreharbeiten.

Ich hatte, nach einem halben Jahr sinnloser Warterei, dem Studio Universal eine Frist gesetzt, die verstrich, ohne dass ich einen Vertrag bekommen hätte. Also unterschrieb ich bei Petersens Film. Und tröstete mich mit dem Gedanken, dass mir sechs Monate in Las Vegas, wo »Casino« gedreht werden sollte, ohnehin ein Graus gewesen wären. Las Vegas gehört nicht zu den Orten, an denen ich mich länger als unbedingt nötig aufhalten will.

Zwei Tage später meinten die Leute von Universal, mein Vertrag für »Casino« sei jetzt fertig, sie boten mir an, mir von jetzt bis zum Beginn der Dreharbeiten die volle Gage zu bezahlen – aber da war es eben zu spät. Petersen hatte meine Zusage und meine Unterschrift auf dem Vertrag, und wir fingen mit der Arbeit an »Outbreak« an. Der Film erzählt von einem höllisch ansteckenden und absolut tödlichen Virus – und der Fertigstellung dieses Films ging ein solches Durcheinander voraus, dass es mir schwerfällt, die verschlungenen Erinnerungen zu entknoten. Es war wohl erstens so, dass damals das wirkliche Ebola-Virus, das so tödlich wie unser fiktionales ist, ausgebrochen war oder auszubrechen drohte, und ich bin mir nicht ganz sicher, ob unser Projekt eine Reaktion darauf war. Oder ob das, was wir da drehten, im Lauf der Arbeit eingeholt wurde von der Wirklichkeit. Ich glaube, wir waren anfangs der Wirklichkeit ein paar Szenen voraus.

Und zweitens gab es ein Parallel- und Konkurrenzprojekt eines anderen Studios, und ich weiß, dass die irgendwann aufgegeben haben. Ich habe ein Bild vor Augen, wie Wolfgang Petersen, Dustin Hoffman, der die Hauptrolle spielen sollte, und ich in einem Restaurant in Los Angeles sitzen, wo wir drehen wollten. Und im selben Restaurant sitzt Robert Redford mit ein paar Leuten, und es geht um das Konkurrenzprojekt. Ich wusste anfangs wenig über die Vorgeschichte, ich war ja eigentlich auf »Casino« gefasst – und erst im Lauf unserer Dreharbeiten wurde mir klar, dass beide Projekte den gleichen Ursprung hatten. Und dass es gar nicht an uns lag, dass das andere Projekt irgendwann aufgegeben wurde.

Es hatte alles mit »The Hot Zone« angefangen, einem großen Bestseller von Richard Preston, in welchem geschildert wurde, wie das Ebola-Virus bei gefangenen Affen in Amerika entdeckt wurde – und zwar irgendwo in Virginia, ganz nah bei der Hauptstadt Washington. Es war kein Roman, es war eine Reportage, und trotzdem hatten die Filmstudios einander gegenseitig bei den Rechten überboten. 20th Century Fox hatte gewonnen, hatte Ridley Scott als Regisseur engagiert und eine halbe Million für ein Drehbuch gezahlt, und die Hauptrollen sollten Jodie Foster und Robert Redford spielen. Sie kamen aber miteinander nicht zurecht, erst war Redford seine Rolle zu klein; sie wurde größer, was wiederum Jodie Foster nicht gefiel. Das Budget wurde, ohne dass sie etwas gedreht hätten, immer größer, und irgendwann gingen alle im Streit auseinander.

Unser Produzent, Arnold Kopelson, war der Verlierer bei der Auktion gewesen. Er hatte dann beschlossen, seinen eigenen Virus-Film zu drehen, nach einem Buch, das »The Hot Zone« nichts verdankte. Das Drehbuch war nicht schlecht, wir fingen in Kalifornien schon mal an mit Außenaufnahmen, ohne Schauspieler, aber während wir uns an die Arbeit machten, arbeitete Ted Tally, der Autor von »The Silence of the Lambs« an einer zweiten Fassung, die spannender werden sollte. Er bekam angeblich fünfhunderttausend Dollar für die Arbeit, wir fanden diese Fassung schrecklich. Und Hoffman und Petersen drohten damit, auszusteigen aus dem Film. Das Ergebnis war, dass Petersen einen befreundeten Autor engagierte und das Drehbuch noch einmal umschreiben ließ, während wir schon drehten. Ich finde, dass ihm das ganz gut gelungen ist – der

Plot hatte immer noch ein paar Löcher, aber er war spannend, und er hatte eine emotionale Stimmigkeit. Und dass Richard Preston, als er den fertigen Film sah, spottete, das sei »Jaws«, nur mit Viren, das konnten wir verkraften.

Dass dieser Film – der davon erzählt, wie ein nach Amerika geschmuggelter Affe ein supertödliches Virus in sich trägt; wie dieses Virus dann wütet in einer kleinen Stadt am Meer, welche das Militär dann erst abriegelt und schließlich zerstören möchte mit einer starken Bombe, was nur Dustin Hoffman verhindern kann, indem er den Affen findet und das Gegenserum entwickelt –, dass »Outbreak« trotz seines etwas mechanischen Plots ein schöner, menschlicher Film wurde, lag natürlich an Dustin Hoffman, den ich loben und bejubeln möchte, wann immer er in diesem Buch vorkommt. Die Rolle war eigentlich für Harrison Ford geschrieben, der ihr sicher eine Tiefe und eine Komplexität gegeben hätte. Aber Hoffman spielte diesen Wissenschaftler, der zum Actionhelden werden muss, so wunderbar nervös, so intellektuell, so feinfühlig, dass das eigentlich reichte, den ganzen Film zu tragen. Er war ein Rechthaber, eine Nervensäge, ein Querulant, man verstand sofort, dass seine Frau, die schöne Rene Russo, mit ihm nicht zusammenleben konnte. Und genauso gut verstand man, dass dieser Mann über sich selbst hinauswächst, um das Leben dieser Frau zu retten. Der Tag, an dem wir mit den Dreharbeiten fertig waren, lag ein paar Tage vor Thanksgiving – und zum Zeichen, dass es ihm eine Freude gewesen war, die Arbeit hier, mit diesen Leuten, schenkte Dustin Hoffman jedem im Team, es müssen um die sechzig Leute gewesen sein, einen Truthahn. Ich glaube, er hat die Bestände einer kompletten Farm aufgekauft.

Es lagen ein paar Jahre zwischen »Outbreak« und »Air Force One«, meinem zweiten Film mit Wolfgang Petersen, der in

Deutschland nicht so gut ankam, weil die Leute hier anscheinend diese Form des Patriotismus nicht so mochten und sich einen Präsidenten als Actionhelden nicht so recht vorstellen konnten. Aber diese paar Jahre scheinen sich zu verflüchtigen in der Erinnerung, die Bilder von den einen Dreharbeiten legen sich über die anderen, und manchmal kommt es mir vor, als hätte ich mit Wolfgang Petersen nur einen großen Film gedreht, in dem erst ein Virus und dann ein Terrorist besiegt wird. Dabei war »Outbreak« ein richtiger Ballhaus-Familienfilm, mit meinem Sohn Florian als Operator und meinem Sohn Sebastian als First Assistant Director und Second Unit Director, und »Air Force One« war nur ein halber, weil Florian nicht dabei war; er hatte, glaube ich, ein Engagement bei der romantischen Komödie »One Fine Day« und gleich im Anschluss einen Job beim ersten Film der »Men in Black«-Serie. Und so sehr er mir fehlte bei jedem Film, den er nicht mit mir machte, so sehr freute ich mich, dass er auf meine Protektion nicht angewiesen war. Ich weiß nicht, ob man es überhaupt Protektion nennen darf, was meine Söhne zum Film gebracht hat. Florian, der Jüngere, wollte Kameramann werden, seit er vierzehn war. Er wollte schon in seinen Schulferien nichts lieber, als mir bei der Arbeit zuzuschauen, und ich glaube, es war ganz am Anfang meiner amerikanischen Zeit, bei einem der kleinen Filme, da hat es mein Kameraassistent einfach nicht hinbekommen, die Schärfe richtig zu ziehen bei einem komplizierten Schärfenwechsel. Und Florian schaute mich die ganze Zeit an, als wartete er nur darauf, mir zu zeigen, dass er es besser konnte. Er konnte es tatsächlich, ich hab ihn die Schärfe ziehen lassen, und das war der Moment, in dem ich wusste, dass er nicht nur den Wunsch hatte, sondern auch die Begabung.

Sebastian war anders. Ich glaube schon, dass er es großartig fand, einen Kameramann zum Vater zu haben. Er mochte es, dass ich ein paar Geschichten zu erzählen hatte, die andere Väter nicht erzählen konnten. Er mochte es, viel in Amerika zu sein, in New York, in Los Angeles, wo wir uns in den Neunzigern ein Haus gekauft hatten. Aber lange Zeit sagte er, dass er nach dem Abitur, das beide Jungs in Deutschland machten, etwas ganz anderes anfangen wolle. Studieren, einen ganz anderen Beruf ergreifen, auch wenn ich nicht weiß, ob er so genau wusste, welchen. Aber dann hatte Sebastian das Abitur, und der Rest der Familie war meistens in Amerika. Und dann entschloss er sich, auch zu kommen, und fing an, als Production Assistant.

Bei »Air Force One« leitete er die Second Unit; so nennt man, vor allem bei Actionfilmen, jenes zweite Team, das die Szenen und Sequenzen dreht, für die man keine Schauspieler braucht, nur Autos oder Flugzeuge, Stuntleute. Und sehr viel Tempo. Wie wichtig die Action in diesem Film war, merkt man sofort, wenn man sich den Plot vor Augen führt: Auf dem Weg von Moskau nach Washington kapern Terroristen das Flugzeug des amerikanischen Präsidenten. Sie übernehmen die Kontrolle, aber den Präsidenten selber kriegen sie nicht. Er bekämpft einen nach dem anderen. Und am Schluss sind sehr viele Menschen tot, aber der Präsident und seine Familie sind gerettet. Und das Flugzeug stürzt ins Meer. Harrison Ford spielte diesen Präsidenten, er war Mitte fünfzig und alt genug für den Job, und dass seine Darstellung, wenn nicht realistisch, dann zumindest glaubwürdig und sympathisch war, das bestätigte ihm der beste Fachmann für den Job. Bill Clinton mochte den Film so gern, dass er ihn seinen Mitarbeitern vorführte – und zwar an Bord der Air Force One. Harrison Ford hatte so eine gute Laune beim Spielen, dass er sich nicht etwa abholen ließ vom Produktionsfahrer; er fuhr selber mit dem Motorrad zum Drehort, was den guten Nebeneffekt hatte, dass er, wenn wir mit der Arbeit anfingen, schon ein bisschen aufgepumpt war mit Adrenalin und Testosteron; das kam vom Straßenverkehr. Und es war gut für die Rolle. Es gab Szenen, da bestand Harrison Ford darauf, dass sein Gegner richtig zuschlug, und den bösesten dieser Gegner, den Anführer der Terroristen, spielte Gary Oldman, den ich kaum wiedererkannte. Er trank nicht, er war nicht schwierig, er hatte keinerlei Allüren mehr. Und er war so gut, dass er das Böse einfach an- und ausknipsen konnte. Er spielte einen furchterregenden Charakter, einen intelligenten und grausamen Psychopathen. Und dann war die Szene abgedreht, und Oldman war die liebenswürdigste Person weit und breit.

Es ist vor allem den Deutschen aufgefallen, dass »Air Force One« eine Variation des »Boots« ist, ein eng begrenzter Schauplatz, aus dem es so leicht kein Entkommen gibt, nur eben

Mit Wolfgang Petersen und Harrison Ford vor der Air Force One

weit oben, in den Lüften statt tief unter Wasser. Die meisten fanden aber, dass die Ambivalenzen, die Loyalitätskonflikte, die innere Zerrissenheit in »Air Force One« fehlen. Da seien die Guten nur gut, die Bösen nur böse – und ich glaube aber, was die Gegner dieses Films so aufgebracht hat, ist die Rede, welche der fiktive Präsident James Marshall zu Beginn des Films in Moskau hält. Seine Leute haben gerade den fiktiven Diktator eines mehr oder weniger fiktiven Kasachstan entführt und ins Gefängnis gebracht, und Marshall verspricht der Weltöffentlichkeit, dass Amerika in Zukunft jeden Diktator so behandeln werde. Diese Rede war bestimmt nicht der Grund, weshalb ich den Job angenommen habe, sie hatte, was die meisten aber erst ein paar Jahre später merkten, im Grund mehr gemeinsam mit dem Programm der Neocons rund um George Bush, den Jüngeren, und weniger mit Bill Clintons Regierungspraxis. Wolfgang Petersen hat später gesagt, er hätte diesen Film nach dem 11. September 2001 nicht mehr gedreht oder ganz anders gedreht, und nach Bush hört sich die Rede anders an als damals, und ich glaube, der Drehbuchautor, er heißt Andrew W. Marlowe, war kein Sympathisant der Neocons, er wollte nur den Appell an die weltpolitische Verantwortung der Amerikaner besonders drastisch und ein wenig hollywoodhaft naiv formulieren.

Es war ein ganz anderes Arbeiten, als wir im Inneren des Flugzeugs drehten, das Licht war, wie es eben ist an Bord, eher kalt und künstlich, kaum Möglichkeiten, mit der Beleuchtung zu spielen. Und wenn gekämpft und geschossen wird an Bord eines Flugzeugs, dann gibt es für die Fahrten und Flüge der Kamera kaum Raum. Eine Kreisfahrt haben wir tatsächlich inszeniert, auf allerengstem Raum, mit einer Steadicam, und damit es überhaupt ging, musste Harrison sich quasi mit der Kamera durch den Raum bewegen. Das war schon sehr gut, das war eine Herausforderung. Aber es war nicht das, was diesem Schauplatz angemessen war. Das Flugzeuginnere zwang uns eine gewisse Kurzatmigkeit auf. Ich fand das nicht schlecht, solange es dauerte. Und war doch froh über jede Szene, die nicht im Flugzeug spielte. Wozu allerdings anzumerken ist, dass es im Flugzeug darum ging, Schauspieler zu fotografieren. Draußen war meistens das Flugzeug der Hauptdarsteller. Es gibt eine Szene in dem Film, da sieht es so aus, als wären die Terroristen überwältigt und der Pilot könnte in Rammstein landen. Dann wendet sich das Blatt, und das Flugzeug, das nur wenige Meter über der Landebahn fliegt, startet durch und steigt wieder hinauf in den Himmel. Wir drehten auf einem Militärflughafen in Ohio, im Drehbuch stand, dass die Szene in der Dunkelheit spiele – und vermutlich kann sich jemand, der das im Kino sieht, gar nicht vorstellen, dass das eine der kompliziertesten Szenen war. Wenn man ein Flugzeug in der Nacht beim Landen filmen will, muss man es beleuchten. Wenn aber am Boden die Filmlampen leuchten, ist die Gefahr sehr groß, dass der Pilot die Positionslampen der Landebahn nicht mehr erkennt. Die Lösung, die wir uns ausdachten, ging so, dass wir beschlossen, in der Dämmerung zu drehen, zu der Tageszeit also, da noch ein wenig Licht am Himmel ist, und unten ist es schon dunkel. Das waren ungefähr fünfzehn Minuten jeden Abend, und weil, je weniger Licht da ist, die Blende umso weiter offen bleiben muss, was wiederum zu geringerer Tiefenschärfe führt, weil es also in solchen Fällen wichtig ist, dass alle Beteiligten sich an die vorgegebenen Positionen halten, war diese Szene doppelt schwierig. Der Hauptdarsteller war eine Boeing 747, der man nicht sagen kann: Geh ein paar Schritte zurück. Ich glaube nicht, dass irgendeiner von denen, die an »Air Force One« so viel kritisierten, gemerkt hat, was für ein Held der Pilot war. Ich weiß nicht mehr, wie oft wir diese

Szene drehten, die wir ja am selben Abend nicht wiederholen konnten. Aber ich weiß, dass der Pilot fast immer die gleiche Bahn flog.

Und während ich das Flugzeug im Dunkel des nächtlichen Himmels verschwinden sehe, kommt die Erinnerung an einen Film voller dunkler Bilder wieder, an »Sleepers«, der seine albtraumhafte Stimmung schon im Namen hat. Ich hatte diesen Film zwischen »Outbreak« und »Air Force One« gedreht, aber mein Gedächtnis tendiert dazu, ihn davor oder danach einzusortieren, und das Eigenartige ist, dass ich keine üblen, aber eher schwache Erinnerungen habe. Ich weiß, dass man mich gewarnt hatte vor Barry Levinson, dem Regisseur, der, wie mir jeder, der mit ihm gearbeitet hatte, bestätigen wollte, einem Kameramann keinen Raum ließ. Ich weiß, dass ich trotzdem mit ihm arbeiten wollte – schon weil ich seine Filme liebte. Nicht alle vielleicht, aber in den Achtzigern hatte er eine ganz erstaunliche Serie von wunderbaren Filmen inszeniert, »Diner«, »The Natural«, Tin Men« und schließlich »Rain Man«, der 1989 vier Oscars gewann, darunter die wichtigsten, den für den besten Film, den für die beste Regie. Und natürlich den für Dustin Hoffman, als besten Hauptdarsteller. Es waren, alle miteinander, Filme über Jungs, die ganz schnell Männer sein wollen, über Männer, die Jungs geblieben sind, über Freundschaften, die das Erwachsenwerden überleben. Und darüber, dass diese Männer sich zu den Frauen hingezogen fühlen. Aber sie verstehen sie nicht, sie verstehen eindeutig mehr von Sport. Von Baseball und von Football.

Ich verstand rein gar nichts vom Sport, aber ich verstand, dass »Sleepers« wieder so ein Film werden sollte, eine Geschichte von vier Jungs aus Hell's Kitchen in New York, die, weil sie einen Hot-Dog-Wagen geklaut haben und dieser Wagen, als er außer Kontrolle geriet, eine Treppe hinuntergerast ist und einen Menschen getötet hat, vier Jungs, die dafür in ein Erziehungsheim kommen, wo sie geschlagen, gedemütigt und vergewaltigt werden. Was ich sehr schön fand an diesem Film, war der erste Teil, der quasi im Imperfekt inszeniert war, die Kindheit der vier Jungen in Hell's Kitchen, heiter, spannend, hin- und hergerissen ohne große Loyalitätskonflikte zwischen den beiden Autoritätspersonen, dem Priester, den Robert De Niro spielte, und dem Mafia-Don, den Vittorio Gassman spielte – und das alles fotografiert gewissermaßen in den Farben der Erinnerung; es ging darum, die Bilder milde leuchten zu lassen, und selbst die Schatten hier waren nicht wirklich bedrohlich, eher kaschierten sie, was keiner sehen wollte.

Was mich reizte an dem Film, waren die Szenen im Erziehungsheim, Szenen der Grausamkeit und der Demütigung, Szenen, welche die Gewalt nicht explizit machen und ausspielen sollten, sondern deren Sinn es vor allem war, in dunklen und dabei einigermaßen diskreten Bildern zu zeigen, was sich da an Schmerzen ablagerte, in der Erinnerung, in den Seelen der Jungs. Und eine der eindrucksvollsten Szenen war gar nicht geplant, es ist eine Kamerafahrt zurück, durch einen dunklen, immer schwärzer werdenden Gang, durch welchen sich die Kamera vom Schauplatz einer Vergewaltigung entfernt, was so intensiv wirkt, weil man, ohne die eigentliche Tat zu sehen, hier spürt, dass, wer diesen Bildern entkommen will, sich in der totalen Schwärze wiederfindet. Geplant war diese Szene nicht, wir fuhren nur mit der Kamera zurück, und weil ich kein »Cut!« hörte, fuhren wir weiter, bis alles nur noch schwarz war. Ich hatte natürlich das »Cut!« nur überhört, aber als Levinson und ich uns die Muster anschauten, sahen wir, wie gut die Szene war. Was wieder einmal darauf hinweist, dass das Kino, wenn es genial ist, nicht einfach mit dem identisch ist, was

Regisseur, Drehbuchautor und Kameramann ohnehin schon in ihren Köpfen hatten.

Was mir ungeheuer gefiel an Levinson, das war, dass die Schauspieler zu ihm nicht nein sagen konnten. Er bekam De Niro für die Rolle des Priesters, er bekam den großen alten Vittorio Gassman als Mafiaboss. Er hatte den jungen, wirklich umwerfenden Brad Pitt in jenem dritten Teil, der davon erzählte, wie die Jungen erwachsen geworden sind und die Verbrechen rächen wollen. Und er hatte, in einer kleinen Rolle als komplett vertrottelter Anwalt, den wunderbaren Dustin Hoffman, mit dem die Arbeit ja immer ein Vergnügen war. Ich weiß nicht mehr genau, in welchem Jahr es war, ich glaube es war ein paar Jahre vor diesem Film, aber sicher bin ich mir nicht, da hat mir Dustin Hoffman das Leben gerettet. Ich hatte einen Magendurchbruch, wachte eines Morgens auf, ging ins Bad, spuckte Blut und wurde ohnmächtig. Freunde haben mich dann ins Krankenhaus gebracht. Es war das, was, von unserem Haus in Los Angeles aus, am nächsten war, und es war leider das schlechteste Krankenhaus der Stadt. Dustin Hoffman erfuhr davon, kam ins Krankenhaus, und das war das erste Mal, dass ich sah, wie er sich aufplusterte. Er machte Theater. Er rief, wenn diesem Mann etwas passiert, zeige ich euch alle an. Er bat zwei renommierte Medizinprofessoren, ins Krankenhaus zu kommen und nach dem Rechten zu schauen. Ohne das Drama, das Dustin Hoffman um mich machte, wäre ich womöglich gestorben in diesem Krankenhaus, in dem ich, bis er kam, allen egal gewesen war – spätestens in der Nacht darauf, als es zu schweren Komplikationen kam. Da war Dustin Hoffman wieder da und passte auf, und ich überlebte die Nacht und das Krankenhaus, und das werde ich ihm nie vergessen.

Wir waren Freunde, und wir sind Freunde geblieben, und als seine Tochter Becky im Frühjahr 2004 in Berlin studierte,

*Zwei Aufnahmen mit Helga und Dustin Hoffman,
in den achtziger Jahre*

kamen er und seine Frau für eine Woche. Die ganze Stadt war aufgeregt, und an einem Tag sind wir mit dem Auto ein bisschen herumgefahren, ich habe versucht, ihm ein bisschen was von der Umgebung zu zeigen. Und als wir an einer Raststätte eine Pause machten, um eine Kleinigkeit zu essen, hörten wir beide, wie jemand in der Raststätte zischte: »Jude!« Es war still im Lokal, man konnte die Worte deutlich hören, und mir kam es vor, als wäre die Temperatur gefallen, so kalt fühlte sich das an. Dustin Hoffman, der kein Deutsch spricht, wusste trotzdem, was das Wort bedeutet. Er hatte es in vielen Filmen gehört, in denen alle englisch sprechen. Nur die Nazis, die sprechen deutsch.

Ich glaube, ich habe sehr heftig an ihn hingeredet, um ihn davon zu überzeugen, dass diese dumme, zischende Stimme nicht für die Deutschen sprach. Und ich glaube heute, dass das gar nicht so dringend nötig war. Dustin Hoffman war schockiert, in dem Moment, da das passierte. Aber insgesamt, so hat er es nicht nur mir immer wieder gesagt, insgesamt fand er Berlin eine äußerst liebenswerte Stadt. Vor allem nachts.

Einmal kam er zur Berlinale, und ich glaube, er ist da nie vor drei Uhr morgens ins Bett gekommen.

Was ich mochte an »Sleepers«, war die Arbeit mit Levinson, der, wie ich schnell merkte, sehr gute Ideen hatte und eigentlich gar nicht schwierig war. Es war nicht so, dass er keine Kameraleute mochte. Er mochte nur keine langsamen Kameraleute. Ich war es gewohnt, mich gut vorzubereiten und schnell zu arbeiten, und Levinson war froh, dass er dadurch Zeit gewann, Zeit für das, was er am besten konnte und am liebsten Tat: mit den Schauspielern zu arbeiten.

Ich mochte dann den Film, der dabei herauskam, aber nur mit Einschränkungen. Es war eine sehr amerikanische Rachegeschichte, eine Geschichte vom Tod, mit dem der Peiniger und Vergewaltiger für seine Taten zahlen musste. Der Film, so konnte man ihn jedenfalls verstehen, hieß das gut. Ich war lang genug in Amerika, ich verstand diese Art von Moral. Aber wenn ich mich heute an den Film erinnere, sehe ich doch auch, wie fremd sie mir geblieben ist.

17

Primärfarben
Emma Thompson und der Wilde,
Wilde Westen

Es waren die Clinton-Jahre, die uns heute, wenn wir sie zu bilanzieren versuchen, als gute Jahre gelten, gute Jahre für Amerika jedenfalls, und auch ich hatte immer Sympathien für diesen Mann, der von sehr weit unten, aus einem Nest in Arkansas, an dem das Beste noch der Name, Hope, war, nach oben gekommen war, und dem ich eigentlich immer glaubte, dass er nicht vergessen hatte, woher er kam und wie es dort unten den Leuten geht. Aber 1997, als unser Film »Primary Colors« in die Kinos kam, hatten die meisten Leute die Nase voll von ihm. Sie hatten ihn wiedergewählt, dafür hatte es gereicht, aber dann kam die Geschichte mit Monica Lewinsky heraus, und wie Clinton sich da herauszureden versuchte, war den meisten Amerikanern ein wenig peinlich. Sie wollten ihn nicht weghaben, aber sie wollten ganz bestimmt nicht ins Kino gehen, um dort noch einmal die Geschichte vom Aufstieg des Bill Clinton zu sehen.

Natürlich sind Leute ins Kino gegangen, es waren nur nicht genug für diesen Film, der sehr teuer war; aber die meisten, die eine Karte kauften, so sah es damals aus, mochten ihn auch, und unter den Zuschauern, die »Primary Colors« liebten, war auch der Mann, der vom Thema am meisten verstand. Bill Clinton fand »Primary Colors« so gut, dass er den Hauptdarsteller John Travolta zu einer Party ins Weiße Haus einlud – unter der Bedingung, dass Travolta als Jack Stanton komme, als jene fiktionale Figur also, die so stark an Bill Clinton erinnerte. John Travolta lehnte dies ab, wie zuvor Tom Hanks, dem die Rolle als Erstem angeboten worden war, diese abgelehnt hatte mit der Begründung, dass er ein Parteigänger und Anhänger Clintons sei. Und dass er nicht in einem Film mitspielen wolle, dessen Anliegen es sei, diesen Clinton zu denunzieren.

Das Buch »Primary Colors« war Anfang 1996 erschienen und hatte großes Aufsehen erregt – nicht nur, weil der Autor sich zunächst »Anonymous« nannte, was natürlich die Lust am Spekulieren anheizte; man vermutete den Autor in Clintons engster Umgebung. Es war dann aber Joe Klein, Kolumnist der Zeitschrift »Newsweek«, der seine Urheberschaft lange geleugnet hatte. Das Buch war aber nicht nur deshalb so erfolgreich. Es lag schon auch am Text, an diesem Roman einer Karriere, hinter dessen fiktionalen Figuren man Bill Clinton und seine Wahlkampfmannschaft überdeutlich erkennen konnte. Der Kandidat, wie Klein ihn zeichnete, war einerseits ein Genie der Empathie, ein Mann mit fast übernatürlichen politischen Instinkten. Und andererseits ein notorischer Fremdgeher und Betrüger, ein Mann, so haltlos, dass er jedem, aber wirklich jedem Rock hinterherrannte, wenn nur ein Paar schöner Beine herausschaute. Und die Erzählung handelte davon, dass dieser Mann, wenn er sich durchsetzen will bei den Vorwahlen, irgendwann die gleichem schmutzigen Tricks anwenden muss wie seine Gegner, die er anfangs verabscheut hat.

Es war mein dritter Film mit Mike Nichols, und natürlich war Mike Nichols als Regisseur schon Grund genug, das Angebot anzunehmen, und das Buch, das Nichols' alte Weggefährtin Elaine May geschrieben hatte, war ein Grund mehr. Was mich dann besonders reizte, war die Besetzung – lauter Schauspie-

*Vor der amerikanischen Flagge
am Set von »Primary Colors«*

ler, die ich noch nicht kannte und immer nur aus der Ferne bewundert hatte. Da waren der irre Billy Bob Thornton und die geniale Kathy Bates, da war Emma Thompson, über die es viel zu sagen gibt. Und da war John Travolta, auf den ich sehr gespannt war. Auch ich hatte ja gesehen, wie Travolta, ein paar Jahre zuvor, von Quentin Tarantino wiederentdeckt und herausgerissen worden war aus der Zweitklassigkeit – mit diesem genialen Film »Pulp Fiction«, den ich, wie ich zugeben muss, beim ersten Sehen unterschätzt hatte. Ganz gut, dachte ich, ganz clever, ganz amüsant. Und erst als ich ihn nochmal sah, erkannte ich, was für ein kluger, souveräner Regisseur dieser Tarantino war. Er führte ja nicht nur, was den Stil des Inszenierens angeht, genau das fort, was Martin Scorsese angefangen hatte. Auch wie er seine Filme nach dem Rhythmus seiner Lieblingssongs in Bewegung brachte, sah so aus, als hätte er sich dazu von Scorsese inspirieren lassen. Ich hätte nicht nein gesagt, wenn man mir angeboten hätte, mit Tarantino einen Film zu machen, ich glaube, wir hätten einander einiges mitzuteilen gehabt. Travolta war gut, sehr gut sogar. Manchmal schaute ich durch die Kamera und hätte dabei fast vergessen, dass nicht Travolta, sondern Clinton der Präsident der Vereinigten Staaten war. Den Tonfall Clintons, die Stimmlage, den leise singenden Südstaaten-Ton bekam er so gut hin, dass ich manchmal wieder an »Air Force One« denken musste. Darin gab es eine Szene, in der Harrison Ford aus dem Flugzeug im Weißen Haus anruft und sagt, er sei der Präsident. Und die Dame am Telefon antwortet, dass sie die Königin von England sei. Oder so ähnlich. Wenn Travolta, dachte ich manchmal, mit dieser Stimme im Weißen Haus anriefe, würde jeder sagen: Yes, Mister President!

John Travolta war angenehm bei der Arbeit, freundlich, offen für Kritik, er war, wie eigentlich jeder Schauspieler, sehr empfänglich für Mike Nichols' diskrete Art des Inszenierens. Und zugleich hatte er Allüren, er brachte seinen Sekretär mit, seinen Masseur, seinen Koch, er hatte eine Klausel im Vertrag, dass er, von dem Moment, da er zu Hause abgeholt wurde, bis zu dem Moment, da er zurück war, nicht mehr als zehn Stunden arbeiten müsste. Und wenn doch, dann würde es teuer werden – was ich als einen Hohn empfand, angesichts einer Gage, die ohnehin schon bei zwanzig Millionen lag. Das war fast ein Drittel des gesamten Budgets, und dummerweise war er es wert. Nicht in dem Sinn, dass, bloß weil Travolta dabei war, jeder Film mit ihm seine Produktionskosten wieder eingespielt hätte. Das funktionierte leider nicht, das funktionierte mit keinem dieser Stars, die damals zweistellige Millionensummen verdienten. Keiner konnte einen Flop verhindern, und »Primary Colors«, der fünfundsechzig Millionen Dollar gekostet hatte, spielte auf dem amerikanischen Markt nicht mehr als vierzig Millionen wieder ein.

Aber es funktionierte in dem Sinn, dass ein Produzent, wenn er Travolta hatte (oder eben DiCaprio, Bruce Willis, Tom Cruise), sich um den Rest des Budgets keine Sorgen mehr zu machen brauchte. Für einen Film mit Travolta bekam man alles Geld, das man brauchte, in den späten Neunzigern jedenfalls, und das gab diesen Stars eine Macht, die mir nicht geheuer war. Ich habe die Schauspieler immer geliebt. Aber ich fand es richtiger, wenn die Regisseure das Kommando hatten.

Travolta hatte, außer seinen Allüren, eine Schwäche. Er konnte sich keinen Text merken. Er schaffte nicht mehr als drei, vier Sätze am Stück, und wenn er, in einer langen Einstellung, erst mal schweigen und zuhören und erst am Schluss drei Worte sagen musste, dann hatte er diese drei Worte garantiert vergessen. Er war sich dieser Schwäche bewusst, er konnte es aber nicht ändern, und er entwickelte ein wirklich erstaunliches Geschick, von allen möglichen Monitoren, die im Off platziert waren, die Texte abzulesen, ohne dass man als Zuschauer das merken würde. Kathy Bates war trotzdem oft genervt, und Emma Thompson, die ihren Job am Theater gelernt hat, wo man ein ganzes Stück im Kopf haben muss, gab sich große Mühe, über diese Schwäche hinwegzusehen.

Es gab aber eine Szene, fast schon am Schluss, da weiß der Kandidat, dass er sein Spiel gewonnen hat, und er weiß auch, um welchen Preis, und er geht mit seinem jungen Helfer die lange Allee von einem Herrenhaus zur Straße, das Licht kommt schräg durch die Bäume; da hatte Travolta eine Seite Text, und natürlich wollten wir es in einer einzigen langen Kamerafahrt drehen. Es ging nicht. Travolta hat es nicht geschafft, obwohl wir zwei Monitore hatten, die neben ihm herrollten. Und natürlich waren das die Momente, da fragte ich mich, wofür, zur Hölle, dieser Mann die zwanzig Millionen Dollar bekommt. Und selbst der noble Mike Nichols konnte seinen Zorn kaum noch für sich behalten.

Ich wusste, wer Emma Thompson war, ich wusste es vielleicht sogar zu gut. Ich hatte »Sense and Sensibility« gesehen, Ang Lees Verfilmung von Jane Austens Roman, in der sie nicht nur die Hauptrolle spielte; sie hatte auch das Drehbuch geschrieben. Und ich glaube nicht, dass es irgendjemandem vor oder nach ihr gelungen ist, was sie bei der Oscarverleihung 1996 schaffte. Sie war als beste Hauptdarstellerin nominiert. Und zugleich für das beste adaptierte Drehbuch. Sie gewann den Drehbuch-Oscar. Den Schauspiel-Oscar hatte sie schon, für ihre Rolle in »Howards End«.

Ich wusste, wer Emma Thompson war, und ich hatte sie doch noch nie in der Wirklichkeit gesehen, und als wir einander vorgestellt wurden, gaben wir uns nicht die Hände oder nickten einander zu. Wir umarmten uns. Es war da etwas, auf den ersten Blick, was ich Liebe nennen würde, wenn etwas daraus geworden wäre. Ich begann für sie zu glühen. Ich war glücklich, und zugleich war ich nervös, wenn sie in meine Nähe kam. Es ging ihr genauso, glaube ich. Und es ist doch nicht mehr passiert als ein paar Blicke, Umarmungen, Gespräche, die so vertraut waren, als spräche da ein Paar miteinander.

Ich war verheiratet, sie hatte einen festen Partner. Wir waren zu erwachsen, als dass wir wie verliebte Teenager auf all das gepfiffen hätten. Und wir waren zu ernst, als dass wir uns, kühl und ein bisschen zynisch, auf die komplizierte Logistik einer Affäre hätten einlassen wollen. Es ist nicht die große Liebe daraus geworden, obwohl ich noch heute glaube, dass es damals darauf hätte hinauslaufen können. Es ist aber auch etwas geblieben. Ich bin Kameramann, ich habe ihre Blicke und ihr Lächeln noch immer dort, wo nur die allerschönsten

Erinnerungen gespeichert sind. Ob man das alles dem Film ansieht, kann ich selber nicht sagen. Sie hatte die Hilary-Clinton-Rolle, sie musste kühl bleiben im Film und die Fassung wahren, und als sie aber einmal John Travolta eine schmieren durfte, tat sie das gern und legte ihre ganze Schauspielkunst in diese Ohrfeige. Ich glühte für sie, und natürlich wollte ich sie leuchten lassen in dem Film. Aber Emma Thompson leuchtet in jedem Film, in dem sie mitspielt.

Ich wollte danach einen Film mit Scorsese drehen – ich landete aber ganz woanders und machte einen Film, der zu den wenigen gehört, zu denen ich mich auch heute nicht so gerne bekennen möchte. Einerseits war das eine Abfolge von Zufällen. Und es zeigt doch zugleich sehr schön und anschaulich, wie das Filmgeschäft ganz allgemein funktioniert. Und die Karriere des Kameramanns im Speziellen.

Scorsese arbeitete seit langem an einem Projekt, das den Arbeitstitel »Dino« hatte. Gemeint war Dean Martin, der Sänger und Schauspieler, und dass das Wort »Dino« noch eine zweite Bedeutung hat, das war ausdrücklich gewollt. Der Film, wenn er etwas geworden wäre, hätte, um es ein wenig hochtrabend auszudrücken, die Summe seines Werkes und sein opus magnum werden sollen, es war alles drin, wovon er seit jeher besessen war. Die Italiener, die Mafia, die Musik. Das Filmgeschäft, das Glücksspiel, und erwachsene Männer, die nicht aufhören wollen, wie Jungs zu leben. Tom Hanks sollte Dean Martin spielen, John Travolta den Frank Sinatra. Als Peter Lawford war Hugh Grant vorgesehen, als Jerry Lewis wünschte Scorsese sich Jim Carrey. Ich hatte ein Fassung des Drehbuchs gelesen, und ich wusste, dass es mit diesem Buch nichts werden würde. Es würde sehr viel Geld brauchen und sehr wenig Seele, dieses Buch zu verfilmen, es gab da keine Figur, für die man mehr als nur Interesse empfinden wollte.

Schon als ich noch dachte, dass wir demnächst drehen würden, hatte Barry Sonnenfeld, der Regisseur und ehemalige Kameramann, mich gefragt, ob ich nicht Lust hätte, mit ihm zu arbeiten. Für seinen nächsten Film habe er ein sehr großes, schönes Budget und ein Drehbuch, das eine Menge Spaß verspreche. Sonnenfeld war, weil er für dasselbe Studio arbeitete, einer der Ersten, die davon erfuhren, dass Warner Brothers das Projekt »Dino« gestoppt hatte. Ich hätte trotzdem nein sagen können, und wer den Film kennt, den wir dann drehten, »Wild Wild West«, der denkt sich vielleicht, dass man das von Anfang an hätte wissen können, was für ein sensationeller Blödsinn dabei herauskommen würde. Aber »Men in Black«, den Sonnenfeld davor inszeniert hatte, war eigentlich auch ein großer Blödsinn. Und zugleich eben ein riesiges Vergnügen und ein gigantischer Erfolg. Und »Wild Wild West«, die scheinbar so bescheuerte Geschichte von zwei Cowboys und einem verrückten Erfinder mit seinen Höllenmaschinen, die basierte auf einer Fernsehserie, die in den Sechzigern sehr lustig und erfolgreich gewesen war.

Es war schon klar, dass »Wild Wild West« nicht unbedingt ein Meisterwerk werden würde, aber das, was man Gelingen nennt oder Meisterschaft, das ist, bevor man anfängt, ohnehin schwer auszurechnen. Was man da merkt, ist nur die Ambition – und für einen Kameramann sortieren sich die Kriterien eben anders als für den, der den Filmen im Nachhinein dann die künstlerische Qualität bescheinigt. Mir fällt da immer wieder Clint Eastwood ein; der Mann ist ohne Zweifel einer der konzentriertesten und konsequentesten Regisseure, die es gibt in Amerika. Aber sein extrem knapper, zurückhaltender Stil, seine dunklen Bilder, seine exakten Kadragen, das alles lässt, glaube ich, dem Kameramann zu wenig Raum; mich jedenfalls hätte es nie gereizt, mit dem großen Clint Eastwood zu arbeiten.

Das Budget von »Wild Wild West«, das Vergnügen, welches das Drehbuch versprach: das waren gute Argumente. Und mit Sonnenfeld, der, bevor er Regisseur wurde, Kameramann gewesen war und vor allem mit den Coen-Brüdern ein paar sehr schöne Filme gedreht hatte, mit Sonnenfeld, glaubte ich, würde ich mich sehr gut verstehen. Ich verstand mich gut mit Will Smith, der die Hauptrolle spielte – auch wenn Smith einmal, vor der ganzen Mannschaft, einen Scherz über meinen Hintern machte, den er zu mager fand: Hold it, hold it!, brüllte er. Und als alle zuhörten: Who stole Michael's ass?

Mit Sonnenfeld verstand ich mich nicht so gut. Er hatte als Kameramann immer einen lauten, knalligen Stil gepflegt, und er wollte von mir, dass ich mir diesen Stil angewöhnte. Vor allem liebte er extrem kurze Brennweiten, achtzehn Millimeter, die den Effekt haben, dass die Gesichter, wenn sie in der Bildmitte sind, dem Zuschauer extrem nahe kommen, und die Ränder scheinen weit entfernt zu sein. Ich fand immer, dass das eine Springteufel-Ästhetik war, eine Fratzen-Optik, die jedes Gesicht, das nicht breit und flächig ist, hässlicher aussehen lässt, ich mochte das nicht, aber Sonnenfeld hatte das Kommando, und ich nahm die Linsen, die er unbedingt haben wollte. Wir haben uns nicht gestritten, er merkte nur, dass ich nicht froh war mit dem, was ich da tat, so wie er auch merkte, dass Kevin Kline, der die zweite männliche Hauptrolle spielte, immer unfroher wurde, weil die Regieanweisungen, die er von Sonnenfeld bekam, immer nur auf zwei Ratschläge hinausliefen: Sei schneller, sei lustiger. Und Sonnenfeld selber, der eigentlich ein angenehmer, unbeschwerter Mann ist, merkte, dass die Dinge in die falsche Richtung liefen, und tröstete sich mit schmutzigen Witzen, auf die nur Will Smith einsteigen konnte. »Wild Wild West« war als teuerster Film jener Saison kalkuliert, einhundert Millionen Dollar, und damit das viele Geld auch wieder hereinkomme, wurde immer noch mehr Geld verbrannt. Eine Drehbuchfassung nach der anderen, noch ein Schreiber, dessen Dialoge endlich zünden sollten, noch mehr Tricks und elektronisch generierte Überwältigungsbilder. Und dann gab es Testvorführungen, und das Publikum gab an, dass es den Film nicht verstanden habe, die Leute hatten keine Ahnung, ob das eine Komödie oder ein Western oder Science-Fiction sei, und dann wurde nochmal vierzehn Tage lang gedreht, damit der Film witziger würde. Was definitiv nicht gelang. Immerhin kostete er inzwischen fast einhundertsiebzig Millionen, und ich glaube, er hat dieses Geld, auf Dauer und weltweit, sogar wieder eingespielt.

Es war jetzt sechs, sieben Jahre her seit »The Age of Innocence«, ich merkte langsam, dass mir Martin Scorsese zu fehlen begann, und ich hörte, dass es ihm mit mir genauso ging. Ich wusste, dass er an einem großen, vielleicht seinem größten Projekt arbeitete, dem Gegenteil von »The Age of Innocence« gewissermaßen, noch einmal New York im 19. Jahrhundert, aber diesmal von ganz unten betrachtet, aus der Perspektive der Armen, der Einwanderer, der »Gangs of New York«. Ich wollte dabei sein, und Scorsese wollte mich dabeihaben, aber es zog sich, es war, wie immer, schwierig, das ganze Geld zusammenzubekommen, und ich hatte noch Verträge für zwei Filme, die mir wenig Freude machten.

Der eine hieß »What Planet Are You From«, war ein Vehikel für den Schauspieler und Autor Garry Shandling, der damals eine große Nummer im amerikanischen Fernsehen war, und obwohl Mike Nichols inszenierte, habe ich diesen Film fast vergessen. Ich habe eine vage Erinnerung daran, dass die Dreharbeiten ganz lustig waren, aber nur die Dreharbeiten, nicht der Film, weil Shandling nicht verstand, was Nichols von ihm wollte. Und Nichols konnte es nicht fassen, er, der mit seiner ruhigen, selbstsicheren Art sonst doch jeden Schauspieler erreichte, verstand nicht, warum Shandling ihn nicht verstand.

Der andere Film hieß »The Legend of Bagger Vance«, und wenn man ganz knapp beschreiben wollte, worum es ging, dann darum, dass ein Caddie einem Golfspieler beibringt, warum, wer Golf richtig spielt, in diesem Sport auch die Regeln für ein gelungenes Leben entdeckt. Kein riesengroßer Film, Robert Redford wollte ihn unbedingt inszenieren – und an einem Film wie diesem konnte man, genauso gut wie an den Riesenprojekten, deutlich ablesen, wie das Filmgeschäft sich gewandelt hatte. Fünfzehn Jahre zuvor hatten wir »After Hours« für vier Millionen Dollar gedreht, und solange wir im Budget blieben, redete keiner rein. Zehn Jahre zuvor hatten wir »The Fabulous Baker Boys« für dreizehn Millionen Dollar gedreht, mit einem etablierten männlichen Star und einem aufstrebenden weiblichen, und ich finde nicht, dass irgendetwas billig aussieht in diesem Film. »The Legend of Bagger Vance« kostete schließlich sechzig Millionen Dollar, und dass er so teuer wurde, lag daran, dass es, überspitzt formuliert, leichter war, viel Geld zu beschaffen, und schwerer, ihn für ein paar Dollar weniger zu drehen. Redford schwebte Brad Pitt als Golfspieler vor und Morgan Freeman als der Engel, der sich als Caddie tarnt, und als Brad Pitt absagte, akzeptierten die Produzenten auch Morgan Freeman nicht mehr, weil der angeblich zu alt war und zu wenig Appeal hatte, um viele Leute ins Kino zu locken. Und so wurde Matt Damon als Golfspieler engagiert, und Will Smith, weil der gerade der allergrößte Star war, als Caddie, was natürlich auf einen ganz anderen Film hinauslief, zwei Gleichaltrige, kein alter, weiser Morgan Freeman. Will Smith war teuer, was die Balance des ganzen Films durcheinanderbrachte, aber ohne ihn hätte Redford gar kein Geld bekommen. Er hatte vier Wochen warten müssen, bis Smith den Vertrag unterschrieben hatte; vorher wollte das Studio dem Film kein grünes Licht geben. Was Robert Redford als schwere Demütigung empfand. Er drehte den Film dann trotzdem, aber er drehte ihn mit einem Widerwillen gegen seinen Hauptdarsteller, der sich auch im Lauf der Dreharbeiten nicht legte. Will Smith konnte selber am wenigsten dafür, aber er war es, der den Verdruss am heftigsten abbekam. Er war aber souverän und lässig genug, sich nicht beeinflussen zu lassen von dieser Ablehnung durch Robert Redford, der nie mehr als zwei Takes von Smith drehte; dann schickte er ihn weg vom Set.

»The Legend of Bagger Vance« ist trotzdem ein schöner Film geworden. Matt Damon war großartig, Charlize Theron auch. Und dass der Film beim Start seine Produktionskosten erst mal nicht einspielte, lag an einem völlig falschen Kalkül. Das Studio hatte darauf spekuliert, dass es Millionen von Golfspielern gebe, und alle würden diesen Film sehen wollen.

Was natürlich Quatsch war. Golfspieler wollen echte Golfspiele sehen, nicht einen Film über Golfer.

18

Spätwerk

*Gangs of New York und
The Departed*

Wenn ich mich heute an »Gangs of New York« erinnere, dann kommt es mir vor, als wäre dieser Film der Letzte seiner Art gewesen, ein Werk, das nicht nur zurückschaute auf eine Vergangenheit, die ein paar Jahrzehnte vor der Erfindung des Kinos lag. Nein, auch wir, die wir dieses Werk schufen, die Werkzeuge, die wir dafür gebrauchten, und der Geist, der uns beseelte, gehörten einer Zeit an, die damals, in dem halben Jahr, in dem wir drehten, vom Herbst 2000 bis zum nächsten Frühjahr, eigentlich schon vergangen war. Ich war nicht dabei, als George Lucas, der Erfinder der »Star Wars«-Serie, der uns am Drehort besuchte, die unfassbaren Bauten bestaunte, die Dante Ferretti da hingestellt hatte und dann zu Martin Scorsese sagte: Marty, wusstest du eigentlich, dass man das alles längst am Computer bauen kann?

Ich glaube, sein Staunen war echt, und ich glaube nicht, dass danach noch einmal irgendjemand ein ganzes Stadtviertel hat nachbauen lassen, nur für einen einzigen Film.

Wenn unsere Dreharbeiten ein Film gewesen wären, ein Melodram über Männer und Macht, dann wäre natürlich Martin Scorsese der Held gewesen, ein Mann mit einer Vision, die größer als er selber ist. Und die ihn am Schluss fast erdrückt. Und sein Gegenspieler wäre Harvey Weinstein, der Filmproduzent, ein starker, breiter Mann, der sehr sympathisch lächeln konnte. Aber wenn er nicht lächelte, sah man ihm seinen starken Willen an und seine Lust, sich durchzusetzen. Er war damals Ende vierzig, er hatte, um nur ein paar der bekanntesten Filme zu nennen, »Pulp Fiction« und »The English Patient« produziert, »Shakespeare in Love« und »Good Will Hunting«. Er war vom Filmemachen so besessen wie Scorsese, er war von dem Projekt »Gangs of New York« absolut fasziniert. Aber er wollte damit kein Geld verlieren. Weinstein war ein Produzent von der Art, wie der Filmfan Scorsese sie nur aus dem Kino kannte. Und dort, so fand er, sollten solche Produzenten auch bleiben.

Weinstein gab nicht einfach das Geld. Er kritisierte das Drehbuch, er redete bei der Besetzung mit. Und er kam zum Drehort und drängte darauf, dass wir den Drehplan einigermaßen einhielten. Er verehrte Scorsese, er lobte ihn, wo er nur konnte. Aber er sah auch ganz deutlich, dass dieses riesige Projekt, dieser Hundert-Millionen-Dollar-Film, außer Kontrolle zu geraten drohte.

»Gangs of New York«, das war die Geschichte von Bill »The Butcher«, dem Verbrecherkönig von Five Points, einem Slum im Süden Manhattans. Es war die Geschichte von Amsterdam Vallon, der als Kind zusehen musste, wie Bill »The Butcher« seinen Vater tötete. Und der ihn als Erwachsener rächen will. Es war die Geschichte von Jenny Everdeane, einer Taschendiebin und Gelegenheitsprostituierten, die sich in Amsterdam verliebt. Und alles lief auf die Draft Riots hinaus, Unruhen, die im Jahr 1863 ausbrachen, weil die Leute aus den Slums nicht in den amerikanischen Bürgerkrieg ziehen wollten.

Scorsese wollte diesen Film seit den späten Siebzigern drehen. Er hatte immer mal wieder verschiedene Schauspieler im Auge gehabt, und jetzt, wo es ernst wurde, wollte er Daniel

Day-Lewis. Und bekam ihn auch. Leonardo DiCaprio als Amsterdam Vallon wollte er nicht, den hatte Michael Ovitz, der damals auch Scorseses Agent war, ins Spiel gebracht, um überhaupt das Budget zusammenzubekommen, und natürlich bestand auch Weinstein darauf, dass DiCaprio die Rolle bekam. Es war die Zeit nach »Titanic«, alle wollten DiCaprio sehen. Scorsese lehnte ihn aber auch nur so lange ab, bis die beiden einander trafen und zu arbeiten begannen, und wie gut von da an das Verhältnis war, zeigt sich ja auch darin, dass Scorsese danach drei Filme hintereinander mit DiCaprio in der Hauptrolle drehte.

Scorsese wollte auch Cameron Diaz nicht, die dann aber als Jenny viel besser war, als alle sich das erwartet hatten.

Es war ein Kampf, ein ständiges Ringen zwischen Weinstein und Scorsese, es ging ums Drehbuch, um die Besetzung, um die Kosten, die stiegen, mit jedem Tag, den Scorsese überzog. Und als der Film fertig war, ging es um die Länge. Und als er in die Kinos kam, hatten selbst die Kritiker von diesen Kämpfen gehört – und natürlich war es leicht, für alles, was nicht ganz geglückt war am fertigen Film, die Schuld bei Weinsteins Interventionen zu suchen.

Ich fand, dass Weinstein sehr häufig recht hatte. Er wollte mehr Emotion im Drehbuch, er empfahl Scorsese, die Liebesgeschichte wichtiger zu nehmen. Er sah ganz generell die Gefahr, dass Scorsese sich verzetteln könnte. Und ich sah diese Gefahr auch. Der Film fing ja an mit dem Kampf zweier Gangs, jenem Kampf, in dem Bill »The Butcher« den Vater tötet. Aber Scorsese schien sich überhaupt nicht für Liam Neeson, der den Vater spielte, zu interessieren. Er ließ mich die Kamera immer wieder und immer nur auf Daniel Day-Lewis halten, so als kämpfte der gegen eine anonyme Gang, dabei suchte und fand er ja schließlich das Duell mit Liam Neeson. Natürlich war Day-Lewis gut. Er war sensationell. Er bohrte sich auch diesmal so tief in diese Rolle hinein, dass er, auch wenn gerade nicht gedreht wurde, das altmodische Englisch sprach, das zu Bill »The Butcher« gehörte. Man konnte ihn von hinten und von vorne, von oben, unten, aus der Nähe, aus der Ferne fotografieren, es war ihm egal, wo die Kamera stand oder fuhr, er war immer ganz drin in seiner Rolle. Womit er sich ganz heftig von Leonardo DiCaprio unterschied. Der musste immer wissen, wo die Kamera war, und dann richtete er sein ganzes Spiel auf die Kamera aus. Er knipste sich quasi selber an, und dann hatte er das allerfeinste Gespür dafür, was das für ein Licht war, wo er wann sein musste, damit die Szene so gut wird wie geplant. Ich glaube, das ist schon sein Geheimnis: dass er mit der Kamera ein Verhältnis eingeht; dass er, ohne jemals aufdringlich zu sein oder zu chargieren, für die Kamera spielt. Und dass die Zuschauer das als Intensität wahrnehmen und im Kino das Gefühl haben: Wie toll, was er da tut, tut er für mich.

Ich musste Scorsese, als wir den Kampf am Anfang drehten, geradezu bedrängen, damit wir auch ein paar Einstellungen von Liam Neeson bekamen. Und ich wünschte mir, Weinstein hätte sich noch mehr durchgesetzt, was die Liebesgeschichte zwischen Diaz und DiCaprio betrifft. Es gab da Szenen von großer emotionaler Wucht und Momente einer Zartheit, die auch dringend gebraucht wurden, schon um der Brutalität, die nicht nur immer wieder ausbrach, sondern die auch, als Möglichkeit, als Potenzial die ganze Stimmung prägte, etwas entgegenzusetzen. Aber zum Schluss hin verlor Scorsese die Liebesgeschichte aus den Augen und konzentrierte sich ganz auf die Unruhen, was ich schon damals für einen Fehler hielt. Ich glaube bis heute nicht, dass die Zuschauer allen Winkelzügen dieser Revolte, so wie Scorsese sie inszeniert und montiert hat, folgen können.

Was nicht heißen soll, dass »Gangs of New York« kein guter Film wäre. Es ist ein sehr guter, ein wunderbarer Film, wir waren für zehn Oscars nominiert, auch den für die beste Kamera, wir saßen am 23. März 2003 im Kodak Theatre am Hollywood Boulevard, und wir glaubten, dass wir sehr gute Chancen hätten, und als es dann keinen einzigen gab, nicht den für den besten Film, nicht den für die beste Regie und auch nicht den für mich, für die beste Kamera, sind wir sehr enttäuscht nach Hause gegangen, haben gegessen, getrunken und geschimpft, und Martin Scorsese schwor, dass er nie wieder hingehen würde, woran er sich natürlich nicht gehalten hat.

Es war ein sehr guter Film, es hätte, wenn Scorsese ein paar Leuten ein bisschen genauer zugehört hätte, nur ein noch besserer Film werden können, konzentrierter und empathischer – aber andererseits war seine große Qualität ja dieser Reichtum, die Fülle an Charakteren und Geschichten und Schauplätzen. Und ich hatte Momente, da dachte ich: Wenn es Gott gäbe, dann wüssten wir hier, wie dieser sich fühlte. Glücklich würde er sein, so wie es für uns ein unabweisbares Glück war, eine ganze Welt zu erschaffen – oder jedenfalls jenen Teil von ihr, den man damals Five Points nannte, ein schäbiges Viertel im östlichen Manhattan, ungefähr dort, wo heute das Civic Center steht. Dante Ferretti hatte ganze Straßen aufgebaut, und anders als in der biblischen Schöpfungsgeschichte, wo es erst Licht wird, und dann wird alles andere erschaffen, stand Ferrettis Welt schon da. Und ich durfte die Tage beleuchten und die Nächte, und vielleicht die größte Herausforderung war es, wie ich, weil ich mit den üblichen Beleuchtungstricks nicht zufrieden war, einen künstlichen Mond mit achtzig Kilowatt Leistung an den künstlichen Himmel hängte.

Wir drehten in Rom, in den Studios von Cinecittà, weil es dort billiger war als in Los Angeles; es war, schon weil es

Rom war, ein sehr gutes halbes Jahr. Und es war, glaube ich heute, das glückliche Gefühl, dass ich genau dort angekommen wäre, wo ich hinwollte, als ich, sechsundvierzig Jahre zuvor, in München-Geiselgasteig dabei zusehen durfte, wie Max Ophüls inszenierte und Christian Matras die Kamera führte.

Nein, Scorsese ließ sich nicht zu solchen Extravaganzen hinreißen wie Max Ophüls, der damals die Bürgersteige gelb streichen und die Statisten grün schminken ließ. Scorsese hatte, wie schon bei »The Age of Innocence« ein paar Jahre zuvor, die Ambition, die Schauplätze, die Kostüme, ja selbst die Sprache und den Habitus des 19. Jahrhundert so exakt wie möglich zu rekonstruieren. Aber wenn die Kulissen dastanden und die Statisten und Schauspieler ihre Kostüme trugen, lag es bei uns, das alles zum Leben zu erwecken, und ich glaube, ich habe niemals vorher so viele Möglichkeiten gehabt und Dinge ausprobieren können. Scorsese hatte die Idee, dass der Film, mit dem Kampf der Gangs im Winter, fast schwarz-weiß

*Mit Jim Broadbent, Daniel Day-Lewis und
Leonardo DiCaprio am Set von »Gangs of New York«*

beginnen sollte, heller Schnee, dunkle Menschen, und nur die Röte des Bluts sollte einen farblichen Akzent setzen. Später, mit immer mehr Menschen in immer farbigeren Kostümen, sollte der Film bunter werden. So hatte Scorsese sich das ausgedacht, und so haben wir es gefilmt, und es war gut. Einmal, nach dem großen Gemetzel des Anfangs, wünschten wir uns, die Kamera möge sich vom Schauplatz hinauf in den Himmel bewegen, und die Sache wäre ganz einfach zu drehen gewesen, wenn wir, für unendlich viel Geld, einen Kran in London gemietet und nach Rom hätten transportieren lassen. Unsere Techniker bauten aber eine Art Seilzug, in den man die Kamera einhängen konnte. Das ergab einen viel besseren Schwebe-Effekt. Und ich glaube, was vielleicht naiv ist, dass sich diese Freude, die wir an dieser Lösung hatte, dem Zuschauer anders mitteilt, als wenn sie einfach dabei zusähen, wie noch mehr Geld die ganze Sache in Bewegung bringt.

Als wir, nach einhundertsiebenundvierzig Tagen, wenn ich mich richtig erinnere, die letzte Szene gedreht hatten, schenkte Harvey Weinstein mir eine Kamera aus dem Jahr 1937, sehr gut erhalten und komplett funktionstüchtig. Ich habe mich damals sehr gefreut, und später merkte ich, dass so ein Apparat ein Museumsstück ist und von allen betrachtet werden sollte, weshalb die Kamera jetzt in der Kinemathek in Berlin steht.

Martin Scorsese zog sich in den Schneideraum zurück und kam wieder mit einer Fassung, die dreieinhalb Stunden dauerte. Ich habe sie gesehen, ich fand sie herrlich, richtig, keine Minute zu lang. Aber die Leute von Miramax, Weinsteins Firma, die den Film verleihen sollte, forderten Kürzungen; ein so langer Film, wie gut auch immer er sei, sprenge die Logistik jedes Kinoprogramms, mit so einem Film könne man kein Geld verdienen, was besonders schlecht sei bei einem Film, der hundert Millionen Dollar gekostet habe.

Martin Scorsese zog sich noch einmal in den Schneideraum zurück – und statt sich von einer Figur oder einem Nebenstrang der Handlung ganz zu verabschieden, ließ er alles drin und machte alles nur ein wenig kürzer. Schnitt das scheinbar Überflüssige, den Überschuss, heraus. Ich fand es schrecklich, als ich es zum ersten Mal sah. Kurzatmig, hektisch, viel zu nervös. So hatten wir den Film nicht konzipiert, das war nicht mehr der Rhythmus meiner Blicke, meiner Fahrten und Schwenks. Ich war enttäuscht, ich glaube, ich fühlte mich im ersten Moment um meine eigene Arbeit betrogen.

Ich brauchte nicht sehr lang, um mein Urteil zu revidieren, und heute weiß ich, dass Martin Scorsese und seine Cutterin Thelma Schoonmaker sehr gute Arbeit geleistet haben. So schnell, wie der Film jetzt geschnitten ist, merkt man kaum noch, wo der Plot seine schlimmsten Löcher hat.

Während Martin Scorsese mit der Postproduktion beschäftigt war, hatten leider ein paar Verbrecher amerikanische Flugzeuge entführt, zwei in die beiden Türme des World Trade Center und ein ins Pentagon in Washington krachen lassen – und weil der Schrecken über den 11. September noch eine Weile zu wirken drohte, beschlossen die Leute vom Studio, den Filmstart um ein halbes Jahr zu verschieben. Nach dem 11. September, das war die Furcht, wollte kein Amerikaner im Kino sehen, wie Amerikaner andere Amerikaner abschlachten. Es war Weihnachten 2002, als »Gangs of New York« endlich in die Kinos kam.

Der Film war jedenfalls ein großer Erfolg, er hat seine enormen Kosten (und ein bisschen mehr) wieder eingespielt – was ich nur insofern wichtig finde, als Martin Scorsese auch weiterhin viel Geld für große Filme bekam. Für die Bewertung des Films, für das Urteil, das die Filmgeschichte spricht, spielt es aber keine Rolle – was umso schöner und richtiger ist, wenn man bedenkt, dass, wenn ein Film gerade angelaufen ist, die Einspielzahlen des Wochenendes zu den wichtigsten Nachrichten gehören. Und zwar nicht nur für die, die im Filmgeschäft arbeiten. »Gangs of New York« ist ein großer Film, ganz egal, ob er eine Million mehr oder weniger eingespielt hat, ganz egal, ob er einen Oscar mehr oder eben gar keinen bekam. Wer die Oscars gewann, auf die Martin Scorsese so sehr gehofft hatte? Es war »Chicago«, ein Musical mit Renée Zellweger und Catherine Zeta-Jones, das heute schon vergessener ist als noch der kleinste Film von Martin Scorsese.

Wären Einspielergebnisse der Maßstab, wäre der Film, den ich danach drehte, einer der größten und wichtigsten – dabei war es so ein Angebot, das man eben annimmt, weil es angenehme Drehorte sind, Schauspieler, die man schon lange kennenlernen wollte, und vielleicht ein Buch, das Charme und Witz hat, ohne sich dabei allzu wichtig zu nehmen. Es war »Something's Gotta Give«, die Geschichte eines alten Mannes, dem es, mit Hilfe von Viagra, einem schönen Vermögen und weil er halt Jack Nicholson ist, immer noch gelingt, die jungen Dinger abzuschleppen – bis ihn, zur Strafe, eine Herzattacke trifft. Und er sich in Diane Keaton verliebt, eine Frau, die zwar noch neun Jahre jünger als er selber, aber im Vergleich zu seinen vorherigen Geliebten eine Oma ist.

Ich mochte das Buch, ich freute mich auf die Dreharbeiten, und dass Nancy Meyers, die Regisseurin, im Ruf stand, schwierig zu sein, schreckte mich nicht. Jeder Regisseur (außer Mike Nichols vielleicht) ist schwierig auf seine Art. Nancy Meyers, die, wenn sie gerade nicht das Kommando hat, eine sehr angenehme Person sein kann, war aber nicht nur schwierig; sie war unsicher und misstrauisch beim Drehen, und das vergiftete die Atmosphäre. Es war erst ihr dritter Film als Regisseurin, sie hatte jahrelang nur Drehbücher geschrieben, und dass ihr letzter Film, »What Women Want« ein riesiger Erfolg gewesen war, hatte sie nicht selbstsicherer gemacht. Sie lobte nie und nörgelte viel. Ich fragte mich manchmal, ob es an mir lag, dass wir uns nicht verstanden. Ich hatte mich auch mit Margarethe von Trotta nicht verstanden, und vielleicht fiel es mir ja wirklich schwer, das Kommando einer Frau zu akzeptieren. Allerdings ging es den anderen im Team genauso wie mir: Die Stimmung war nicht gut. Ich hatte den besonderen Auftrag, Diane Keaton, obwohl sie laut Drehbuch Ende fünfzig war und laut Geburtsurkunde auch, wie vierzig aussehen zu lassen. Sie sah aber so nicht aus. Sie hatte sich nie liften lassen, was ich als Vorzug empfand. Man musste mich nicht darum bitten, eine Frau besonders schön aussehen zu lassen, aber wenn ich Diane Keaton um zwanzig Jahre verjüngen sollte, dann durften wir nur nachts drehen, in einem sehr milden Licht und ohne die Kamera zu bewegen. So ein Film war das aber nicht. Er spielte auf Long Island, der Strand spielte eine Rolle, die Nachmittage waren hell und die Kamera bewegte sich mit den Schauspielern. Nancy Meyers war nicht zufrieden mit mir, ich war es nicht mit ihr, es gab Tage, da wollte ich aussteigen, und der Produzent musste mir sehr gut zureden und mich sehr nachdrücklich daran erinnern, was für einen schönen Vertrag ich hatte, damit ich dabeiblieb.

Der Film, als ich ihn dann im Kino sah, hat mir sehr gut gefallen. Er war ein sensationeller Erfolg, und vielleicht hatte das auch damit zu tun, dass Diane Keaton eben nicht wie eine Vierzigjährige aussah. Man sah ihr an, dass sie über fünfzig war, und ich finde, das ließ sie viel interessanter und glaubhafter wirken.

Von Jack Nicholson, dem Superschwergewicht unter den Schauspielern, dem Mann mit den drei Oscars und neun Nominierungen, der lebenden Legende, von Jack Nicholson ist eigentlich nur zu berichten, dass er friedlich war und seine Rolle so spielte, wie sie im Drehbuch stand. Es war Nancy Meyers, die nervte, und Nicholson hielt sich zurück, blieb ruhig und machte niemandem Schwierigkeiten.

Ich erwähne das nur, weil ich einen Film später einen ganz anderen Nicholson kennenlernte.

Es ist erstaunlich, aus welchem Chaos, welcher Konfusion, welchem Streit und Unglück dann dieser Film entstand, der, nach Meinung aller, die sich dafür interessieren, einer der besten Scorsese-Filme ist: »The Departed«, für den er endlich die beiden Oscars gewann, nach denen er sich so lange ausgestreckt hatte, bester Film und beste Regie; der Film, der auch kommerziell sein erfolgreichster wurde, was ja, wie gesagt, nicht das entscheidende Kriterium ist. Aber wenn der Erfolg da ist, darf sich auch Martin Scorsese darüber freuen.

Dieser Film, sagen viele, die nichts wissen von seiner Entstehung, sei nahezu perfekt, sie bewundern den Rhythmus, das Licht, die knappen Dialoge der Polizisten und die ausufernden Monologe des Gangsterbosses, sie lieben das Spiel von Leonardo DiCaprio, Matt Damon und Jack Nicholson; von Mark Wahlberg, Martin Sheen, Alec Baldwin und der damals völlig unbekannten Vera Farmiga. Sie spüren die Spannung, solange dieser Film dauert, der, wie seine vielen Bewunderer finden, eine moralische Herausforderung und eine ästhetische Offenbarung ist.

Nichts lief aber wie geplant bei diesem Film, nichts funktionierte, wie es funktionieren sollte – es fing womöglich damit an, dass Martin Scorsese seinen Vertrag schon unterschrieben hatte, als ihm endlich jemand verriet, dass das Drehbuch, das er da gelesen habe, kein Original sei, sondern das Remake eines Polizeithrillers aus Hongkong, »Infernal Affairs« von Andrew Lau, der ein paar Jahre zuvor in Asien sehr erfolgreich gewesen war. Es war nicht Scorseses Film in dem Sinn, in dem »Gangs of New York« oder »Goodfellas« seine Filme gewesen waren, Stoffe und Geschichten, die er oft jahrelang mit sich herumgetragen hatte. Das Studio Warner Brothers und Brad Pitt, der damals die Produktionsfirma Plan B besaß, hatten die Rechte gekauft und den Schriftsteller und Drehbuchautor William Monahan mit dem Skript beauftragt. Dann, ungewohnt spät für seine Verhältnisse, kam Martin Scorsese als Regisseur ins Spiel.

Und zugleich war es Martin Scorseses Film, weil alles drin war, was ihn seit jeher nicht losließ. Es ging um die Frage, auf welcher Seite des Gesetzes einer steht, um die Frage, ob einer seiner Herkunft entrinnen kann, und wenn, um welchen Preis. Es ging um die Mafia, die irische in diesem Fall, aber auch Iren sind Katholiken.

Scorsese hatte aber viel zu wenig Zeit, sich in diese Geschichte so hineinzubohren, wie er es sonst tat. Er war mittendrin in den Vorbereitungen, als sein alter Kumpel Robert De Niro ihm gestand, dass er für seinen Film »The Good Shepherd« so dringend Matt Damon brauchte, und ob Scorsese, der auch Matt Damon brauchte, nicht ein bisschen früher mit den Dreharbeiten anfangen könnte. Scorsese sagte ja, und dann merkte er, dass er noch nicht einmal mit dem Drehbuch fertig war, dem, wie er fand, eine gewisse emotionale Dichte fehlte. Und das war der Moment, in dem er seinen Hauptdarsteller um Hilfe bat. Jack Nicholson als Drehbuch-Coautor, das ist nicht so weit hergeholt, wie es klingt. Als Nicholson anfing im Filmgeschäft, in den frühen Sechzigern, hat er als Drehbuchautor für Roger Corman, den König der B-Movies, gearbeitet. Und unter anderem so legendäre Filme wie den Western »Ride in the Whirlwind« und das Drogendrama »The Trip« geschrieben. Nicholson half also

Scorsese insofern, als er seine eigene Rolle, den irischen Paten Frank Costello, umschrieb, größer machte, noch eine Rolle dazuerfand, weil er glaubte, dass ein Macho wie Costello eine Freundin brauche. Nicholson hatte eine junge Freundin, und die, fand er, sollte seine Gespielin sein.

»The Departed«, das sind die, die von uns gegangen sind; dieser Titel kündigt schon an, dass nicht viele seiner Helden den Film überleben werden, und die Geschichte, die zu dem bösen Ende führt, ist die zweier Männer, die einander bekämpfen, obwohl sie einander erst sehr spät begegnen. Der eine, Matt Damon, ist seit seiner Kindheit der Schützling des Mafiabosses und arbeitet sich bei der Polizei nach oben, bis er endlich den Auftrag hat, den Mann zu jagen, in dessen Diensten er doch steht. Der andere, Leonardo DiCaprio, ist der

Mit Martin Scorsese und Leonardo DiCaprio am Set von »The Departed«

Mann der Polizei in der Mafia, er hat eine gefälschte Identität und versucht doch, sich selbst zu erhalten. Und wenn der Film richtig in Schwung kommt, wissen die Polizisten, dass einer von ihnen ein Verräter ist. Und die Gangster wissen, dass auch einer von ihnen ein Verräter ist.

Wir drehten drei Wochen lang die Szenen im Polizeirevier und wussten noch nicht, was uns mit Nicholson blühte. Es waren gute, konzentrierte Szenen, die Schauspieler waren drin in ihren Rollen – wozu man vielleicht wissen muss, dass die Frage, wie ein Schauspieler seine Rolle gestaltet, in Amerika ganz anders als in Deutschland beantwortet wird. In Deutschland ist, bevor eine Szene dann gedreht wird, sehr viel Psychologie im Spiel, der Regisseur macht dem Schauspieler einen Vorschlag, wie er jetzt fühlen und empfinden und woran er denken soll. Lässt der Regisseur das bleiben, fühlt sich der Schauspieler alleingelassen. In Amerika sind die Schauspieler selbständiger. Man bespricht, bevor die Dreharbeiten beginnen, wie eine Rolle anzulegen, zu interpretieren, zu spielen sei; wer diese Person eigentlich ist und was sie bewegt. Aber dann, wenn wirklich gedreht wird, weiß einer wie Leonardo DiCaprio schon selber, wie es dem, den er spielt, gerade geht und was er empfindet. Und die Regieanweisungen beschränken sich aufs Technische.

Es lief also gut, die Räume, in denen wir drehten, ließen sich phantastisch ausleuchten mit einem kühlen, klaren, atlantischen Licht, das zur Schärfe der Konflikte passte. Nur Mark Wahlberg, der ganz wunderbar ein Arschloch spielte, den mochte Martin Scorsese nicht, was ich nicht ganz verstand. Andererseits wusste ich, dass Wahlberg, weil er feste Drehtermine hatte für seinen nächsten Film, in dem er die Hauptrolle spielte, früher wegmusste von den Dreharbeiten. Scorsese billigte das nicht. Er fand, dass eine Nebenrolle bei ihm wesentlich wichtiger war als eine Hauptrolle irgendwo sonst.

Dann kam Jack Nicholson. Und ich erkannte Scorsese nicht wieder. Wer Nicholson war, wusste ich auch. Ja, er hatte drei Oscars, und er hatte die sehr schöne »Chinatown«-Fortsetzung »The Two Jakes« selber inszeniert. Aber war Jack Nicholson größer als Paul Newman, Robert De Niro, Harvey Keitel, Daniel Day-Lewis? Ich fand nicht.

Martin Scorsese fand es offenbar schon, und wenn Nicholson zum Set kam, sagte ihm Scorsese nicht etwa, was zu tun sei. Er fragte Nicholson, was er tun wolle. Und was Nicholson wollte, das konnte man schon lesen in den Drehbuchpassagen, die er umgeschrieben hatte. Er wollte der Größte sein, und er wollte das alle spüren lassen. Und er merkte dabei gar nicht, dass er, wenn ihn keiner bremste, wenn er sich keiner Disziplin unterwarf, nicht etwa den fiktiven Frank Costello besonders gut spielte. Er spielte niemanden als Jack Nicholson, er war nur dieser breite, laute, von sich selbst fast besoffene Mann, den man aus ungezählten Filmen kannte.

Wenn Nicholson auftrat, hatte er diese Szenen nicht nur geschrieben, er hat sie dann auch inszeniert. Was ich doppelt falsch und bedauerlich fand. Ich mochte nicht, was Nicholson da veranstaltete, ich sah mit Entsetzen, wie er dauernd versuchte, Leonardo DiCaprio an die Wand zu spielen, was ihm allerdings nicht gelang. Leonardo DiCaprio behauptete sich, und nur manchmal fragte er nach einer Szene: Was war das denn?

Martin Scorsese konnte sich einfach nicht entschließen, das Kommando an sich zu reißen. Es gibt eine Szene in einer Bar, Nicholson gegen DiCaprio, da geht es darum, dass die Polizei offenbar einen Spitzel hat in Costellos engstem Kreis. Es waren zwei Seiten im Drehbuch, und Jack Nicholson machte daraus zwanzig Minuten. Er improvisierte und zwang DiCaprio, darauf zu reagieren und sich zu behaupten. Was dem erstaunlich gut gelang.

Dabei darf man sich diesen Konflikt nicht so vorstellen, als ob Nicholson da hineingetrampelt wäre mit der Absicht, den Film kaputt zu machen. Nein, er hatte ungeheuren Respekt vor Scorsese, er war froh und stolz darauf, dass er mit Scorsese drehte. Und Scorsese hatte ungeheuren Respekt vor Nicholson. Es war wie bei einem alternden Ehepaar, wenn der eine dem anderen nicht die Wahrheit sagt, weil er ihn nicht verletzen will. Die Wahrheit wäre ganz einfach gewesen. Scorsese hatte das Kommando, und Nicholson hätte sich gefälligst disziplinieren müssen – auch wenn es mir, als ich den Film mit einem gewissen Abstand wiedersah, so vorkam, als passte das Übertriebene, das Eitle, das Nicholsonhafte ganz gut zu dieser Figur.

Es war nicht so, dass ich während dieser Dreharbeiten zum ersten Mal ans Aufhören gedacht hätte. Es war nur so, dass, während wir »The Departed« drehten, ein Entschluss unabweisbar wurde, über den ich seit mindestens einem Jahr nachgedacht und über den ich auch mit Helga schon gesprochen hatte. Und der jetzt nur eine große Dringlichkeit bekam. Ich musste aufhören mit dem Filmemachen. Wir hatten im April 2005 mit den Dreharbeiten angefangen, und am 5. August war ich siebzig geworden. Es ging mir gut, ich fühlte mich stark genug für die Vierzehnstundentage am Set. Aber ich wollte nicht aufhören müssen aus Altersschwäche. Und ich wollte nicht mit irgendeinem Film aufhören. Dieser Film war der richtige. Er hatte all das, worum es mir immer ging beim Filmemachen. Und zugleich war, was da passierte, ein guter Grund, den Abschied nicht länger hinauszuzögern.

Die letzte Einstellung des letzten Drehtages spielte in Boston, wir drehten sie aber in New York. Es war die Szene, in der Vera Farmiga, die Polizeipsychologin, in die Matt Damon und Leonardo DiCaprio verliebt sind, sich von DiCaprio verabschiedet. Sie haben einander geliebt, und sie werden einander nicht wiedersehen. Es war ein großer Platz mit hohen Häusern; die Menschen sahen sehr klein aus auf diesem Platz. Es war sehr traurig. Und weh hat es getan.

19

Klimawandel

Gibt es ein Leben nach dem Film

Natürlich war mit dem letzten Take von »The Departed« nicht alles vorbei. Ein Film ist fertig, wenn er ins Kino kommt, und als alle Szenen abgedreht waren, glaubte Martin Scorsese ganz ernsthaft, das sei einer der schlechtesten Filme seiner ganzen Laufbahn geworden. Er zog sich in den Schneideraum zurück, er meinte, er müsste dort retten, was nur zu retten war. Und in Wirklichkeit, so habe ich es jedenfalls empfunden, trieb er sich und seinem Film den bösen Geist von Jack Nicholson aus und eroberte sich die Herrschaft über sein Werk zurück.

Leider trieb er, wie ich es damals empfand, auch meinen Geist aus oder, was vielleicht noch grausamer war, den Geist, der uns beide verbunden hatte, diesen gewissen Gleichklang, das Einverständnis darüber, dass sich das Wesen eines Films nicht in den Buchstaben eines Drehbuchs offenbare oder in den Dialogen. Sondern in den Bewegungen, in den Fahrten, Flügen, Schwenks der Kamera. Wir hatten sehr schöne Fahrten inszeniert für »The Departed«, wir hatten eine Kreisfahrt, die ich, wenn sie es ins Kino geschafft hätte, zu den schönsten meiner ganzen Laufbahn zählen würde: Zwei Männer, DiCaprio und Martin Sheen, der gewissermaßen seinen Führungsoffizier spielte, zusammen auf dem Dach eines hohen Hauses, und rundherum sieht man die Dächer von Boston in einem klaren, kühlen Licht.

Scorsese zerhackte alles. Das war seine Methode, sich den Film wieder anzueignen. Er hackte ihn in kleine Schnipsel, und dann baute er ihn so zusammen, wie er es wollte. Jack Nicholson wurde nicht gefragt. Ich leider auch nicht. Ich hätte Einspruch erhoben – aber vielleicht zeigte sich in meinem Widerstreben auch, dass ich inzwischen auf verlorenem Posten stand. Der Film wurde schneller, härter, brutaler durch Scorseses Montage. Vielleicht sogar spannender. Jack Nicholson behielt nicht das letzte Wort. Was von mir blieb, das waren die Farben, das Licht, die Räume, deren Tiefe jetzt, in Scorseses schnellerem Rhythmus, vielleicht sogar bedrohlicher wirkte. Der schnelle Rhythmus, sagten viele, habe beigetragen zu diesem Erfolg, der Scorseses größter seit Jahrzehnten war. Mag sein, mein Rhythmus war es trotzdem nicht. Der Film, sagen noch immer viele, gehöre zu Scorseses allerbesten. Mag sein, ich finde, dass wir bessere gedreht haben. Ich freute mich natürlich, als Martin Scorsese im Frühjahr 2007 endlich die beiden wichtigsten Oscars bekam. Bester Film: »The Departed«, beste Regie: Martin Scorsese. Es gab noch einen fürs Drehbuch, einen für den Schnitt, es war für Marty ein Triumph.

Ich erinnerte mich noch einmal an die letzte Einstellung des Films, ich erinnerte mich an jeden Moment dieses Abschieds, mit dem auch ich Abschied genommen hatte. Es tat weh. Aber das Leben ging einfach weiter, zwischen Berlin, New York und Los Angeles, wo die Kinder und inzwischen auch die Enkelkinder weiterhin wohnten und arbeiteten. Ich war es ja, wie jeder, der beim Film arbeitet, gewohnt, dass es zwischendurch mal ein, zwei Monate nichts zu tun gab und danach wieder umso mehr, und dass aus diesem umso mehr ein bisschen weniger wurde, das bedauerte ich nicht. Ich machte da weiter, wo ich ums Jahr 1970 herum aufgehört hatte, und gab wieder Kurse an Filmhochschulen, vor allem in München und Berlin. Ich wusste jetzt besser als damals, dass man Geschmack, Inspiration und den Sinn für Schönheit nicht lehren kann. Was aber nur heißt, dass da ziemlich viele Fertigkeiten bleiben, die man lehren kann. Das Kino ist, zum einen, ein sogenanntes Speichermedium, und es kann wunderbar sein, durch einen alten Film hindurch wie durch ein Fenster in die Zeit seiner Entstehung zu schauen. Und andererseits ist das Kino die pure Gegenwart, und deshalb erzählte ich meinen Studenten auch nicht viel von irgendwelchen guten alten Zeiten. Sondern warf Probleme auf, die sich beim Filmemachen stellen, und ermunterte die Studenten, nach eigenen Lösungen zu suchen.

Vor allem war ich aber sehr damit beschäftigt, mich zu fragen, was es jetzt zu tun gab, mir Gedanken darüber zu machen, was mir alles entgangen war in den fast fünfzig Jahren, in denen mein Leben vor allem aus Dreharbeiten und der

Mit der Familie in New York

Erholung davon bestanden hatte; es gab sehr vieles, was wir jetzt endlich nachholen wollten.

Ja, natürlich, wir – es war längst Zeit, dass Helga und ich uns ein Leben gönnten, das nicht vom Rhythmus der Drehpläne und der Landkarte der Drehorte bestimmt war. Es hatte Zeiten gegeben, da war Helga ein wenig unglücklich gewesen mit unserem gemeinsamen Leben, auch weil, spätestens als ich mich für das amerikanische Kino entschied, ihre Karriere als Schauspielerin vorbei gewesen war. Vom Theater hatte sie sich seit den späten Siebzigern verabschiedet, und in den Filmen und Fernsehspielen jener Jahre hatte sie eher die kleineren als die großen Rollen gespielt. In Amerika gab es aber überhaupt nichts für sie; sie hat es nicht einmal versucht. Sie, die äußerst ungern in ein Flugzeug stieg, kümmerte sich darum, dass unsere Familie intakt blieb, zwischen Berlin und New York und später auch Los Angeles. Sie sorgte dafür, dass die Kinder in die Schule gingen, und sie war mir das wichtigste Gegenüber, wenn ich nicht wusste, ob ich einen Film machen sollte oder nicht. Ich habe einen Credit für die Filme, aber eigentlich müsste sie einen Credit bekommen für meine Filmografie.

Es ist nicht leicht, sich zurechtzufinden, wenn man eine Wohnung in Berlin hat, eine in New York und ein Haus in Los Angeles, und zwischendrin übernachtet man, weil dort eben gerade gedreht wird, in Hotels in Boston oder in Seattle. Ach, ich weiß nicht, was aus mir geworden wäre ohne Helga, die alles, was nicht Filmarbeit war, im Griff hatte. Wir waren ja schon verheiratet, als das alles anfing mit dem Filmemachen, und den Mann, der ich ohne sie hätte werden können, mag ich mir gar nicht vorstellen. Wer weiß, vielleicht wäre ich schon in den Siebzigern verloren gegangen in den Nächten mit Fassbinder und seiner Entourage, vielleicht hätte ich den Drinks und den Drogen, mit denen andere die leeren Stunden zwischen dem Filmen füllten, auch nicht widerstehen können. Und den Frauen, die glaubten, dass man die Augen eines Kameramannes mit Sex bestechen könnte.

Ich verdankte Helga eigentlich alles, was ich war – und jetzt, wo es nicht mehr um den Monat zwischen zwei Filmen ging, nicht bloß um die leeren Seiten im Terminkalender, sondern um die nächsten Jahre unseres Lebens, jetzt wusste ich zwar, dass ich das alles nicht zurückgeben konnte, so wie man seine Schulden zurückzahlt. Aber wir würden von nun an viel mehr gemeinsam tun. Es war nicht wie bei vielen Paaren, die, nach fast fünfzig gemeinsamen Jahren, einander überdrüssig sind und sich nur noch das Nötigste zu sagen haben. Ich liebte sie, ich fühlte mich wohl in ihrer Gesellschaft, ich fand sie schön und zeigte mich gern mit ihr. Ich bin nie der größte Fan von Partys und Premieren gewesen. Aber wenn ich ausging, musste sie an meiner Seite sein. Und sie, glaube ich, genoss das auch.

Es war am 28. September 2006, zwei Tage nach der New Yorker Premiere von »The Departed«. Wir waren in Los Angeles. Helga hatte Bauchschmerzen, fürchterliche Bauchschmerzen. Ich brachte sie ins Krankenhaus. Sie gaben ihr ein Schmerzmittel, ein sehr starkes, und Helga verlor das Bewusstsein. Fünf Stunden später war sie tot. Sie starb, ohne wieder zu Bewusstsein gekommen zu sein. Die Ärzte diagnostizierten Magenkrebs, sie fanden einen großen Tumor. Helga hatte nichts davon geahnt. Ich schon gar nicht.

Meine erste Reaktion war Wut. Das durfte nicht sein. Helga konnte doch nicht einfach abhauen, ohne sich zu verabschieden, das konnte sie mir nicht antun. Dann spürte ich den Schmerz, einen ungeheuren Schmerz, der blieb und sehr lange nicht nachließ und der wiederkommt, wenn ich an Helga denke. Die Erleichterung darüber, dass so ein plötzlicher Tod für die, die nicht Abschied nehmen können, furchtbar ist, aber

Spiel der Blicke

für den, der sterben muss, wahrscheinlich besser als ein langes Leiden, diese Erleichterung half mir nicht besonders. Der Schmerz blieb, lange, und wenn man von diesem Schmerz allzu viele Worte machen wollte, würde es wohl kitschig und falsch. Der Schmerz, hat die amerikanische Schriftstellerin Elaine Scarry einmal geschrieben, zerstört das Gefüge der Sprache.

Wovon man sprechen kann, ist die Verzweiflung, die mich dann ergriff. Ich wusste überhaupt nicht, wie das gehen sollte: ein Leben ohne Helga. Ich hatte sie kennengelernt, als wir beide siebzehn waren, und als wir ein Paar wurden, waren wir keine zwanzig. Ich kannte kein anderes Leben als das Leben mit ihr. Und ich hatte mich nie nach einem anderen Leben gesehnt. Ich war schon Helgas Mann gewesen, da war ich noch kein Kameramann. Und jetzt war ich beides nicht mehr. Ich hatte keine Frau mehr, ich hatte keinen Beruf mehr. Alles auf einmal.

Ich war nicht allein, ich hatte Kinder, Enkelkinder, Geschwister. Aber wie das jetzt gehen sollte, weiterzuleben, davon hatte ich keine Ahnung. Sebastian kam aus Berlin nach Los Angeles, Florian kam mit Pam, seiner Frau, aus New York. Wir waren zusammen und zusammen, nahmen wir Abschied. Wir fühlten uns leer. Und doch tat jeder so, als ginge das Leben schon irgendwie weiter. Erst Jahre später, während meiner zweiten Ehe, wurde mir bewusst, dass ich das, was man Trauerarbeit nennt, verdrängt habe. Ich bereue das sehr. Ich fand die Kraft, weiterzuleben, weiterzuarbeiten, mir irgendeinen Sinn zu suchen. Aber die Kraft, die Trauer zuzulassen, die hatte ich anscheinend nicht.

Helga wurde in Berlin begraben, und das war, so seltsam es klingen mag, ein gleichermaßen trauriges wie fröhliches Abschiedsfest. Viele Menschen waren gekommen, von überall her. Vielen hatte Helga viel bedeutet. Und dann war es eine große Hilfe, dass es meine Schwester Ulla gab, die fünfzehn Jahre jünger ist. Auch Ulla war allein, und so entschloss sie sich, mich auf meinem Weg in ein Leben ohne Helga eine Strecke lang zu begleiten. Sie war in München an der Universität beschäftigt, ich bat sie, ihren Beruf aufzugeben und in meine Firma als Geschäftsführerin einzusteigen. Sie zögerte, und dann sagte sie ja. Sie begleitete mich, wenn ich zu Filmfestivals eingeladen wurde, sie flog mit mir nach Paris, als die Cinémathèque française meiner Arbeit eine Hommage widmete und mir einen Preis verlieh. Zusammen haben wir einen kleinen, aber sehr liebevollen Beitrag fürs Bayerische Fernsehen gedreht; es war unser sehr persönlicher Blick auf Franken und die Franken, auf das Land und die Leute unserer Jugend.

Sie war mir das Gegenüber, die Gesprächspartnerin und Seelenfreundin, sie half mir durch die Zeit, in der ich wieder einen Halt finden musste. Und doch merkte ich bald, dass ich die Sehnsucht spürte, irgendwann noch einmal eine Frau zu finden. Natürlich traf ich welche, sehr nette, attraktive

Frauen. Aber dann merkte ich immer wieder, dass ich noch nicht bereit war dafür.

So fand ich mich, langsam und mit manchen Rückschlägen, in einem Leben ohne Helga zurecht. Ich konnte nicht das Leben eines Rentners in Zehlendorf führen, mit Spaziergängen zur Rehwiese und zum Schlachtensee, einem Kännchen Kaffee zur Belohnung, und im Winter, wenn es um halb vier Uhr dunkel zu werden beginnt, gönnt man sich ein Likörchen und macht den Fernseher an. Ich musste schon ein paar Dinge tun, die einen Sinn hatten und ein Ziel – und dass ich anfing, mich mit dem Klimawandel, dem wahnsinnigen CO_2-Ausstoß und der Verschmutzung unseres Planeten zu beschäftigen, das hatte eine gewisse Folgerichtigkeit. Denn einerseits ist man ja, egal ob in Deutschland oder Amerika, ein Mensch, der sich um die Umwelt sorgt, die Nachrichten vom Klimawandel beunruhigt zur Kenntnis nimmt und sich immer fragt, was er denn selber tun könne. Und andererseits war ich im Filmgeschäft viel zu beschäftigt, als dass ich mir zum Beispiel hätte Gedanken machen können über den ökologischen Fußabdruck eines großen amerikanischen Films. Der Mond, von dem ich erzählt habe, der schöne fahle Mond in Cinecittà, der den Set von »Gangs of New York« beleuchtete, hatte achtzig Kilowatt. Und wenn wir beim Drehen von »Wild Wild West« eine Szene in der Wüste hatten, wo es sehr heiß und sehr hell ist, brauchten wir noch größere Unmengen von Strom, nur um die Schatten aufzuhellen und das Gegenlicht zu mildern. Und heizten mit unseren Lampen die Wüste auf.

Die Idee, was wir Filmer mit unseren Mitteln tun könnten, entstand bei einem Seminar mit Studenten der dffb. Wenn der Grundgedanke der Ökologie der ist, dass es nicht darum geht, die Welt radikal zu verändern, sondern dass schon viel damit gewonnen ist, wenn wir sie erhalten können – dann durften unsere Filme nicht die Schrecken einer Welt nach der Klimakatastrophe und die Hässlichkeit einer zerstörten Ökosphäre zeigen. Es war viel einfacher. »Was würde dir fehlen, was würdest du vermissen, wenn es das nicht mehr gäbe auf der Welt?« Das war die Frage, die wir dem Projekt voranstellten, und dann ging es darum, in einer Minute ein Ding, ein Phänomen, etwas Sichtbares jedenfalls in seiner ganzen Schönheit zu zeigen. Nicht jede Antwort, die die Studenten fanden, war überzeugend, aber alles in allem funktionierte dieses Konzept. Ich trieb Sponsoren auf, darunter Sony oder Arri, die Münchner Filmfirma – und dann wurden diese Minifilme gedreht. Erst waren es nur Studenten, dann kamen bekannte Filmemacher dazu, und dann haben wir die Filme dem Bundesumweltministerium angeboten, und das Ministerium hat sie in den Schulen verbreitet. Es war auch deshalb eine Freude, an diesem Projekt zu arbeiten, weil es zum ersten Mal seit sehr langer Zeit nicht darum ging, unendlich viel Geld in ein Projekt zu investieren, um möglichst noch viel mehr Geld damit zu verdienen.

Und damit nicht nach einem Semester wieder Schluss wäre mit der schönen Idee, habe ich damals den Verein »The Future is Now« gegründet; der kümmert sich darum, dass es weitergeht.

Ich lebte wieder ganz in Berlin. Meine Kinder und ihre Familien in Amerika und Südafrika kamen sicher gut ohne mich zurecht, und ich merkte, dass mich früher das Leben in drei Städten vor allem deshalb kaum gestört und angestrengt hatte, weil ich da zu Hause war, wo Helga war. Jetzt hatte ich aber das Gefühl, dass ich mich entscheiden musste, und in Berlin, so kam es mir vor, gab es für mich viel mehr zu erledigen als in New York, wo ich wohl einsam gewesen wäre, oder in Los Angeles, wo ich das Leben eines kalifornischen Rentners ganz bestimmt nicht führen wollte. Ich war in Amerika gewesen, als die Mauer fiel, ich hatte mich, wenn ich mich in Berlin von einem Film erholte, auf die bekannten Orte und Personen konzentriert, und da draußen in Zehlendorf ist es schön und grün und einigermaßen zivilisiert. Aber wenn man nicht will, dann muss man dort draußen bis heute nicht zur Kenntnis nehmen, dass die Mauer gefallen und Berlin ein bisschen größer und eine ganz andere Stadt geworden ist.

Dabei hatte meine Liebe zu der Stadt, in der ich geboren wurde, doch immer damit zu tun gehabt: dass sie zu groß ist, als dass man jemals alles kennen könnte. Dass sie die Neugier anstachelt und selbst den gelernten Berliner immer wieder überraschen kann. Und jetzt saß ich in Zehlendorf und wusste, fast zwanzig Jahre nach dem Mauerfall, viel zu wenig über meine Stadt.

Dass ich neugierig war, schien sich herumzusprechen, und als der RBB, der Rundfunk Berlin und Brandenburg, mich fragte, ob ich Lust hätte, einen Film über Berlin zu drehen, eine eineinhalbstündige Dokumentation, die »Mein Berlin« heißen sollte, sagte ich schon deshalb zu, weil ich endlich selber erfahren wollte, was alles neu und anders war in der Stadt.

Vielleicht habe ich im ersten Moment wirklich gedacht, dass es ein Film über die Straßen, Häuser und Plätze werden könne, aber je genauer ich nachdachte, desto offensichtlicher wurde, dass ein Porträt Berlins vor allem ein Porträt seiner Menschen werden musste. Ich überlegte also, wen ich kannte und mit wem ich sprechen könnte. Es waren viele, aber die meisten waren schon erwachsen, nicht ganz so alt wie ich vielleicht, aber Jugendliche waren keine dabei. Das wäre aber nicht Berlin gewesen – und ich glaube, dass es noch Helga gewesen war, die mich einmal auf Ciro Cappellari hingewiesen hatte, einen jungen und sehr guten Dokumentarfilmer, den wir über unsere Söhne kannten. Das war mein Mann, er war gern dabei – und als der Film dann fertig war, da war es eher sein Film als mein Film geworden, weshalb wir ihn »In Berlin« nannten. »Mein Berlin« hätte zu deutlich die Frage aufgeworfen, wer da spricht.

Was nicht heißen soll, dass ich mich nicht zu diesem Film bekennen möchte; ich habe Orte ausgekundschaftet und Menschen getroffen, ich habe Klaus Wowereit zu einem privaten Abendessen begleitet und mit meinem alten Freund Peter Schneider auch über all das gesprochen, was hässlich und abstoßend ist an Berlin. Aber ich, der ich das Leben eines Ruheständlers nicht führen konnte, hatte Verpflichtungen, musste verreisen, konnte nicht jene drei, vier Monate am Stück in Berlin bleiben, die es gebraucht hätte für diesen Film. Wir hatten uns das Konzept gemeinsam ausgedacht, uns auf die Personen, um die es gehen sollte, geeinigt, und dann, man kann es so einfach sagen, arbeitete Cappellari mehr als ich.

Immerhin, meine Stadt kannte ich danach ein bisschen besser, vor allem ihren Osten. Wobei es in Berlin nie sichere Kenntnisse gibt. Man dreht an einer Ecke und denkt, man ist jetzt mit der Gegend vertraut. Und wenn man zwei Jahre später wiederkommt, kann es passieren, dass es sich anfühlt, als wäre man in einer anderen Stadt. Dafür liebe ich Berlin ja so sehr. Und deshalb ziehe ich mich so gern immer wieder nach Zehlendorf zurück, wo die Häuser eine gewisse Beständigkeit haben. Und die Menschen erst recht.

20

Ein neuer Anfang
Sherry und ich

Es ist leichter, Geschichten zu erzählen, die vorbei und abgeschlossen sind. Nur wer das Ende kennt, weiß wirklich, was so eine Geschichte zu bedeuten hat und wer darin welche Rolle spielte. Aber wenn man diese Erkenntnis allzu wörtlich nimmt, kommt man zu dem Schluss, dass nur die Toten ihre Geschichten erzählen können – und der Letzte, der das versucht hat, war Billy Wilder, der 1950, in einer ersten Fassung von »Sunset Boulevard«, seinen Helden im Leichenschauhaus aufstehen und die Geschichte erzählen ließ. In den Previews lachte das Publikum, obwohl der Film keine Komödie war, und so schnitt Wilder diese Szenen aus dem Film.

Wenn ich diese Erkenntnis allzu ernst nähme, dürfte ich dieses Buch hier gar nicht schreiben. Und von Sherry, meiner Frau, dürfte ich schon gar nicht sprechen, weil wir mittendrin in dieser Geschichte sind, die hoffentlich noch lange dauern wird. Ich will aber davon erzählen, wie alles angefangen hat, wobei ich mir nicht ganz sicher bin, ob wir nicht womöglich noch mittendrin im Anfang sind. Eines Tages, so gehen solche Geschichten ja oft los, eines Tages rief mich die Geschäftsführerin der Deutschen Filmakademie an. Die Filmregisseurin Sherry Hormann, von der ich ja sicher schon gehört hätte, würde mich gern treffen, ob ich Zeit und Lust hätte.

Ich hatte noch nie von Sherry Hormann gehört. Was nicht daran lag, dass man Sherry Hormann nicht hätte kennen müssen. Sie hatte ja ein paar sehr gute und sehr erfolgreiche Filme und Fernsehspiele geschrieben und inszeniert, »Leise Schatten«, »Irren ist männlich«, »Männer wie wir«. Ich kannte sie aber nicht, ich war ja die ganzen Jahre in Amerika gewesen und hatte kaum deutsche Filme gesehen und schon gar kein deutsches Fernsehen.

Natürlich hatte ich Zeit; auch dazu ist die Filmakademie ja da, dass sie die Mitglieder zusammenbringt.

Wir trafen uns in einem Besprechungsraum, sie stand da, sehr gut von hinten beleuchtet, am Fenster, im Gegenlicht. Ich stand vor ihr, schaute sie an und hörte ihr zu. Sie erzählte mir von ihrem nächsten Projekt, dem Film, der »Wüstenblume« heißen sollte, nach dem Buch von Waris Dirie. Es war die wahre Geschichte des somalischen Mädchens, das vor einer Zwangsheirat aus seinem Dorf erst nach Mogadischu, dann nach London flüchtet. Dort wird Waris Dirie ein sehr erfolgreiches Model. Und auf dem Höhepunkt ihrer Karriere nimmt sie, die als Kind genital verstümmelt wurde, den Kampf gegen die grausame und barbarische Beschneidung auf.

Sherry Hormann war voller Leidenschaft. Sie konnte gut erzählen, ich hörte ihr gern zu. Ich sah ihr sehr gern zu dabei. Sie hatte ein Herz, und ihr Engagement begeisterte mich. Ich dachte: Was für eine tolle Frau.

Sie fragte, ob ich die Kamera übernehmen wolle.

Ich sagte nein. Ich hatte es ja ernst gemeint mit dem Aufhören.

Und zugleich dachte ich, während wir uns verabschiedeten, dass ich sie wiedersehen wollte.

Es dauerte fast ein Jahr. Ein Mitglied im Vorstand meines Vereins »The Future is Now« schied aus, und mir fiel auf, dass wir keine Frau im Vorstand hatten. Und dann rief ich Sherry Hormann an und fragte sie, ob sie nicht mitmachen wolle. Ich war noch nie in einem Vorstand, sagte sie.

Und ich antwortete: Ich auch nicht.

Es war nicht nur ein Vorwand. Ich wollte sie wiedersehen. Und ich war noch immer beeindruckt von ihrem Engagement. Sie kam zur nächsten Sitzung, sie war sehr gut vorbereitet, sie hatte gute Ideen. Es war eine Runde von zwölf Leuten, und sie begeisterte alle.

Ich dachte wieder: Was für eine tolle Frau.

Es gab andere Vorstandssitzungen, es gab, eigentlich nur wegen ihr, ein Vorstandsessen im Hotel Palace. So kamen wir uns näher.

Ich habe sie gefragt, ob sie mit mir ins Kino gehen wolle, und beim ersten Mal kam ich eine Viertelstunde zu spät, weil ich mich verlaufen hatte. Sie stand da und wartete, sie hat nicht geschimpft, und der Film hatte noch nicht angefangen. Wir sind sehr viel ins Kino gegangen, danach habe ich sie zum Essen ausgeführt. Sie aß nicht viel, der Kellner kam und fragte sie, ob es ihr nicht schmeckte. Sie sagte, sie sei nervös. Als sie das erste Mal mit zu mir kam, setzte sie sich auf meinen Stuhl. Sie konnte nicht wissen, dass das mein Platz war. Ich wusste aber, dass sie hier bald das Kommando übernehmen würde. Wir hatten eine Menge zu besprechen, sie hatte mehr Filme als ich gesehen, ich hatte mehr Filme als sie gedreht, wir verfielen ins Englische, wenn uns danach war, sie ist ja Amerikanerin.

Ich merkte, dass ich mich in sie verliebte, und war mir nicht sicher, ob das eine gute Idee war.

Und Sherry, glaube ich, dachte am Anfang nur: Was will der Mann von mir. Er ist doch fünfundzwanzig Jahre älter als ich.

Wir sind zusammen nach Rom gefahren, mit dem Auto, ich hatte eine Einladung in die Villa Massimo und konnte dort zwei Wochen wohnen. Es war eine wundervolle Zeit. Sherry schrieb an einem Exposé für einen Film, das auf einer wahren Geschichte beruht. Ismael Khatib, Vater eines zehnjährigen Sohns, der bei einer Militäraktion der israelischen Armee erschossen wird, entschließt sich, die Organe seines Sohnes an israelische Kinder zu spenden, um diese zu retten. Ich war erschüttert von der Geschichte und gleichermaßen begeistert, wie sie geschrieben war. Und ich stellte einen kleinen Videofilm vor, den ich während der Proben zu »Gangs of New York« gedreht hatte, heimlich, weil das eigentlich nicht erlaubt war. Es ist noch immer ein heimlicher Film, weil Daniel Day-Lewis, der naturgemäß darin eine wichtige Rolle spielt, nicht will, dass er öffentlich vorgeführt wird. Nur auf geschlossenen Veranstaltungen darf ich diesen Film zeigen.

Ich hatte mir vorgenommen, ihr hier, in Rom, einen Heiratsantrag zu machen, und ich dachte, das müsste ein ganz besonderer und feierlicher Moment sein. Ich wollte auf die Knie vor ihr gehen in der Peterskirche. Aber erst wollte sie St. Peter gar nicht betreten, weil dort zu viel Blut geflossen sei. Und als wir dann doch in der Kirche standen, wusste ich, dass es das falsche Zeichen wäre. Ich sagte, wir sollten in ein Restaurant gehen, ein ganz bestimmtes, wo wir oft gegessen hatten während der Dreharbeiten zu »Gangs of New York«. Es war gleich um die Ecke, glaubte ich, und dann wanderten wir zwei Stunden lang durch die Stadt, und das Restaurant, in dem wir landeten, war nicht das, das ich gesucht hatte.

Und so saßen wir in diesem Restaurant, das nicht besonders gut war und an dessen Namen ich mich nicht erinnern kann. Anscheinend hatte auch der rumänische Straßenmusiker begriffen, dass hier etwas ausgesprochen werden wollte, und verstummte. Noch bevor das Essen kam, fasste ich den Ent-

Sherry Hormann

schluss – jetzt muss es sein – und fragte Sherry, ob sie meine Frau werden wolle.

Sie war still. Und dann sagte sie, sie brauche Zeit. Es wurden drei Monate. Sie musste ihren Film »Anleitung zum Unglücklichsein« zu Ende bringen. Und dann, ein halbes Jahr nach dem Antrag, haben wir geheiratet.

Ich hatte nicht mehr damit gerechnet, dass ich noch einmal heiraten würde. Der Astrologe hatte es mir prophezeit, aber solche Prophezeiungen vergisst man nach siebzig Jahren. Meine Familie tat sich schwer, ich hatte ihnen allen keine Chance gegeben, Sherry kennenzulernen. Ich hatte sie nicht erst langsam in die Familie eingeführt, ich hatte meine Liebsten einfach damit konfrontiert – vielleicht scheute ich auch die Auseinandersetzung. Aber in meinem Alter glaubt man eben, nicht mehr so arg viel Zeit zu haben.

Man sagt so: Ja, es ist dein Leben, und ich freu mich für dich, dass du so eine Frau gefunden hast. Ob man solche Sätze sich selber glaubt, ist eine andere Frage. Und die Frage, die Sherrys Freunde und Freundinnen hatten, war die: Willst du wirklich einen Mann heiraten, der fünfundzwanzig Jahre älter ist als du? Er ist fünfundsiebzig, was soll das denn werden in den nächsten Jahren? Es gab Widerspruch, und die meisten, die ihr abgeraten haben, wurden milder und freundlicher, als sie mich kennenlernten.

Sie waren allerdings, nur wenig später, schon wieder alarmiert: Als Sherry erzählte, dass ich doch noch einmal Kamera führen würde, und zwar für sie, unter ihrem Kommando. Mach das bloß nicht, sagten die Freundinnen, daran wird eure Ehe scheitern, noch bevor sie richtig angefangen hat.

Es war ja nicht so, dass ich mich beworben hätte um den Job oder dass Sherry mich gedrängt hätte. Es hat sich ergeben, und es fing damit an, dass ich mit ihr eben über alles sprach, über ihre Arbeit, über die Angebote, die sie bekam, über die Drehbücher, die sie las. Wir waren noch nicht verheiratet, als Bernd Eichinger ihr die Regie bei einem Projekt anbot, für das es nicht viel mehr als ein sogenanntes Treatment gab, zehn, fünfzehn Seiten mit den Grundzügen einer Story. Es war die Geschichte der Natascha Kampusch, jenes Mädchens, das 1998, als Zehnjährige, von dem arbeitslosen Wolfgang Priklopil entführt und gefangen gehalten wurde, bis ihr, acht Jahre später, die Flucht gelang. Natascha Kampusch hatte ein paar Jahre danach die Geschichte aufgeschrieben, und Eichinger hatte die Rechte gekauft. Sherry zögerte, sie wisse nicht, ob sie sich herantraue an diesen Stoff, und außerdem müsse sie doch erst mal die »Anleitung zum Unglücklichsein« drehen. Eichinger, der nicht lange drum herumredete, sagte: Gut, dann mach ich das selbst. Und dann flog er nach Los Angeles. Und an jenem traurigen Tag, dem 24. Januar 2011, als Bernd Eichinger in dem italienischen Restaurant Cecconi's an der Melrose Avenue in West Hollywood von einem Herzinfarkt umgeworfen wurde und, nach allem, was wir wissen, nur wenige Minuten später starb, gab es ein Drehbuch von vielleicht sechzig Seiten.

Diesmal war es Martin Moszkowicz, Vorstand der Constantin-Film und Eichingers Vertrauter, der sich an Sherry wandte, und ich war es, der ihr riet, sich einzulassen auf das Filmprojekt. Sie las die sechzig Seiten, sie sagte zu; und dass sie das Drehbuch aber nicht schreiben werde. Dann flog Sherry nach München und sprach mit Moszkowicz, der sie fragte, ob sie schon einen Kameramann habe. Nein, sagte Sherry, und Moszkowicz sagte: Frag doch deinen Mann. Und Sherry flog zurück nach Berlin und fragte ihren Mann.

Ich habe ja gesagt, ich konnte gar nicht anders. Wir hatten so viel gesprochen über den Film und die Frage, wie man das alles filmen müsse, diesen engen, klaustrophobischen Ort, erst das Kellerloch, winzig und dunkel, aus dem die kleine Natascha selten herausdarf; dann, später, das Haus, ein wenig mehr Raum, aber immer noch eng und beklemmend, wir hatten gesprochen und nachgedacht und uns gemeinsam Lösungen überlegt. Ich konnte es gleich selber tun.

Die Ehe ist nicht daran zerbrochen, sie geriet nicht einmal in Gefahr, es war gut, mit Sherry zu arbeiten. Und wenn wir abends Drehschluss hatten, waren wir einander nicht überdrüssig. Ich hatte ihr, bevor es losging, versprochen, dass ich sie nicht anders als andere Regisseure behandeln würde. Sie war der Chef, ich tat, was sie mir sagte. Ich machte Vorschläge, sie konnte sich darauf einlassen oder nicht. Und genau so haben wir das getan.

Ich war beeindruckt von den Schauspielern, von der jungen Engländerin Amelia Pidgeon, die Natascha Kampusch als Kind spielte, ohne dass sie nur die kleinste Erfahrung als Schauspielerin hatte. Amelia Pidgeon war der Casting-Direktorin, die in England lebte, aufgefallen, einfach weil sie anders war als die anderen Kinder, die mit der Tochter der Casting-Frau in die

Schule gingen. Und dann kam Amelia nach München, und Sherry hat Probeaufnahmen gemacht, und als wir die sahen, wussten wir, dass das Kind ein Naturtalent war.

Ich war beeindruckt von Antonia Campbell-Hughes, die Natascha als Teenager spielte und die das hinbekam mit großer Intensität und Glaubwürdigkeit, obwohl sie, als wir drehten, schon knapp dreißig war.

Und ich war beeindruckt von dem Dänen Thure Lindhardt, der den Wolfgang Priklopil spielte. Ich fand ihn so gut, so sympathisch in der Rolle, dass ich mich selber manchmal beim Mitfühlen ertappte: Oh Gott, der arme Mann, er hat einen schönen Plan, und leider wird er scheitern.

Am meisten war ich aber von Sherry beeindruckt. Sie sparte sich jede Geheimnistuerei und alle Schockeffekte. Sie urteilte den Wolfgang Priklopil nicht schon durch ihre Inszenierung ab. Sie warf keine kitschigen Blicke auf Natascha Kampusch. Sie inszenierte kühl und klar und präzise das Duell zwischen einem Mädchen und einem erwachsenen Mann, das am Schluss das Mädchen gewinnt.

Wir drehten »3096 Tage« in München, in den Studios der Bavaria, wo das Kellerverlies und das Innere des Hauses nachgebaut waren. Ich drehte zum ersten Mal mit der Alexa, einer digitalen Kamera, was den Vorteil hatte, dass ich am Monitor sitzen – die Kamera führte ja der Operator – und ein extrem gutes und scharfes Bild betrachten konnte. Es waren angenehme Dreharbeiten, ich hatte ein Zimmer, in dem ich, weil ich auch damals nicht mehr der Allerjüngste war, einen Mittagsschlaf halten konnte. Und wenn ich, frisch und erholt, am Set erschien, war meistens ich es, der Sherry zu größerer Kühnheit ermunterte. Sie hat sich nie der deutschen Fernsehnorm angepasst, sie hat immer ihren eigenen Stil bewahrt. Aber wenn jemand dauernd für deutsche Produzenten dreht, wenn jemand Filme macht, die auch im deutschen Fernsehen laufen sollen – dann kann er oder sie gar nicht anders; dann bleibt halt doch ein bisschen was hängen von der allseits geforderten Vorsicht und Betulichkeit. Es gibt die Szene, wo die Haare gewaschen werden, und Priklopil taucht ihr den Kopf ins Wasser, und sie rastet aus. Es gibt die Szene, in der Natascha, noch als Kind, einen langen Monolog hat. Sie schreit nach dem Essen, sie bittet, sie fleht, sie verspricht, immer brav zu sein. Das sind die Szenen, in denen die deutsche Fernsehkonvention, damit der Zuschauer nicht zu sehr strapaziert werde, einen Gegenschnitt verlangt. Und wenn Sherry mich fragte, ob wir das auch so filmen sollten, sagte ich fast immer nein. Das ist stark genug, das ist viel stärker, wenn man es in einer einzigen Einstellung dreht.

Der Film, als er dann ins Kino kam, war gut, sehr gut sogar. Und dass es, außer ein paar guten, auch ein paar sehr böse Kritiken gab, das, glaube ich, war eher ein Missverständnis, als dass uns irgendjemand bescheinigt hätte, wir verstünden unsere Kunst und unser Handwerk nicht. Am besten hat das eine Kritikerin beschrieben, deren Verriss auf die Feststellung hinauslief: Als Film betrachtet, sei der Film sehr gut. Aha. Nicht so gut war er also als angewandte Seelenkunde, als Porträt der realen Natascha Kampusch, als Ansammlung von Austriazismen, die wir uns, weil wir den Film auf Englisch drehten, tatsächlich gespart hatten.

Am Ende blieb nur der Vorwurf, dass wir überhaupt einen Film gedreht hatten. Und dass dieser Film wie ein Film funktionierte. Dass er spannend war und nicht ein psychologisches Gutachten verfilmte und dem Zuschauer zutraute, dass er sich selber überlegen könnte, was von den Figuren und ihren Motiven zu halten sei.

Wir empfanden das als Lob, weil es nur darum geht beim Filmemachen.

Epilog

Ich arbeite mit meinen Augen – und damals, 1996, als die Geschichte, von der ich jetzt erzählen will, längst angefangen hatte, ohne dass ich etwas bemerkt hätte, damals war ich mit diesen Augen sehr zufrieden. Ich war einundsechzig, natürlich brauchte ich eine Lesebrille, aber dass ich weniger sah als ein paar Jahre zuvor, das war mir nicht bewusst, das erfuhr ich erst, als ich zum Optiker ging, weil ich die Lesebrille verloren hatte und eine neue brauchte. Der Optiker maß den Augendruck, wie das in Amerika üblich ist, und er sah: Der Druck war hoch, viel zu hoch.

Sie müssen zum Augenarzt gehen, sagte er, Sie haben den Grünen Star, wenn Sie nichts tun, sind Sie in ein paar Jahren blind. Denn der hohe Augendruck klemmt den Sehnerv ab. Erst sieht man weniger, dann gar nichts mehr. Der Augenarzt stellte fest, dass das Gesichtsfeld meines linken Auges schon ein wenig enger geworden war, und er gab mir Augentropfen, die den Druck aufs normale Maß senken sollten.

Man spürt den Druck der Augen nicht, und man merkt auch nicht, wenn das Gesichtsfeld ein kleines bisschen enger wird – und ich kann mich nicht erinnern, dass ich damals, wir drehten gerade »Air Force One«, aufs Höchste beunruhigt gewesen wäre. Arbeiten konnte ich so gut wie zuvor, mein rechtes Auge war ohnehin ganz unbeschädigt, und die Augentropfen würden schon helfen. Mich in die Angst des Augenmenschen vor dem Erblinden hineinzusteigen, dafür hatte ich kaum Zeit. Und ein Hypochonder war ich nie.

Ein paar Jahre später, in Berlin, sagte mir eine Augenärztin, dass die Tropfen nicht mehr halfen. In zwei, drei Jahren sind Sie blind, sagte sie, und weil ich mich in dieses Schicksal nicht fügen wollte, ging ich in New York zu einem Augenarzt, der den Befund bestätigte und trotzdem eine gute Nachricht für mich hatte. Es gebe da nämlich eine Ärztin in Los Angeles, die habe eine neue Methode entwickelt, den Grünen Star zu heilen. Sie operiere das Auge, sie mache da eine kleine Öffnung hinein, und das gleiche den Augendruck aus. Ich weiß, dass man diese Methode inzwischen auch in Deutschland praktiziert, aber damals, es muss Anfang der 2000er Jahre gewesen sein, damals gab es nur Frau Doktor Dana Tannenbaum. Sie sprach mit mir, sie erzählte, dass man, weil der Andrang so groß war, mindestens ein halbes Jahr warten musste auf seine Operation. Aber dann gestand sie mir, dass sie meine Arbeit mochte. Und gab mir einen Termin, nur zwei Wochen später. Es gab noch eine zweite Operation, und dann war erst mal Schluss mit den Tropfen, und die Angst vor dem Erblinden verschwand.

Leider werden die Augen aber schwächer mit dem Alter, schon weil man Sehzellen verliert. Leider verengte sich die Öffnung mit der Zeit, so dass ich wieder Tropfen nehmen musste. Und als ich in Berlin bei meinem Augenarzt war, entdeckte der etwas auf dem rechten Auge, das er mit einem Schleier oder einem Gitter verglich. Man könne das entfernen, sagte er, dann würde ich wieder schärfer sehen. Er empfahl mir eine Augenklinik in Süddeutschland, wo ich operiert wurde. Ich hatte vorher ein gutes Gefühl, und nachher hieß es, alles sei gut gegangen. Es war aber gar nichts gut. Ich war am rechten Auge operiert worden, und ich merkte, wie mein linkes Auge schwächer geworden war. Das rechte wurde auch nicht besser.

Als ich meinem Arzt in Berlin erzählte, dass ich nur lokal anästhesiert worden war, am rechten Auge eben, welches

Im Arbeitszimmer in der Berliner Wohnung

operiert wurde – da konnte der Arzt es nicht fassen. Und er erklärte mir, was passiert war. Sie hätten mir eine Totalnarkose verpassen müssen – denn der Umstand, dass ein Auge betäubt war, habe das nichtbetäubte über alle Maßen belastet. Deshalb sähe ich jetzt so schlecht; zu viele Nerven seien abgestorben. Und was da weg sei, bleibe weg, diese Sehschwäche lässt sich nicht mehr beheben.

Der Arzt in der Klinik hatte einen Fehler gemacht, und eine Weile überlegte ich mir, ihn zur Verantwortung zu ziehen. Es gab Ärzte, die sagten, man könne ihn verklagen. Es gab andere, die sagten, ich hätte keine Chance, weil ein Ophthalmologe dem anderen kein Auge aushackt. Ich habe es schließlich bleiben lassen; ich hätte mir ja höchstens ein Schmerzensgeld erstritten. Und ums Geld ging es mir am allerwenigsten. Es ging mir um die Augen.

Ich bin nicht blind geworden. Ich sehe den blauen Himmel und den Regen. Ich sehe meine Frau, was mir das Wichtigste ist. Ich kann Filme sehen, und bei den Menschen, denen ich begegne, sehe ich, ob sie grimmig schauen oder lächeln. Die Farben sind sichtbar, die Lichter leuchten, und die Augen, in die ich schaue, manchmal auch.

Ich kann sehen, was ich noch immer als ein Glück empfinde. Aber ich sehe nicht gut genug, um Bücher zu lesen, nicht gut genug für den Computerbildschirm und schon gar nicht für die kleinen Buchstaben des Telefons. Ich muss mir die Briefe und die Mails vorlesen lassen und die Zeitung auch. Ich habe eine Assistentin, fürs Geschäftliche, und wenn Sherry mir etwas vorliest, höre ich ihr gerne zu und wünsche mir, dass sie noch lange weiterliest.

So habe ich, dessen Lust und Leidenschaft immer das Schauen war, endlich die Freuden des Hörens entdeckt. Ich habe ja, solange ich die meiste Zeit auf Filmsets verbrachte, sehr wenig gelesen, nicht viel mehr als die Drehbücher der Filme, bei denen ich die Kamera führte. Und ein paar von denen, die ich dann lieber nicht machen wollte. Ich kannte, weil das die Welt meiner Kindheit und Jugend war, jenen Teil der Literatur, der aus Dialogen und Monologen besteht. Shakespeares große Dramen waren und sind mir so gut bekannt wie der »Tod eines Handlungsreisenden« und »Der Kirschgarten«. Auch wenn ich, zwischen den Filmen, mich in Berlin erholte, bin ich lieber ins Theater gegangen, als dass ich einen dicken Roman zur Hand genommen hätte.

Die Freuden der Prosa, das Versprechen, dass auf vier-, fünfhundert Seiten sich eine ganze Welt offenbaren könne: das alles kannte ich kaum. Ich hatte die Freuden des Schauens erlebt, ich hatte fast vierzig Jahre lang in Gesichter geschaut, schöne und eindrucksvolle Gesichter, die mir vertraut waren und doch fremd blieben, weil ich nie genau wusste: Ist das die schöne Michelle Pfeiffer, die ich aus dem Kino kenne? Oder ist es jene Susie Diamond, das künstliche Wesen, das erst jetzt, in diesem Moment des Fotografierens und Fotografiertwerdens, erschaffen wird? Ist das Robert De Niro, mit dessen Grinsen ich vertraut war, lange Jahre, bevor ich ihn kennenlernte? Oder ist das James Conway, der Killer, vor dem man sich fürchten muss? Ich habe auf Häuser und Straßen geschaut, die nur dazu gebaut worden waren, von mir gefilmt zu werden. Ich war, wenn wir im Studio drehten, der Herr über Tag und Nacht, über Licht und Dunkelheit. Ich habe mir von den Dingen und den Menschen ein Bild gemacht, und dieses Bild sahen Millionen Menschen, und wenn es gut war, blieb es gespeichert in ihren Köpfen.

Jetzt, da ich keine Bilder mehr mache und die Buchstaben nicht mehr so richtig lesen kann, habe ich zwei neue, sehr sinnliche Vergnügungen entdeckt. Es ist die Freude an einer

Stimme, die zu mir spricht. Und es ist die Freude daran, dass ich, was ich nicht mehr lesen kann, mir vorlesen lasse. Ich habe Jeremy Irons zugehört, wie er, der im Film den Humbert Humbert spielte, mir den ganzen Roman »Lolita« vorgelesen hat. Ich liebe sein Englisch. Und ich liebe das Deutsch von Gert Westphal und Ulrich Matthes, ich besorge mir deren Hörbücher schon deshalb, weil ich die Stimmen so gerne höre. Und ich besorge mir andere Hörbücher, weil ich von der Prosa nicht genug bekommen kann, ich habe mir »Canada« von Richard Ford auf Englisch angehört und die kurzen Geschichten von Anton Tschechow auf Deutsch. Es wird mir jetzt erst bewusst, dass ich vierzig Jahre lang auf den Klang der Sprache viel zu wenig geachtet habe, weil es mir, bei jeder Lektüre, nur um die Frage ging, wo die Kamera stehen oder fahren könnte, wie das Licht wäre und ob die Hauptdarstellerin eine fotogene Nase habe. Die Texte, die ich las, waren nur Rohstoff, der verarbeitet werden musste.

Jetzt höre ich zu, und ich weiß nicht, was mir die größere Freude ist, der Klang der Stimmen oder die Rhythmen und die Melodien der Sprache, die Welt, die sich in einem Roman offenbart, oder die Entdeckung, dass die Literatur so vieles kann, was das Kino nicht kann.

Ich habe nicht viel gelesen, und deshalb ist die Freude so groß, dass es jetzt noch so vieles zu hören gibt.

Ich fange ja gerade erst damit an. Und anzufangen, das war mir immer das Liebste.

Personen- und Filmregister

3096 Tage 300–303

À bout de souffle 52
A Fish Called Wanda 188
A River Runs Through It 238
Abschied von gestern 68
Acht Stunden sind kein Tag 95–96
Adolf und Marlene 105
After Hours 148–151, 153, 161, 176, 229, 265
Air Force One 187, 244–250, 258, 304
Allen, Woody 219
Alligator 137
Always 219
American Gigolo 141
Angst essen Seele auf 85
Anleitung zum Bau eines Molotow-Cocktails 65
Anleitung zum Unglücklichsein 299, 300
Antonioni, Michelangelo 52
Apocalypse Now 222, 223
Arquette, Rosanna 139, 149
Ashley, Helmut 38, 46, 48
Assante, Armand 221
Austen, Jane 260
Aznavour, Charles 127

Baader, Andreas 65–66, 113
Baby It's You 136–139, 147, 149
Bachmann, Josef 59
Baer, Harry 76, 84, 89, 120
Ballhaus, Carl 12, 50
Ballhaus, Florian 49, 62, 67–68, 73, 76, 81, 90–91, 108, 123, 139, *158*, 168–169, 180, 203, 245, 286, 287, 290, 294
Ballhaus, Helga 42–45, *43*, 48, 49–50, 51, 53–54, 57, 63, 67, 73, 76, 81, 85, 90–91, 94, 95, 103, 106, 108–109, 114, 116, 117–119, 121, 122–123, *123*, 139, 140, 143, 146, 156, 158–159, *158*, 165, 190, 203, 204, *253*, 282, 286, 287–293, *289*
Ballhaus, Nele 11, 15, 42
Ballhaus, Oskar 11, 14, 19–20, 23–25, *25*, 33–34, 36, 39, 50, 173
Ballhaus, Sebastian 49, 62, 67–68, 73, 76, 81, 90–91, 108, 123, 139, *158*, 180, 245–246, *286*, 287, 290, 294
Ballhaus, Ulla 290
Bambule 65
Band of Angels 116
Banderas, Antonio 221
Barefoot in the Park 238
Barlog, Boleslaw 48
Bates, Kathy 257, 259
Battle Beyond the Stars 137
Benesch, Harald 51
Benjamin, Richard 193

Berendt, Joachim-Ernst 50–51
Bergman, Ingmar 52
Berlin Alexanderplatz 116, 117, 119–121, 122
Berling, Peter 74, 77, 79–83, 98
Bernstein, Carl 190
Bertolucci, Bernardo 172
Bettkanonen 92
Beverly Hills Cop 147
Bird 188
Bitomsky, Hartmut 64–65
Blade Runner 144
Blauer Engel 12
Bloom, Verna 150–151
Bockmayer, Walter 126
Bogarde, Dirk 112
Böhm, Karlheinz 99–101, 111
Bohm, Marquard 83
Böll, Heinrich 127
Bourbon Street Blues 121
Boxcar Bertha 140, 141, 173
Bracco, Lorraine 211
Brecht, Bertolt 63
Bridges, Beau 194, *197*
Bridges, Jeff 194, 196, *197*
Broadbent, Jim *272*
Broadcast News 168–172, 186
Brooks, Albert 172
Brooks, James L. 168–172, *170*
Buhre, Traugott 44–45
Bush, George (jun.) 248
Butch Cassidy and the Sundance Kid 238

Cabaret 112
Cage, Nicolas 193
Caine, Michael 192
Campbell-Hughes, Antonia 301

Cape Fear 229, 230, 231
Cappellari, Ciro 293
Carol, Martine 35, 37
Carrey, Jim 261
Carstensen, Margit 88–89, 99–101, *101*
Casino 229, 238, 240, 242, 243
Castel, Lou 83
Caven, Ingrid 84, 97, 113
Cheech und Chong 150–151
Cher 172
Chicago 275
Chinatown 281
Chinesisches Roulette 102–106
Clever, Edith 124
Clinton, Bill 246, 248, 255–256, 258
Clinton, Hillary 261
Close Encounters of the Third Kind 219
Constantine, Eddie 83
Coppola, Francis Ford 139, 207, 221–228
Corman, Roger 137, 278
Coutard, Raoul 52
Cruise, Tom 161, 163–167, 259
Cusack, Joan 188

Dafoe, Willem 175, 177–178, 182
Damon, Matt 265–266, 277–279, 283
Daniels, Jeff 167
Das Amulett des Todes 93–94
Das Autogramm 140
Das Boot 241, 247
Das Martyrium des Peter O'Hey 54
Das sündige Bett 92–93
Davis, Geena 188

Day-Lewis, Daniel 176, 233, *235*, 236–237, 268–270, *272*, 281, 298
De Fina, Barbara 161, 181–182
De Niro, Robert 134, 162, 208, 210, 218–219, 230, 238, 251–252, 278, 281, 308
De Palma, Brian 198
Dear Mr. Wonderful 133–136, 137
Death of a Salesman 153–156, 176
Deine Zärtlichkeiten 68, 69
Delon, Alain 69
Demme, Jonathan 198
Dench, Judi 176
Der amerikanische Soldat 96–97
Der Aufstand 133
Der Kidnapper 67
Der Klassenaufsatz 51
Der Name der Rose 231
Der Zauberberg 126–128, 147
Despair – Eine Reise ins Licht 111–113, 132, 137
Deutschland im Herbst 113, 116
Di Luigi, Gianni 83
Diaz, Cameron 269–270
DiCaprio, Leonardo 259, 269–270, 272, 277, 279–284, *279*
Didion, Joan 132
Die Abenteuer des Baron Münchhausen 231
Die bitteren Tränen der Petra von Kant 88–89
Die Blechtrommel 126
Die Ehe der Maria Braun 116–119, 122
Die gläserne Zelle 127
Die goldene Banane von Bad Porno 92

Die Konsequenz 241
Die Sünderin 27
Dietrich, Marlene 105
Diner 250
Dirie, Waris 296
Dirty Rotten Scoundrels 191
Döblin, Alfred 110
Dorst, Tankred 42, 115
Dracula 221–228, 234
Dreyfuss, Richard 219–220
Dunne, Griffin 147–151, *150*
Düringer, Annemarie 121
Dutschke, Rudi 59, 62

Eastwood, Clint 73, 241, 262
Ediths Tagebuch 128–129, 131
Effie Briest 110
Ehler, Ursula 115
Eichhorn, Christoph 126
Eichinger, Bernd 231, 300
Einstein, Albert 185
Eisenstein, Sergej 61
Emmerich, Klaus 120
Empire of the Sun 172
Ensslin, Gudrun 66

Farmiga, Vera 277, 282
Farocki, Harun 64–65
Fassbinder, Rainer Werner 9, 69, 73–90, *87*, 92, 95–121, *109*, 122, 125, 128, 130–131, 132–133, 142, 144, 146, 148, 149, 152, 153, 183–184, 188, 287
Faustrecht der Freiheit 110–111, 116
Fellini, Federico 52, 231
Fengler, Michael 117
Ferréol, Andréa 112
Ferretti, Dante 231–232, 267, 271
Fiennes, Joseph 176

Fiennes, Ralph 239
Finkelman, Penney 168
Fiorentino, Linda 149–150
Fisher, Carrie 200
Fisher, Eddie 200
Flesh and Bone 194
Foley, James 144–146
Ford, Harrison 167, 187, 244, 246–247, *247*, 258
Ford, Richard 309
Foster, Jodie 188, 243
Francis, Freddie 229
Frankenheimer, John 79
Frears, Stephen 198
Freeman, Morgan 265
Froboess, Cornelia 129
Fröhlich, Pea 117

Galouye, Daniel 106, 108
Gangs of New York 264, 267–275, 291, 298
Ganz, Bruno 124
Garr, Terry Ann 150
Gassman, Vittorio 251–252
Geißendörfer, Hans W. 126–129, 146
Glimcher, Arne 221
Godard, Jean-Luc 52, 61
Goebbels, Joseph 34
Good Morning, Vietnam 172
Good Will Hunting 268
Goodfellas 10, 204–213, 216, 218, 229, 230, 231, 234, 237, 238, 278
Gorki, Maxim 124–125
Grafe, Frieda 54
Grant, Hugh 261
Gregan, Ralf 67, 92–93
Griffith, Melanie 186–188, 200

Groß und klein 123, 126
Große Liebe 53
Guilty by Suspicion 208, 214–219

Hadjidakis, Manos 46
Hallervorden, Dietrich 67, 92
Hanks, Tom 256, 261
Hannah, Daryl 144–146
Hauer, Rutger 93
Heard, John 149
Heartbreakers 147
Helland, Roy 200
Heller Wahn 129–130, 131
Hendrix, Jimi 70–72
Henson, Jim 191
Hermann, Irm 76, 83–84, 89, 97–98
Hershey, Barbara 141, 173
Herzog, Werner 64
Highsmith, Patricia 129
Hijuelos, Oscar 220
Hill, Henry 206, 211
Hilpert, Heinz 48
Hitchcock, Alfred 211
Hitler, Adolf 11, 16, 105
Hoffman, Dustin 154–156, 185, 215, 242–244, 250, 252–254, *253*
Hope and Glory 172
Hormann, Sherry 295–303, 307
Hotel Terminus – Zeit und Leben des Klaus Barbie 36
Howards End 260
Hunde, wollt ihr ewig leben 48
Hunter, Holly 172
Hurra, die Schule brennt! 126
Hurt, William 171–172
Hutter, Lena 11–25, *25*, 29, 42, 173

Il Gattopardo 231
In Berlin 293–294
In the Line of Fire 241
Infernal Affairs 277
Irons, Jeremy 309
Irren ist männlich 296

Jaws 219, 244
Josephson, Erland 120
Julien, Jay 148
Jürges, Jürgen 110

Kampusch, Natascha 300–303
Kaufmann, Günther 78, 83–84
Kazantzakis, Nikos 141, 143, 173–174, 178
Keaton, Diane 275–276
Keitel, Harvey 162, 176, 281
Kinski, Nastassja 241
Klein, Joe 256
Kline, Kevin 263
Kloves, Steve 192–196, 199
Kluge, Alexander 53, 64, 68
Knef, Hildegard 27–28
König, Michael 124
Kopelson, Arnold 243
Kunstmann, Doris 68–69

L'avventura 52
Lambert, Mary 159–160
Lampe, Jutta 124
Landauer, Gustav 185
Lang, Fritz 12
Lang, Stephen 154
Lau, Andrew 277
Lawford, Peter 261
Le Mépris 52
Le Plaisir 35
Leander, Zarah 15

Lee, Ang 260
Leise Schatten 296
Leiser, Erwin 63–64
Leone, Sergio 73
Letter from an Unknown Woman 35
Levinson, Barry 250–252
Lewinsky, Monica 255
Lewis, Jerry 261
Liaisons Dangereuses 188, 198
Liebe ist kälter als der Tod 98
Liebelei 34, 35
Liebeneiner, Wolfgang 34
Liebknecht, Karl 66
Lietzau, Hans 48
Lilienthal, Peter 51–56, 58, 133–136, *135*, 138, 140
Lindhardt, Thure 301
Linke, Georg 65
Liotta, Ray 209–211
Lohmann, Dietrich 96, 110
Lola Montez 35, 37, 38, 47
Lommel, Ulli 68–69, 73, 76, 79, 80–81, 98, 105
Lorre, Peter 12
Löwitsch, Klaus 108, 120
Lucas, George 267
Lüdecke, Wenzel 81
Luxemburg, Rosa 66

M 12
Madame de… 35
Madonna 146, 159
Mahler, Gustav 190
Malkovich, John 154–156, 166
Mambo Kings 220–221
Mann, Heinrich 86, 108
Mann, Thomas 127–128
Männer wie wir 296

Marlowe, Andrew W. 248
Married to the Mob 188, 198
Martha 99–102
Märthesheimer, Peter 117
Martin, Dean 261
Martin, Steve 192
Matras, Christian 37, 143, 272
Matthes, Ulrich 309
May, Elaine 190, 256
McGillis, Kelly 166–167
McGovern, Elizabeth 193
Mean Streets 140, 147
Meerapfel, Jeanine 126, 130
Meier, Armin 104, 111, 113
Mein Kampf 63
Meinhof, Ulrike 65–66, 68, 113
Meins, Holger 60, 64–66
Men in Black 245, 262
Messenger of God 144
Meyers, Nancy 275–277
Miller, Arthur 154–155
Minion, Joseph 148
Minnelli, Vincente 100, 107
Monahan, William 278
Montand, Yves 120
Montezuma, Magdalena 83
Moonstruck 172
Morrow, Rob 239
Moskowicz, Martin 300
Mouskouri, Nana 46
Mrożek, Sławomir 54
Müller, Robin 127
Müller-Sehn, Wolfgang 46–47, 51
Murnau, Friedrich Wilhelm 223
Murray, Bill 219–220
Musil, Robert 127

Nabokov, Vladimir 112
Nachbarskinder 54

Nebhut, Ernst 14
Neeson, Liam 269–270
New York, New York 147
Newman, Paul 161–166, *165*, 172, 215, 281
Nichols, Mike 184–191, *189*, 199–200, 215–217, 256–260, 264, 275
Nicholson, Jack 275–282, 284–285
Nixon, Richard 190
Noelte, Rudolf 48
Nosferatu 223
Nozik, Michael 176
Nykvist, Sven 52–53

Obermaier, Uschi 71
Ohnesorg, Benno 59
Oldman, Gary 225–226, 228, 247
One Fine Day 245
Ophüls, Marcel 36, 105, 143
Ophüls, Max 34–38, 272
Outbreak 242–245, 250
Ovitz, Michael 174–177, 221, 269
Oz, Frank 191, 219–220

Palance, Jack 80
Parseghian, Gene 176, 192
Pasolini, Pier Paolo 231
Patalas, Enno 54
Peeping Tom 151
Penn, Sean 193
Pesci, Joe 134–136, 208–210, 238
Petersen, Wolfgang 60, 240–245, *247*, 248
Pfeiffer, Michelle 194–199, 202, 215, 233, 236–237, 308
Pidgeon, Amelia 301
Pileggi, Nicholas 206–207, 238

Piranha 137
Pisier, Marie-France 127
Pitt, Brad 252, 265, 278
Postcards from the Edge 199–201, 216–217
Powell, Michael 100, 151
Preston, Richard 243–244
Price, Richard 162
Primary Colors 255–261
Prince 159–160
Public Enemy 206
Pudowkin, Wsewolod 61
Pulp Fiction 257, 268
Purple Rain 159

Quinn, Aidan 141, 144, 175, 177
Quinn, Anthony 144
Quiz Show 176, 238–239

Raab, Kurt 76, 83–84, 86, 99, 103, 105
Rabben, Mascha 108
Raben, Peer 76, 98, 126
Racing With the Moon 193
Raging Bull 134, 140, 141, 147, 218, 237
Rain Man 188, 250
Raspe, Jan-Carl 113
Reckless 144–146
Redford, Robert 176, 238–240, *240*, 242–243, 265–266
Reid, Kate 154
Reigen 35
Reitz, Edgar 53, 64
Return of the Secaucus 7 137
Reynolds, Debbie 200
Ride in the Whirlwind 278
Risky Business 161
Ritter, Ilse 124

Robinson, Amy 147–148
Rocky 218
Rohrbach, Günter 121
Rosenberg, Mark 193–194, *195*, 199
Rossellini, Roberto 231
Rossen, Robert 161
Roth, Boby 147
Round Midnight 218
Rudman, Michael 154
Rusnak, Josef 108
Russo, Rene 244
Ryder, Winona 225–227, 234, *235*

Sander, Helke 60
Sander, Otto 124
Sarris, Andrew 106
Sawyer, Diane 190
Sayles, John 136–139, 146
Scarface 198, 206
Scarry, Elaine 289
Schaaf, Johannes 53
Schaake, Katrin 80–81
Schamoni, Peter 53, 68–69
Schamoni, Ulrich 69–70
Schell, Maria 120
Schindler, Rotraud 67
Schindler's List 237
Schleyer, Hanns Martin 113
Schlöndorff, Volker 68, 126–127, 131, 146, 153–156
Schloß Hubertus 100
Schmid, Daniel 60
Schneider, Magda 34
Schneider, Peter 294
Schneider, Romy 120
Schnitzler, Arthur 34
Schonzeit für Füchse 68
Schoonmaker, Thelma 151, 274

Schrader, Paul 141, 178
Schüfftan, Eugen 162
Schühly, Thomas 231
Schwarzenberger, Xaver 121
Schygulla, Hanna 76–77, 83–84, 88, 119, 129–130
Scorsese, Martin 8–10, 134, 140–142, 144, 147–151, *150*, 152–153, 157, 160–165, *165*, 173–182, 184–186, 206–213, 215, 216, 222, 229–238, 257, 261, 264, 267–285, *279*
Scott, Ridley 243
Seitz, Franz 126
Sense and Sensibility 260
Shakespeare in Love 268
Shakespeare, William 308
Shandling, Garry 264
Sheen, Martin 277, 284
Silkwood 185
Sinatra, Frank 261
Sirk, Douglas 121
Sleepers 250–252
Smith, Will 263, 265–266
Solti, Georg 19
Some Came Running 107
Something's Gotta Give 275–279
Sommergäste 123, 124–126
Sonnenfeld, Barry 262–263
Spano, Vincent 139
Spielberg, Steven 237
Splash 146
Springsteen, Bruce 139
Stalin, Josef 61
Stand by Me 219
Star Wars 191, 200, 267
Steiger, Rod 127
Stein, Peter 9, 123–126
Stevens, George 144

Sting 141
Stoker, Bram 223
Stoppard, Tom 112
Storaro, Vittorio 222
Strauß, Botho 123–124, 126
Streep, Meryl 185, 199–200, 216–217
Sunset Boulevard 295

Tally, Ted 243
Tarantino, Quentin 257
Taviani, Paolo 139
Taviani, Vittorio 139
Taxi Driver 140, 141, 149
Taylor, Elizabeth 185
Tequila Sunrise 198
Terms of Endearment 168
The Accidental Tourist 188
The Accused 188
The Age of Innocence 229–238, 264, 272
The Color of Money 153, 161–166, 172
The Departed 277–283, 284–285, 288
The English Patient 268
The Fabulous Baker Boys 192–199, 234, 265
The Glass Menagerie 166
The Godfather 207, 222
The Good Shepherd 278
The Graduate 185
The Greatest Story Ever Told 144
The Horsemen 79
The Horse Whisperer 240
The House on Caroll Street 166–168
The Hustler 161
The King of Comedy 147, 148

The Last Emperor 172
The Last Temptation of Christ 140–142, 143, 147, 149, 173–175, 177–182, 184, 237
The Legend of Bagger Vance 265–266
The Matrix 107, 184
The Milagro Beanfield War 238
The Natural 250
The Red Shoes 151
The Right Stuff 218
The Thirteenth Floor 108
The Trip 278
The Two Jakes 281
Theron, Charlize 266
Thompson, Emma 176, 257, 259–261
Thornton, Billy Bob 257
Thurman, Uma 225
Tin Men 219, 250
Titanic 269
Toelle, Tom 48, 67
Top Gun 161, 167
Townes, Robert 198
Townsend, Jeffrey 136, 139, 144
Traumland der Sehnsucht 46
Travolta, John 255–261
Trilogie des Wiedersehens 126
Tschechow, Anton 309
Turturro, John 239
Tykwer, Tom 164

Ullrich, Luise 34
Under the Cherry Moon 159–160
Ustinov, Peter 36–37

Valentin, Barbara 108
van de Velde, Theodoor Hendrik 28

van Doren, Charles 239
Vanity 141
Vertigo 211
Verwirrungen des Zöglings Törleß 68, 126
Vesely, Herbert 68–69
Vincent, Frank 134
Visconti, Luchino 231
von Bechtolsheim, Hubert 53
von Hackewitz, Anneliese 26
von Trotta, Margarethe 83, 129–130, 146, 276
von Vietinghoff, Joachim 134, 136

Wahlberg, Mark 277, 280
Walken, Christopher 176
Wall Street 172
Warnung vor einer heiligen Nutte 82–84, 87
Weaver, Sigourney 187–188, 215
Weigel, Helene 63
Weinstein, Harvey 267–270, 273
Weinstein, Paula 193
Weir, Peter 167
Weiss, Peter 63
Welt am Draht 106–108, 183
Wenders, Wim 127, 131, 146
Wertow, Dsiga 61
Westphal, Gert 309
What About Bob? 219–220
What Planet Are You From? 264–265
What Women Want 276
Whity 77–82, 84, 85, 120
Who's Afraid of Virginia Woolf? 185
Wild Wild West 262–264, 291
Wilder, Billy 295

Willis, Bruce 259
Willis, Gordon 222
Winkler, Angela 129
Winkler, Irwin 208, 218
Wir hau'n die Pauker in die Pfanne 126
Wir zwei 69
Wisbar, Frank 48
Witness 148, 167
Wohmann, Gabriele 53
Woodward, Bob 190
Working Girl 185–188, 200

Wowereit, Klaus 294
Wüstenblume 296

Yates, Peter 166, 167
Youngman, Henry 211, 212

Zadek, Peter 86
Zehetbauer, Rolf 112
Zellweger, Renée 275
Zeta-Jones, Catherine 275
Ziegler, Regina 124
Zur Sache, Schätzchen 68

Bildnachweis

S. 13, 101, 165, 170, 179, 189, 195, 235, 240, 247, 279, 289, 299
© privat

S. 25, 49, 135, 150, 158, 181, 197, 253, 272, 286, 306
© Mit freundlicher Genehmigung von Camerimage Film Festival, Polen, www.camerimage.pl

S. 43, 54 © Mara Eggert

S. 87 © Peter Gauhe

S. 109 © Karl-Heinz Vogelmann

S. 123 © Anthony Dunne

S. 257 © Francois Duhamel

Trotz intensiver Recherche konnten nicht alle Bildrechte zweifelsfrei geklärt werden. Im Falle eines berechtigten Anspruchs werden Rechteinhaber gebeten, sich an denn Verlag zu wenden.